JOACHIM WITTKOWSKI
PSYCHOLOGIE DES TODES

JOACHIM WITTKOWSKI

PSYCHOLOGIE DES TODES

WISSENSCHAFTLICHE BUCHGESELLSCHAFT
DARMSTADT

Einbandbild: Michael Moering (1942–1986): Eine Feder fällt zu Boden.
1977. Öl auf Leinwand auf Holz. 28,5 × 24 cm.
Abdruck mit freundlicher Genehmigung.

CIP-Titelaufnahme der Deutschen Bibliothek

Wittkowski, Joachim:
Psychologie des Todes / Joachim Wittkowski. –
Darmstadt: Wiss. Buchges., 1990
  (WB-Forum; 56)
  ISBN 3-534-80128-8
NE: GT

Das Werk ist in allen seinen Teilen urheberrechtlich geschützt.
Jede Verwertung ist ohne Zustimmung des Verlages unzulässig.
Das gilt insbesondere für Vervielfältigungen,
Übersetzungen, Mikroverfilmungen und die Einspeicherung in
und Verarbeitung durch elektronische Systeme.

© 1990 by Wissenschaftliche Buchgesellschaft, Darmstadt
Gedruckt auf säurefreiem und alterungsbeständigem Werkdruckpapier
Gesamtherstellung: Wissenschaftliche Buchgesellschaft, Darmstadt
Printed in Germany
Schrift: Palatino, 9.5/11.5

ISBN 3-534-80128-8

INHALT

Vorwort IX

1. Einleitung 1
2. Begriffsklärung und Gegenstandsbestimmung . . . 6
3. Die kurze Entstehungsgeschichte der Thanatopsychologie 9
4. Fragen der Theoriebildung in der Thanatopsychologie 15
4.1 Allgemeine Kennzeichnung erfahrungswissenschaftlicher Theorien 15
4.2 Die psychoanalytische Lehre vom Todestrieb – Darstellung und kritische Einschätzung 18
4.3 KELLYS Theorie der persönlichen Konstrukte und ihre Tauglichkeit für thanatopsychologische Fragestellungen 22
4.4 Die Zustands-Dispositions-Theorie der Angst und ihre Brauchbarkeit für die Thanatopsychologie 28
4.5 Die Theorie der kognitiven Dissonanz und ihre Brauchbarkeit für die Thanatopsychologie 31
4.6 Resümee 33

5. Methodologische und ethische Fragen in der Thanatopsychologie 34
5.1 Forschungsstrategien und Untersuchungsverfahren 35
5.2 Ethische Fragen 38

6. Entwicklung des Todeskonzepts beim gesunden Kind 43
6.1 Die frühen, „klassischen" Arbeiten 44
6.2 Das Todeskonzept von Kindern und Verfahren zu seiner Erfassung 47
6.3 Ergebnisse neuerer Arbeiten: Entwicklung kognitiver Aspekte des Todeskonzepts 51

6.3.1	Der Einfluß von Alter bzw. kognitivem Entwicklungsstand	51
6.3.2	Entwicklung des Todeskonzepts in Abhängigkeit vom Objekt	62
6.3.3	Differentielle Entwicklung einzelner Subkonzepte	67
6.4	Ergebnisse neuerer Arbeiten: Entwicklung emotionaler Aspekte des Todeskonzepts	70
7.	Angst vor Tod und Sterben	76
7.1	Die Mehrdimensionalität des Konstrukts „Angst vor Tod und Sterben"	77
7.2	Methoden zur Erfassung der Angst vor Tod und Sterben	84
7.2.1	Fragebogenverfahren	84
7.2.1.1	Eindimensionale Fragebogenverfahren	85
7.2.1.2	Mehrdimensionale Fragebogenverfahren	86
7.2.2	Interview und Inhaltsanalyse	87
7.2.3	Andere Methoden	89
7.3	Korrelate der Angst vor Tod und Sterben, insbesondere Religiosität	90
8.	Abwehrstrategien bei der Begegnung mit oder beim Gedanken an Tod und Sterben	101
9.	Akzeptieren von Tod und Sterben	106
10.	Die psychische Verfassung unheilbar Kranker und Sterbender	117
10.1	Begriffsklärung	117
10.2	Psycho-soziale Bedürfnisse Sterbender	119
10.3	Phasenartige Verläufe des Sterbevorgangs	122
10.3.1	Die Phasen-Lehre von KÜBLER-ROSS	123
10.3.2	Die Phasen-Lehre von PATTISON	125
10.3.3	Die Phasen-Lehre von WEISMAN	126
10.3.4	Anmerkungen zu den Phasen-Lehren des Sterbens	127
10.4	Erleben und Verhalten sterbenskranker Kinder	133
11.	Die psychische Situation des Pflegepersonals bei der Betreuung Sterbender	141
11.1	Rahmenbedingungen	141

11.2	Situationsabhängige Erlebens- und Verhaltensweisen von Helfern	144
11.3	Persönlichkeitsmerkmale von Helfern	147
11.4	Zusammenfassung, ergänzende Befunde und Anmerkungen	151
12.	Die psycho-soziale Betreuung unheilbar Kranker und Sterbender	158
12.1	Allgemeine Kennzeichnung von Sterbehilfe	159
12.2	Unterrichtsveranstaltungen für den Umgang mit unheilbar Kranken und Sterbenden	164
12.3	Zur Frage der Wirkung von Unterrichtsveranstaltungen über Tod und Sterben	170
Literatur		179
Sachregister		197

VORWORT

Vor mehr als zehn Jahren wurden zum ersten Mal im deutschen Sprachraum Beiträge der Psychologie zu ausgewählten Aspekten der Todesthematik in einer Monographie vorgestellt (WITTKOWSKI, 1978). Wichtige Themenkreise blieben dabei allerdings unberücksichtigt. Seither hat sich der Kenntnisstand zur Psychologie des Todes erheblich verbessert. Gern bin ich daher der Anregung des Verlages gefolgt, den aktuellen Stand der Thanatopsychologie darzustellen, und ich nutze die Gelegenheit, um frühere thematische Lücken zu schließen.

Als Autor eines wissenschaftlichen Textes kann man grundsätzlich zwei Strategien in Erwägung ziehen. Die eine Strategie besteht darin, die vorliegende Literatur möglichst vollständig und unter Wahrung der vorgefundenen Proportionen wiederzugeben. Ein Autor, der so verfährt, versteht sich als jemand, der den Status quo seines Gebietes so getreu wie möglich abbildet. Der Aufbau seines Textes wird von dem bestimmt, was er vorfindet, auch wenn einzelne Abschnitte nicht seinem eigenen Wissenschaftsverständnis entsprechen. Ein solcher Autor kann Verdienstvolles leisten: eine quasi unparteiische Bilanz des Forschungsstandes in einem bestimmten Sachgebiet. Allerdings läuft ein Autor, der diese Strategie befolgt, Gefahr, daß er selbst profillos und ohne wissenschaftlichen Standort erscheint.

Die zweite Strategie ist von Gestaltung und Akzentsetzung durch den Autor bestimmt. Die vorfindbare Literatur wird nicht nur rezipiert, sondern auch kritisch auf ihren Gehalt gesichtet, wobei „Gehalt" vom wissenschaftlichen Standort des Verfassers abhängt. Ein Autor, der dieser Strategie folgt, wird bewußt bestimmte Arbeiten unerwähnt lassen, wird die Proportionen seines Textes so gestalten, wie es seiner wissenschaftlichen Grundüberzeugung entspricht.

Der vorliegende Text wurde im Sinne der zweiten Strategie verfaßt. Dem Leser werden Arbeiten vorgestellt, die mindestens für eine bestimmte Zeit Bestand haben werden oder die wesentlich zur Fortentwicklung des Fachgebietes beitragen können. Das Buch möchte in allgemeinverständlicher Form und unter weitgehendem Verzicht auf fachspezifische Voraussetzungen in die wichtigsten Problemkreise der Psychologie des Todes einführen und eine Integration der inzwischen zahlreichen empirischen Einzeluntersuchungen anbieten. Das Buch ist aus der distanzierten – gleichwohl nicht unbeteiligten – Perspektive des Wissenschaftlers verfaßt. Ich habe nicht angestrebt, ein gefälliges, eingängiges Buch zu schreiben, das Patentrezepte liefert. Vielmehr sollte sich der Leser sein eigenes Urteil bilden, und ich hoffe, daß ich ihm die dazu notwendigen Grundlagen anbieten kann.

Das Buch wendet sich in erster Linie an die Angehörigen helfender Berufe. Es kann als Orientierungshilfe für Ärzte und Angehörige der Heilhilfsberufe (Schwestern, Pfleger, Krankengymnasten/-innen) dienen, die nur zu oft Leiden, Sterben und Tod begegnen. Es wendet sich darüber hinaus aber auch an Theologen, Pädagogen und an die Lehrkräfte in Einrichtungen der Alten- und Krankenpflege. Nicht zuletzt zählen Studierende der sozialwissenschaftlichen Fächer und Sozialwissenschaftler selbst zu den Adressaten dieses Buches. Es ist mein Wunsch, daß weitere Forschungsarbeit zur Todesthematik durch dieses Buch angeregt werden möge.

Würzburg, im Oktober 1989 J. W.

1. EINLEITUNG

Seit mehreren Jahrzehnten ist die wissenschaftliche Psychologie dabei, den etablierten Fächerkanon zu überschreiten und in neue Bereiche vorzudringen. Neben den traditionellen Teilgebieten wie Allgemeine Psychologie, Entwicklungspsychologie, Persönlichkeitspsychologie, Sozialpsychologie, Klinische Psychologie, Pädagogische Psychologie sowie Arbeits-, Betriebs- und Organisationspsychologie entstanden neue „Psychologien": die Behindertenpsychologie, die Freizeitpsychologie, die Kunstpsychologie, die Medienpsychologie, die Pharmakopsychologie, die Politische Psychologie, die Rechtspsychologie, die Sportpsychologie, die Verkehrspsychologie – um nur die wichtigsten zu nennen. Allen diesen neuen Psychologien ist gemeinsam, daß sie eklektizistisch den Wissensstand der etablierten Fächer nutzen, um innerhalb eines jeweils unterschiedlichen thematischen Rahmens anwendungsorientierte Fragen mit unbestreitbarer gesellschaftlicher Relevanz zu beantworten.

Zu den neuen Psychologien zählt auch die Thanatopsychologie, die sich mit dem Erleben und Verhalten gegenüber Sterben und Tod befaßt. Wie unzählige Zeugnisse aus Literatur und Kunst belegen, besaß die Todesthematik von jeher Aktualität. Eine besondere Notwendigkeit zur wissenschaftlich-psychologischen Beschäftigung mit der Todesthematik ergibt sich in der zweiten Hälfte dieses Jahrhunderts durch das Zusammenwirken folgender Entwicklungen bzw. Umstände: (1) Die Zahl sehr alter, kranker und pflegebedürftiger Menschen, die sich mit der Endlichkeit ihres Daseins konfrontiert sehen, hat nicht zuletzt aufgrund moderner medizinischer Behandlungsmöglichkeiten zugenommen. (2) Eine gegenüber früher erheblich gestiegene Zahl von Krebskranken – Erwachsenen und Kindern – verbringt eine lange Zeitspanne zwischen der Diagnosestellung und dem Eintritt des Todes oder der (vorläufigen) Entlassung aus dem Krankenhaus. Dies ist für die Betroffenen selbst, aber auch für Ärzte, Betreuer und Angehörige mit erheblichen psychischen Belastungen verbunden. (3) Besonders plastisch treten psycho-soziale Probleme unheilbar Kranker und Sterbender, ihrer Betreuer und

Angehörigen bei der erworbenen Immunschwächekrankheit AIDS zutage. Personen, die mit dem HIV-Virus infiziert sind, bei denen die Krankheit jedoch (noch) nicht manifest geworden ist, stehen unter Umständen während langer Abschnitte ihres Lebens unter einer permanenten Todesdrohung, von der in der Regel auch ihre Angehörigen betroffen sind. Jene Personen, bei denen die Krankheit zum Ausbruch gelangt ist, sehen mit ihren Angehörigen, den Ärzten und Betreuern (derzeit noch) dem sicheren Tod entgegen. (4) Über den angemessenen Umgang mit Hochbetagten, unheilbar Kranken und Sterbenden wird unter den Schlagworten „Sterbebeistand", „Sterbehilfe" und „Hospizbewegung" unter Medizinern, Juristen, Theologen und Sozialwissenschaftlern zunehmend heftiger diskutiert. Gerade sozialwissenschaftliche Erkenntnisse vermögen einerseits zur Differenzierung und andererseits zur Versachlichung dieser Diskussion beizutragen.

Eine Psychologie des Todes kann vor dem Hintergrund sehr unterschiedlicher Menschenbilder und Wissenschaftskonzepte geschrieben werden. Es ist daher nur recht und billig, daß ein Autor gleich zu Beginn seinen eigenen Standpunkt offenlegt. Die Darstellung der Psychologie des Todes in diesem Buch basiert auf den folgenden Grundüberzeugungen:

(1) Erleben und Verhalten gegenüber Sterben und Tod einschließlich des Sterbeprozesses unterscheidet sich nicht *grundsätzlich* von anderen Modalitäten menschlichen Erlebens und Verhaltens. Der Umstand, daß die Todesthematik mehr oder weniger starke Gefühlsreaktionen auch bei den mit ihr befaßten Forschern hervorruft, kann nicht bewirken, dem Erleben und Verhalten gegenüber Sterben und Tod *als Forschungsgegenstand* einen Sonderstatus einzuräumen.

(2) Weil die verschiedenen Gegenstände der Thanatopsychologie nicht grundsätzlich von anderen psychischen Erscheinungsformen verschieden sind, sind sie auch *der empirischen Erforschung prinzipiell zugänglich*. Welcher Zugangsweg der geeignete ist, hängt von der jeweiligen Fragestellung ab und kann zunächst offenbleiben; „Empirie" kann und muß hier weit gefaßt werden. Naive Wissenschaftsgläubigkeit ist fehl am Platz. Ebenso verfehlt ist aber die Auffassung, die psychischen Erscheinungsformen bei der Begegnung mit Sterben und Tod seien zu komplex, um empirisch erfaßt werden zu können und das Wesentliche bleibe ohnehin verborgen. Eine

philosophisch-spekulative Beschäftigung mit der Todesthematik bietet keine Chance, über Glaubenssätze – und mögen sie auch noch so große Plausibilität besitzen – hinauszukommen. Ein empirisches Vorgehen, das auf Erkenntnisse von übergreifender Gültigkeit abzielt, eröffnet hingegen die Möglichkeit, Beliebigkeitsaussagen zu überwinden.

(3) Erleben und Verhalten gegenüber Sterben und Tod kann und muß im Rahmen einer *wissenschaftlichen* Auseinandersetzung ebenso *sachlich und nüchtern* behandelt werden, wie dies bei unzähligen anderen Forschungsgegenständen der Sozialwissenschaften ganz selbstverständlich der Fall ist. Es kann dem Erkenntnisgewinn nicht dienlich sein, wenn die Todesthematik insgesamt oder in einzelnen Aussichten dramatisiert und mystifiziert wird. Gerade in Bereichen, welche den Forscher selbst in starkem Maße emotional involvieren (z. B. im Umgang mit Sterbenden), ist neben aller persönlichen Betroffenheit eine nüchtern-sachliche Forschungshaltung wünschenswert.

(4) Die Thanatopsychologie ist ein Gebiet, in dem angewandte Grundlagenforschung betrieben werden muß. Die psycho-soziale Betreuung unheilbar Kranker und Sterbender sowie die Aus- und Fortbildung von Helfern im Umgang mit unheilbar Kranken und Sterbenden bedürfen einer wissenschaftlichen Fundierung, die nur durch sozialwissenschaftliche Grundlagenforschung geleistet werden kann. Verläßliche Erkenntnisse über die psychische Stitutation Sterbender sowie von deren Angehörigen sind die Voraussetzungen für die Entwicklung wirkungsvoller psycho-sozialer Betreuungskonzepte.

Bereits bei einer flüchtigen Beschäftigung mit psychologischen Aspekten der Todesthematik stellen sich zahlreiche Fragen:
– Welche Theorien gibt es in der Thanatopsychologie?
– Welche Auswirkungen können ethische Bedenken auf die Planung und Durchführung thanatopsychologischer Untersuchungen haben?
– Wie entwickelt sich bei Kindern eine Vorstellung vom Tod?
– Von welchem Alter an können Kinder Angst vor dem Tod haben?
– Steht die Angst vor Sterben und Tod in einer systematischen Beziehung zu anderen psychischen Merkmalen?
– Schließen sich „Angst vor Tod und Sterben" und „Akzeptieren von Tod und Sterben" gegenseitig aus?
– Wie erlebt ein sehr alter oder kranker Mensch die unabweisliche

Endlichkeit seines Daseins, und wie setzt er sich damit auseinander?
- Welche Gedanken und Gefühle hat ein Mensch, wenn eine wichtige Bezugsperson vom Tod bedroht ist?
- Welches sind die psycho-sozialen Bedürfnisse unheilbar Kranker und Sterbender?
- Wie verhalten sich Helfer bei der Betreuung unheilbar Kranker und Sterbender?
- Welche Persönlichkeitsmerkmale weisen Helfer auf, die unheilbar Kranke und Sterbende betreuen?
- In welcher Weise wirken Unterrichtsveranstaltungen, die Helfer auf den Umgang mit Sterbenden vorbereiten sollen?

Manche dieser Fragen können noch nicht befriedigend beantwortet werden, auf viele gibt es inzwischen zumindest vorläufige Antworten. Im folgenden Kapitel wird zunächst der Gegenstand der Thanatopsychologie näher erläutert und eingegrenzt. Kapitel 3 bietet eine Skizze jener Ereignisse und Strömungen innerhalb und außerhalb der Psychologie, die an der Entstehung der Thanatopsychologie beteiligt waren und beleuchtet auch ihren aktuellen Entwicklungsstand. In Kapitel 4 werden mehrere Theorien dargestellt und auf ihre Brauchbarkeit für thanatopsychologische Fragestellungen geprüft. Die Angemessenheit bestimmter Forschungsstrategien und Untersuchungsverfahren für die unterschiedlichsten Fragestellungen im Rahmen der Todesthematik wird in Kapitel 5 diskutiert. Dabei werden auch Fragen der Forschungsethik berücksichtigt. Das verhältnismäßig umfangreiche Kapitel 6 ist der Entwicklung des Todeskonzepts beim gesunden Kind gewidmet. Dabei werden sowohl kognitive als auch emotionale Aspekte ausführlich abgehandelt. Mit der Angst vor Tod und Sterben enthält Kapitel 7 den Kernbereich der Forschungsarbeit zur Psychologie des Todes. Von besonderer Bedeutung sind hier die Mehrdimensionalität des Konstrukts „Angst vor Tod und Sterben" und seine Beziehungen zu anderen Merkmalen, insbesondere zu Religiosität. Dem Stand der Forschung entsprechend, werden Abwehrstrategien bei der Begegnung mit oder beim Gedanken an Tod und Sterben (Kapitel 8) sowie Akzeptieren von Tod und Sterben (Kapitel 9) vergleichsweise knapp behandelt. Kapitel 10 leitet zu anwendungsbezogenen Fragen der Thanatopsychologie über. Es berichtet über die psycho-sozialen Bedürfnisse Sterbender, gibt einen Abriß phasenartiger Verläufe des Sterbeprozesses und behandelt auch das Erleben und Verhalten sterbenskranker Kinder. In Kapitel 11 werden sowohl situationsspezifische Erlebens- und Verhaltensweisen von Helfern als auch deren Persönlichkeitsmerkmale erörtert. Die psycho-soziale Betreuung unheilbar Kranker und Sterbender ist das Thema von Kapitel 12. Nach einer allgemeinen Kennzeichnung von psychologischer Sterbehilfe werden beispielhaft Inhalte von Unterrichtsveranstaltungen für den Umgang mit Sterbenden vorgestellt, und es wird die Effizienz derartiger Veranstaltungen untersucht.

2. BEGRIFFSKLÄRUNG UND GEGENSTANDSBESTIMMUNG

Die Thanatopsychologie hat jenes Verhalten und Erleben des Menschen zum Gegenstand, das einerseits durch das Wissen um die eigene Endlichkeit und die Begegnung mit Tod und Sterben ausgelöst wird und das andererseits durch somatische Veränderungen in der Endphase des Lebens bestimmt ist. Die Thanatopsychologie befaßt sich sowohl mit dem Menschen in der Endphase des Lebens (mit dem Hochbetagten, dem unheilbar Kranken, dem Sterbenden) als auch mit dem von seinem Tod noch weit entfernten Menschen (z. B. bei der Untersuchung der Entwicklung des Todeskonzepts beim gesunden Kind). Sie beschäftigt sich darüber hinaus auch mit dem nur mittelbar von Tod und Sterben betroffenen Menschen, etwa wenn er Angehöriger eines unheilbar Kranken ist.

Diese Definition bedarf der Erläuterung. Der Hinweis auf Erleben und Verhalten entstammt einer allgemein akzeptierten Begriffsbestimmung von Psychologie (z. B. Hilgard, Atkinson & Atkinson, 1971, S. 10; Rohracher, 1971, S. 4). Dabei ist „Verhalten" der zentrale Begriff, der durch den Zusatz „Erleben" veranschaulicht wird. Zugänglich ist dem Beobachter nur konkretes Verhalten, wogegen Erleben erschlossen werden muß – etwa aus einem Verhalten, das man „Sprechen" nennt. Gleichwohl gilt das Interesse des Forschers besonders jenem nicht unmittelbar erfaßbaren Erleben. Konfrontationen mit Tod und Sterben sind nun mindestens in zweifacher Hinsicht denkbar: entweder durch Sterben und/oder Tod eines anderen Lebewesens oder durch die von einem bestimmten Alter an vorhandene Einsicht in die Endlichkeit des eigenen Daseins. Erleben und Verhalten, das aus derartigen Begegnungen mit Tod und Sterben resultiert, wird als subjektiv bezeichnet, da es in hohem Maße von intrapsychischen Prozessen der Erlebnisverarbeitung bestimmt sein dürfte. Im Gegensatz dazu handelt es sich bei den somatischen Begleiterscheinungen des Sterbens prinzipiell um objektive Vorgänge, deren Manifestationen im Erleben wiederum als subjektiv zu bezeichnen ist. Weil sich die Thanatopsychologie vorwiegend mit der subjektiven Realität von Tod und Sterben beschäftigt, kann hier auf eine ausführliche Unterscheidung verschiedener Todesarten

(Klinischer Tod, Gehirntod, Biologischer Tod bzw. Zelltod) verzichtet werden.

Die naheliegende Erwartung, die Thanatopsychologie befasse sich ausschließlich oder doch wenigstens hauptsächlich mit Sterbenden, ist unzutreffend. Wie noch zu zeigen sein wird, sind Menschen, die weder direkt noch indirekt mit Sterben oder Tod konfrontiert sind, legitimer Gegenstand der Psychologie des Todes. In rein quantitativer Hinsicht beziehen sich sogar die weitaus meisten Forschungsergebnisse der Thanatopsychologie auf jene Menschen, die nicht akut von Sterben oder Tod betroffen sind.

Die Begriffe „Sterben" und „Tod" bedürfen scheinbar keiner weiteren Erläuterung; es scheint jedem unmittelbar einsichtig, was damit gemeint ist. Tatsächlich werden diese Begriffe in der Umgangssprache jedoch häufig verwechselt. Wenn jemand (vermeintlich) einen „schönen Tod" gehabt hat, so ist eigentlich ein „schönes Sterben" gemeint – was immer das im einzelnen sein mag. Im Sinne präziser Begriffe und Konzepte ist es daher notwendig, verschiedene Aspekte zu unterscheiden. Es ist sinnvoll, den Prozeß des Sterbens, der ja noch Teil des Lebens ist, abzugrenzen vom Tod im Sinne eines „Danach". Sowohl am Sterben als auch am Tod kann nun weiterhin ein Bezug auf die eigene Person und ein Bezug auf andere Personen unterschieden werden. Nach dieser auf COLLETT & LESTER (1969) zurückgehenden Systematisierung sind Gedanken, Gefühle und Verhaltensweisen, die sich auf das antizipierte oder tatsächliche eigene Sterben richten, abzugrenzen von Bewußtseinsinhalten und Verhaltensweisen, die das antizipierte oder reale Sterben anderer Menschen (oder Tiere) zum Inhalt haben. Ferner ist Erleben und Verhalten, das sich auf den gedanklich vorweggenommenen eigenen Tod (das „Totsein") bezieht, zu unterscheiden von Erleben und Verhalten, das sich auf den imaginierten oder tatsächlichen Tod anderer Menschen (oder Tiere) richtet. Abbildung 2.1 gibt eine Übersicht über die verschiedenen Aspekte des Erlebens und Verhaltens gegenüber Tod und Sterben.

Zur Abrundung der Gegenstandsbestimmung der Thanatopsychologie mag es dienlich sein, ihre Berührungen und gegebenenfalls Überschneidungen mit anderen (etablierten) Teilgebieten der Psychologie aufzuzeigen. In die Psychologie des Todes fließen in hohem Maße Betrachtungsweisen und Konzepte der Differentiellen Psychologie und der Persönlichkeitspsychologie ein; neben persönlichkeitspsychologischen Konstrukten (z. B. Abwehr vs. Sensibilisierung,

	Bezug auf	
	die eigene Person	andere(n) Menschen
Sterben	1 antizipiert, imaginiert real	2 antizipiert, imaginiert real
Tod	3 antizipiert, imaginiert	4 antizipiert, imaginiert real

Abbildung 2.1: Aspekte des Erlebens gegenüber Tod und Sterben (nach COLLETT & LESTER, 1969).

Neurotizismus) ist es die Variabilität von Merkmalen, deren Ursachen es zu erforschen gilt. Mitbeteiligt ist ferner die Entwicklungspsychologie: Fragestellungen der Psychologie des Todes betreffen grundsätzlich die gesamte Lebensspanne; ihre Ergebnisse sind auch dann genuin entwicklungspsychologisch, wenn sie nicht mittels Längsschnittuntersuchung gewonnen wurden. Auch die Sozialpsychologie ist von erheblicher Bedeutung für die Thanatopsychologie, und zwar in erster Linie wegen der von ihr entlehnten Konzepte (z. B. das der Einstellung, der Rolle). Schließlich leistet auch die Klinische Psychologie einen Beitrag zur Psychologie des Todes, indem therapeutische Techniken der Gesprächsführung und Verhaltensmerkmale des Therapeuten für den Umgang mit unheilbar Kranken und Sterbenden nutzbar gemacht werden.

Aus dem bisher Gesagten ist unschwer zu ersehen, daß es sich bei der Thanatopsychologie nicht um ein eigenständiges Teilgebiet der Psychologie handelt, vergleichbar der Allgemeinen Psychologie, der Entwicklungspsychologie oder der Differentiellen Psychologie. Der Name „Thanatopsychologie" kennzeichnet lediglich den Umstand, daß das Interesse einem bestimmten Gegenstand, nämlich dem Erleben und Verhalten gegenüber Sterben und Tod, gilt. Aus allen Bereichen der Psychologie werden jene Erkenntnisse (Methoden, Konzepte) zusammengetragen, die zur Beschäftigung mit diesem spezifischen Gegenstand nutzbar gemacht werden können.

3. DIE KURZE ENTSTEHUNGSGESCHICHTE DER THANATOPSYCHOLOGIE

Entwicklungslinien der Thanatopsychologie sind eingebettet in übergreifende Strömungen, denen die Psychologie als Ganzes unterlag bzw. noch unterliegt. Umfassende Darstellungen der Geschichte der Psychologie bieten PONGRATZ (1984) und WEHNER (1980, S. 38–82). Im 19. Jahrhundert und bis ins erste Jahrzehnt des 20. Jahrhunderts dominierte die Bewußtseinspsychologie. Das Interesse der Psychologen galt den durch Introspektion zugänglichen Bewußtseinsinhalten, dem Erleben und den innerseelischen Vorgängen. In diese Zeit fallen vereinzelte Arbeiten zur Todesthematik mit mehr oder weniger philosophisch-anthropologischer Ausrichtung (BONSEN, 1927; FECHNER, 1836; HALL, 1915). Bemerkenswert ist die Arbeit von SCOTT (1896), die neben einem anthropologisch orientierten Sammelreferat die Ergebnisse einer Fragebogenerhebung an 226 Versuchspersonen (Vpn) enthält. In neun Fragenkomplexen wurden 34 Einzelfragen nach Gedanken und Gefühlen über Alter, Krankheit und Tod gestellt. Wenngleich SCOTTS (1896) Untersuchung in methodischer Hinsicht nicht den heutigen Anforderungen genügt, handelt es sich doch um einen der ersten „modernen" empirischen Beiträge zur Thanatopsychologie.

Als Gegenbewegung zur klassischen Bewußtseinspsychologie mit ihrer zentralen Methode der Selbstbeobachtung nahm ab 1913 in den USA der Behaviorismus einen lebhaften Aufschwung. Als legitimer Gegenstand der Psychologie galt den Behavioristen nur „offenes", d. h. dem Beobachter unmittelbar zugängliches Verhalten. Kognitive Vorgänge, die naturgemäß nicht unmittelbar beobachtbar sind, sondern aus dem manifesten Verhalten erschlossen werden müssen, wurden aus der wissenschaftlichen Betrachtung ausgeklammert. Vor diesem Hintergrund ist zu verstehen, daß besonders in den USA der 30er und 40er Jahre die Art und Weise, wie die Begegnung mit Sterben und Tod erlebt wird, als „weiches" Thema angesehen wurde und als solches wissenschaftlich indiskutabel war.

Ein weiteres Moment trug dazu bei, daß der wissenschaftlich-psychologischen Beschäftigung mit Tod und Sterben in den ersten drei Jahrzehnten unseres Jahrhunderts der Nährboden fehlte. Die Psychoanalyse – damals der gewichtige Gegenpol zum Behaviorismus – lieferte zwar Impulse zur Beschäftigung mit der Todesthematik, die entsprechenden Arbeiten beinhalteten jedoch äußerst spekulative Aussagen. Empirisch orientierte Forscher wurden insbesondere dadurch abgeschreckt, daß das FREUDsche Konzept des Todestriebes sich als nicht operationalisierbar erwies (vgl. auch Abschnitt 4.2). So war es den Autoren psychoanalytisch geprägter Beiträge nicht möglich, der Thanatopsychologie innerhalb einer auf naturwissenschaftliche Exaktheit und Objektivität hin orientierten Psychologie zu größerer Reputation zu verhelfen. Vermutlich waren damals jene wissenschaftsinternen Selektionsmechanismen wirksam, die THOMAE (1988) in seinem Beitrag über Psychologiegeschichte aufzeigt.

Zu einem für die Thanatopsychologie günstigeren Klima trug zunächst eine allmählich beginnende Integration gegensätzlicher Richtungen in der Psychologie bei. So begann man, die Ansätze der experimentellen und der klinischen Psychologie nicht länger als Gegensätze zu betrachten, sondern erkannte Möglichkeiten der gegenseitigen Befruchtung. Damit wurden Erkenntnisse aus Einzelfallbeobachtungen und mittels klinischer Vorgehensweise gewonnene Hypothesen prinzipiell auch aus experimentellem Blickwinkel diskutabel.

Als weiteres für die Thanatopsychologie förderliches Moment kam die sogenannte „kognitive Wende" in der Sozialpsychologie hinzu: Eine immer größer werdende Zahl von Forschern wandte sich den in der Zwischenzeit vernachlässigten intrapsychischen Vorgängen der Erlebnisverarbeitung und -bewertung zu, die Personen in der Interaktion mit ihrer Umwelt einsetzen, und bewirkte damit, daß diese (wieder) wissenschaftlich salonfähig wurden. All dies trug dazu bei, daß bisher verpönte Fragestellungen im Zusammenhang mit Sterben und Tod allmählich auch vom wissenschaftlichen Establishment toleriert wurden. „Die Entwicklung der Thanatopsychologie wurde also durch eine generelle Reifung der Psychologie gefördert" (KASTENBAUM, 1984, S. 18).

Diese die Psychologie insgesamt betreffenden Strömungen wurden nun überlagert von spezifischen Entwicklungslinien. Generell kann man sagen, daß Anstöße zur Fortentwicklung eines Teilgebietes der Psychologie stets dann erfolgten, wenn „praktische Relevanz" vorlag. Dies gilt beispielsweise für den Aufschwung der psychologischen Diagnostik während der beiden Weltkriege. Ein weiteres Beispiel ist die beginnende Beschäftigung mit sozialwissenschaftlichen Fragen des Alterns und des Altseins, die durch vorhersehbar sich verändernde demographische Verhältnisse in den Industrienationen und die damit verbundenen sozial- und gesellschaftspolitischen Probleme in Gang gesetzt wurde. Schließlich sei an die Entwicklungspsychologie des Kindes- und Jugendalters erinnert, die ihr Florieren im wesentlichen der Hoffnung auf eine möglichst unmittelbare Umsetzung ihrer Resultate in Erziehung und Unterricht verdankte.

In der kurzen Entstehungsgeschichte der Thanatopsychologie war es insbesondere in den USA nicht anders (vgl. KASTENBAUM, 1984). Dort gibt es seit dem Ende des Zweiten Weltkriegs die "Veterans Administration" (deutsch etwa: „Veteranenversorgung") – eine klinische Institution, die sich der gesundheitlichen Probleme von ehemaligen Kriegsteilnehmern annimmt. Die dort tätigen Psychologen begegneten einer Klientel, für die Leid, Selbsttötungsabsichten und der Gedanke an Krankheit, Alter und Tod alltäglich waren. Innerhalb der Veterans Administration konzentrierten sich die ersten gezielten Anstrengungen, mit todbezogenen Problemen fertig zu werden, auf die Selbsttötung bzw. ihre Verhütung. Diesem Problembereich wurde auch außerhalb der Wissenschaft praktische Relevanz zugebilligt, und es wurde erkannt, daß die Psychologie nützliche Beiträge zur Problemlösung zu liefern vermag. Das inzwischen klassische Werk ›The Cry for Help‹ von FARBEROW & SHNEIDMAN (1965) dürfte auch die anfängliche Entwicklung der Thanatopsychologie nachhaltig stimuliert haben. Außerhalb der akademischen Lebensprovinz trugen die Bücher von Jessica Mitford (›The American Way of Death‹) und Evelyn Waugh (›The Loved One‹) durch satirische Beschreibungen von Bestattungspraktiken in den USA dazu bei, daß Tod und Sterben dort bald in aller Munde waren.

Durch diese teils längerfristigen Bestrebungen und teils zufällig zusammentreffenden Ereignisse war der Boden bereitet, auf dem weitere Anstöße fruchtbar sein konnten. Hermann FEIFEL war es, der 1956 als erster ein Symposium über Sterben und Tod auf einem Kongreß der angesehenen American Psychological Association organisierte. Im Jahre 1959 erschien sein Buch ›The Meaning of Death‹, das Beiträge zu theoretischen und philosophischen Fragen, zu entwicklungspsychologischen Aspekten sowie klinischer Provenienz enthält (und 1977 durch ›New Meanings of Death‹ ergänzt wurde).

Bedeutsam für den Aufschwung der Thanatopsychologie war, daß das Werk vom Nachrichtenmagazin ›Time‹ positiv rezensiert wurde und auf diese Weise einen hohen Bekanntheitsgrad erreichte. Schließlich ist die Psychiaterin Elisabeth KÜBLER-ROSS zu nennen, die sich mit der Betreuung unheilbar Kranker und Sterbender beschäftigte. Ein Bildbericht in der größten Illustrierten des Landes, dem ›Life Magazine‹, über ihre in Krankenhäusern abgehaltenen Seminare verschaffte ihr und der Sache, die sie vertrat, Ansehen in der breiten Öffentlichkeit. Auch die umfangreiche Monographie von KASTENBAUM & AISENBERG (1972) sowie ein Sammelreferat im ›Annual Review of Psychology‹ (KASTENBAUM & COSTA, 1977) dürften dazu beigetragen haben, die Psychologie des Todes als wissenschaftliches Teilgebiet zu begründen.

So erwuchs aus der psycho-sozialen Betreuung von Kriegsveteranen, suizidgefährdeten Personen, unheilbar Kranken und Angehörigen von Verstorbenen in der Mitte der 50er Jahre in den USA die wissenschaftliche Beschäftigung mit psychologischen Aspekten von Sterben und Tod. Gegen Ende der 60er Jahre setzte eine deutliche Steigerung der Forschungsaktivität ein, die – wenn auch Schwankungen unterliegend – bis in die Gegenwart anhält. Im deutschen Sprachraum befaßt sich die wissenschaftliche Psychologie systematisch erst seit etwa 15 Jahren mit Fragen des Erlebens und Verhaltens gegenüber Sterben und Tod. Auch hier stellte die praktische Relevanz eine Art Initialzündung dar. Das aus Problemen im Bereich der Altenhilfe erwachsene Interesse an Fragen des Sterbebeistandes und der Sterbehilfe (Orthothanasie) mündete 1977 in ein internationales Symposium für Thanatologie und Thanatogogik (REST, 1978). Neben der Psychologie waren Theologie, Medizin (einschließlich Psychiatrie und Sozialmedizin), Soziologie, Sozialarbeit und Krankenpflege vertreten. Das erste Sammelreferat zur Todesthematik in einer deutschen Fachzeitschrift, das „ausschließlich auf empirischen Untersuchungsergebnissen" (S. 32) basiert, stammt von ERLEMEIER (1972). WITTKOWSKI (1978) legte die erste deutschsprachige Monographie zur Todesthematik vor. Auf den Kongressen der Deutschen Gesellschaft für Psychologie wurde der damals aktuelle Stand der Thanatopsychologie zum ersten Mal im Jahre 1980 bilanziert (WITTKOWSKI, 1981), vier Jahre später tagte eine vorbereitete Diskussionsgruppe zu diesem Thema (OCHSMANN, 1985). In der Zwischenzeit – nämlich im Jahre 1982 – hatte die 1. Tagung zur Thanato-Psychologie stattgefunden, die hinsichtlich der Vielfalt der Themen und der fachlichen

Provenienz der Teilnehmer außerordentlich breit angelegt war (siehe HOWE & OCHSMANN, 1984). Eine zweite Tagung zur Thanato-Psychologie hat im Herbst 1989 stattgefunden.

Der Entwicklungsstand einer wissenschaftlichen Disziplin läßt sich an ihrer Infrastruktur ablesen. Hochentwickelte, „reife" Fächer weisen eine differenzierte und fest etablierte Infrastruktur auf. Im einzelnen zeigt sich dies an regelmäßig stattfindenden Tagungen und Kongressen, an Art und Zahl der Fachzeitschriften, an der Zahl der Lehrstühle, die dem betreffenden Fachgebiet gewidmet sind, sowie an der Existenz entsprechender Forschungsinstitute. Tagungen und Kongresse zur Thanatopsychologie wurden bereits erwähnt; offensichtlich fanden sie bisher nur sporadisch und durch die Initiative einzelner statt. An Fachzeitschriften zum Thema gibt es in den USA seit 1970 ›Omega: Journal of Death and Dying‹. Unter der Herausgeberschaft von Robert KASTENBAUM ist dies die führende Fachzeitschrift für praxisorientierte und wissenschaftliche Beiträge. Des weiteren gab es von 1977 bis 1984 die Zeitschrift ›Death Education‹ (Herausgeberin: Hannelore WASS). Seit 1985 trägt sie den Namen ›Death Studies‹ und wird weiterhin von Hannelore WASS herausgegeben. Sie ist ein Forum für Beiträge zu Fragen der Beratung, der Fürsorge, der Pädagogik (Ausbildung), der Rechtsprechung und der Ethik. Im deutschsprachigen Raum gibt es noch keine Fachzeitschrift, die ausschließlich oder auch nur hauptsächlich thanatopsychologischen Themen offensteht; würde es sie geben, wäre sie allerdings nur schwer zu füllen, denn die Anzahl der einschlägigen Publikationen ist gering. Was Forschungsinstitute betrifft, so gibt es in den USA an der University of Minnesota das Center for Death Education and Research. Eine vergleichbare Einrichtung existiert in Europa nicht. Lehrstühle, zu deren Aufgabengebiet auch die Thanatopsychologie zählt, gibt es in Deutschland, Österreich und der Schweiz nicht. Die Psychologie des Todes wird an den Universitäten – wenn überhaupt – im Rahmen anderer Aufgabenbeschreibungen (z. B. Gerontologie) betrieben.

Zusammenfassend läßt sich feststellen, daß die Thanatopsychologie in den USA eine geringe und in Europa gar keine Infrastruktur besitzt. Die in mancher Hinsicht größeren Dimensionen in den USA können nicht darüber hinwegtäuschen, daß bedeutende Protagonisten thanatopsychologischer Forschung sich nicht in den Positionen befinden, welche die nötige Schubkraft für entscheidende Anstöße besitzen. Da die Produktivität der in einem Fachgebiet engagierten

Wissenschaftler in hohem Maße von der Infrastruktur des Faches abhängt, ist damit zu rechnen, daß die gegenwärtigen Verhältnisse noch lange andauern werden.

4. FRAGEN DER THEORIEBILDUNG IN DER THANATOPSYCHOLOGIE

Bei Durchsicht psychologischer Literatur zum Thema „Tod und Sterben" wird nach wie vor ein „Zustand der Theorielosigkeit" (WITTKOWSKI, 1978, S. 116) erkennbar (vgl. auch ERLEMEIER, 1978; STEIGERWALD, 1980; WITTKOWSKI, 1981). Dem kann hier nicht abgeholfen werden. Im folgenden sollen jedoch Möglichkeiten aufgezeigt und andiskutiert werden, wie theoriegeleitetes Forschen auch in der Thanatopsychologie vonstatten gehen könnte. Mit einem Abriß wissenschaftstheoretischer Grundlagen werden zunächst die Voraussetzungen geschaffen, um die Brauchbarkeit theoretischer Konzepte für die Psychologie des Todes relativ objektiv beurteilen zu können. Sodann wird eine Auswahl von Theorien auf ihre Tauglichkeit für thanatopsychologische Fragestellungen geprüft.

4.1 Allgemeine Kennzeichnung erfahrungswissenschaftlicher Theorien

Als Theorie ist jedes generalisierte Erklärungsprinzip anzusprechen, das Aussagen über funktionale Beziehungen zwischen Variablen und/oder Konstrukten gestattet. Theorien beinhalten spekulative Aussagen über die Realität, wobei die Beschaffenheit der Realität (noch) nicht definitiv bekannt ist. (Wenn die Realität definitiv bekannt wäre, wäre die Theorie überflüssig.) Eine Theorie enthält ein Netzwerk von Annahmen, die systematisch aufeinander bezogen sind, sowie ferner einen Satz von (empirischen) Definitionen. Eine Theorie besteht aus einer Anzahl von Hypothesen und Teilkonzepten, die verschiedene empirische Ergebnisse in einen Zusammenhang setzen, und leitet aus dem Gegebenen neue Zusammenhänge ab, die sich unter bestimmten definierten Bedingungen nachweisen lassen müßten. Aus dem bisher Gesagten ergibt sich, daß Theorien zu einem systematischen Ordnen von Gedanken und zu einem planvollen Forschungsansatz beitragen bzw. dieses erst ermöglichen.

Theorien erleichtern es, das, was wir wissen, und das, was wir hinzulernen, aufeinander zu beziehen; sie zeigen dem Forscher, wo und wie er vielleicht das entdecken kann, was noch unbekannt ist. Eine Theorie stellt also den Rahmen zur Verfügung, um unterschiedliche Einzelbefunde systematisch zu ordnen und zu integrieren, und sie weist Richtungen auf, in denen zukünftige Forschung fruchtbar sein kann. Mit anderen Worten: Erfahrungswissenschaftliche Theorien stiften Strukturzusammenhänge innerhalb einer Menge empirisch gewonnener Fakten, und sie schaffen Bezugsrahmen, welche die weitere Forschungsarbeit leiten und zu ihrer ökonomischen und effizienten Ausführung beitragen (ALBERT, 1962; MARX, 1963; NEEL, 1974, S. 21 ff.).

Nach MARX (1963, S. 14) gibt es mehrere Arten der Theorie-Konstruktion. Mit Blick auf erfahrungs- bzw. sozialwissenschaftliche Theorien favorisieren wir ein hypothetico-deduktives Vorgehen. Ausgehend von empirischen Beobachtungen (der Datenebene) erfolgt auf der theoretischen Ebene die Herstellung von Strukturzusammenhängen, was zu hypothetischen Aussagen führt (sog. "surplus-meaning" einer Theorie). Der neuerliche Schritt in die Empirie sorgt für Verifikation oder Falsifikation. Dies wiederum verändert die Theorie etc. Es handelt sich also um ein ständiges Hin und Her zwischen empirischer Ebene und theoretischer Ebene. Dabei scheint es nicht zwingend, mit dem Prozeß der Theoriekonstruktion auf der empirischen Ebene zu beginnen. Vielmehr ist der Beginn dieses Prozesses ebenso auf der theoretischen Ebene denkbar und sinnvoll.

In der Forschungspraxis haben sich Kriterien herausgebildet, die es gestatten, die Brauchbarkeit und den wissenschaftlichen Wert einer Theorie abzuschätzen. Die klassischen Standardkriterien erfahrungswissenschaftlicher Theorien sind (vgl. GROEBEN & WESTMEYER, 1975, S. 36 f.; HERRMANN, 1979; NEEL, 1974, S. 37): (1) *Logische Konsistenz bzw. Widerspruchsfreiheit.* Aus einer Theorie darf nur eine Aussage A, nicht aber ihr Gegenteil Non-A ableitbar sein. Eine Theorie, die sowohl Aussage A als auch Aussage Non-A zuläßt, ist unsinnig. (2) *Empirische Überprüfbarkeit.* Die Konstrukte einer Theorie müssen operationalisierbar sein, und es müssen Hypothesen abgeleitet werden können, die empirische Falsifikation gestatten. Eine Theorie, deren Wahrheitsgehalt nicht an der Realität geprüft werden kann, ist ohne Wert für eine Tatsachenwissenschaft, da sie den Status eines Glaubenssatzes hat. (3) *Grad der Verflechtung von Konzeptebene und empirischer Ebene.* Damit ist gemeint, daß eine Theorie gegenüber empirischen Erkenntnissen durchlässig sein und damit Veränderungsfähigkeit besitzen sollte. Je größer die Verflechtung von theoretischer Ebene und empirischer Ebene, desto höher ist der Nutzen der Theorie zu veranschlagen. (4) *Sparsamkeit bzw. Ökonomie des Aufbaus.* Von mehreren Erklärungsmöglichkeiten ist jene als überlegen anzusehen, die mit den wenigsten Annahmen und Voraussetzungen auskommt, die also am wenigsten durch spekulative Bestandteile „belastet" ist.

Es ist sinnvoll, diesen klassischen Standardkriterien erfahrungswissenschaftlicher Theorien drei weitere Kriterien als Zusatzkriterien hinzuzufügen. Es sind dies: (5) *Problemspezifische Nützlichkeit.* Theorien können als Problemlösungsmittel aufgefaßt werden. Als solche sind sie weder wahr noch unwahr, sondern „nur" mehr oder weniger zweckmäßig für die Beantwortung einer gegebenen Forschungsfrage. Nach HERRMANN (1979) bemißt sich der Nutzen einer Theorie auch nach der Art und dem Entwicklungsstadium eines gegebenen Problems. Je nachdem, ob man diesen Aspekt berücksichtigt, kann man von einer problemneutralen und einer problemspezifischen Tauglichkeit von Theorien sprechen. (6) *Bandbreite.* In Anlehnung an HALL & LINDZEY (1970) wird hier berücksichtigt, wie viele verschiedene Arten von Phänomenen eine Theorie erklären kann. Neben diesem quantitativen Aspekt geht auch ein qualitativer Aspekt ein, nämlich die Frage nach der Bedeutsamkeit von Phänomenen, die erklärt werden können. Grundsätzlich ist eine Theorie mit großer Bandbreite einer solchen mit geringer Bandbreite überlegen. (7) *Relevanz für den Fortgang der Forschung.* Mit diesem letzten Zusatzkriterium ist der heuristische Wert von Theorien angesprochen: Wie viele neue Hypothesen werden durch eine bestimmte Theorie kreiert, wieviel an Forschungsaktivität wird durch eine Theorie stimuliert? Offensichtlich läßt sich dieses Zusatzkriterium erst im nachhinein, gewissermaßen aus einer historischen Perspektive, zur Bewertung von Theorien heranziehen.

In der Psychologie des Todes besteht mit Blick auf theoretische Konzeptionen eine besondere Situation. Abgesehen von der psychoanalytischen Lehre vom Todestrieb (vgl. Abschnitt 4.2) gibt es keine genuin thanatopsychologische Theorie. Mit anderen Worten: Es gibt keine Theorie, die das Erleben und Verhalten von Menschen gegenüber Tod und Sterben zu erklären versucht. Es herrschen Verhältnisse wie zum Beispiel in der Pädagogischen Psychologie. Auch dort findet sich keine Theorie, die versucht, das Erleben und Verhalten im „pädagogischen Raum" umfassend zu erklären. Will man nun auf theoriegeleitetes Vorgehen nicht völlig verzichten, so bleibt nur die Möglichkeit des Theorie-Imports: Theoretische Paradigmata, die in anderen Kontexten entwickelt wurden und sich dort bewährt haben, werden auf Erleben und Verhalten mit Bezug zu Tod und Sterben angewendet und dabei selbst elaboriert und präzisiert.

Im folgenden wird zunächst die psychoanalytische Lehre vom Todestrieb dargestellt und anhand der vorstehenden Kriterien kritisch bewertet. Die ausführliche Behandlung gerade dieses Punktes geschieht zum einen wegen des relativ hohen Bekanntheitsgrades des „Todestriebes" auch in Laienkreisen und zum anderen gerade wegen der wissenschaftlichen Fragwürdigkeit (um nicht zu sagen: Unhaltbarkeit) dieses Konzepts. Ignorieren scheint jedenfalls keine Form der wissenschaftlichen Auseinandersetzung. Danach werden beispielhaft Möglichkeiten des Theorie-Imports vorgestellt und gleichfalls anhand der obigen Kriterien beurteilt.

4.2 Die psychoanalytische Lehre vom Todestrieb – Darstellung und kritische Einschätzung

Die metapsychologische Konzeption S. FREUDS unterscheidet – ausgehend von den bei der Analyse der Übertragungsneurosen gemachten Beobachtungen – drei Instanzen des Seelenlebens: das Es, das Ich und das Über-Ich; letzteres kann für die folgenden Ausführungen außer Betracht gelassen werden.

Das Es wird als der ursprünglichste und hinsichtlich der ontogenetischen Entwicklung älteste Teilbereich des psychischen Apparates aufgefaßt. Vom Es aus nehmen organismisch begründete Triebregungen vornehmlich sexueller Natur dynamisierenden und steuernden Einfluß auf das Verhalten des Individuums. Das Es erscheint als Repräsentant der sexuellen Triebwünsche, die S. FREUD unter dem energetisch gefaßten Begriff der Libido subsumiert. Die im Es angesiedelten sexuellen Triebregungen drängen nach möglichst vollkommener Verwirklichung. Rücksichten auf die konkrete Umsetzung seiner Bedürfnisse im Sinne von Anpassungsleistungen kennt das Es nicht. In ihm herrscht uneingeschränkt das Lustprinzip, das sich in unbewußten seelischen Vorgängen äußert.

Ein in seinem Verhalten uneingeschränkt vom Lustprinzip bestimmtes Individuum wäre aber kaum lebensfähig. Die Komplexität der Lebensbedingungen in einer Sozietät machen Triebaufschub und Triebverzicht notwendig. Sowohl dies als auch die in engem Zusammenhang damit stehende Anpassung an die Gegebenheiten der „Außenwelt" (im Gegensatz zur „Innenwelt" der Triebe) wird vom Ich geleistet. Diese Instanz hat die Aufgabe, den Ansprüchen des Es unter Berücksichtigung der Umweltbedingungen zu angemessener Geltung zu verhelfen. Im Gegensatz zu dem im Es waltenden Lustprinzip ist im Ich das Realitätsprinzip wirksam. Ausdruck findet das Realitätsprinzip in den Ich-Trieben, die FREUD zunächst den libidinösen Strebungen des Es als Kontroll- und Steuermechanismen gegenüberstellt und denen als Hauptaufgabe die Selbsterhaltung des Individuums zukommt (vgl. S. FREUD, 1911, S. 235).

Damit ist ein Triebantagonismus konzipiert: Die auf uneingeschränkte Befriedigung dringenden Sexualtriebe werden von den Ich-Trieben gelenkt. Diese dualistische Trieblehre sieht S. FREUD (1914) jedoch nach eingehender Beschäftigung mit dem Narzißmus in Frage gestellt. Das Studium der kindlichen Libidoentwicklung führt ihn nämlich zu der Einsicht, daß Libido in erster Linie an das Ich gebunden und dort zu lokalisieren sei. Der Möglichkeit der Objektbesetzung geht also ein als normal anzusehender „primärer Narzißmus" voraus, der – gemeinsam mit den Ich-Trieben – zur Selbsterhaltung des Organismus beiträgt.

Indem S. FREUD auch das Ich als Objekt libidinöser Besetzung erkennt, unterliegt es ebenso wie das Es den Sexualtrieben. In beiden psychischen Instanzen sind gleichermaßen libidinöse Strebungen wirksam, wenngleich sie sich im Ich in anderer Weise artikulieren als im Es. Damit ist die zunächst von S. FREUD vorgenommene Unterscheidung von Sexualtrieben und Ich-Trieben hinfällig geworden.

S. FREUD steht nun vor der Alternative, entweder seine dualistische Trieblehre zugunsten nur eines einzigen Triebes – des Sexualtriebes – aufzugeben oder nach einem anderen Trieb Ausschau zu halten, der eine antagonistische Position zur Libido einnehmen könnte. In seiner Schrift ›Jenseits des Lustprinzips‹, die EISSLER (1978, S. 23) als „Eckpfeiler von Freuds thanatologischem System" bezeichnet, bringt S. FREUD (1920) zum Ausdruck, daß er gewillt ist, an einer dualistischen Trieblehre festzuhalten. „Unsere Auffassung war von Anfang an eine dualistische und sie ist es heute schärfer denn zuvor, seitdem wir die Gegensätze nicht mehr Ich- und Sexualtriebe, sondern Lebens- und Todestriebe benennen" (S. FREUD 1920; zit. nach 1940, S. 57). Hier erfolgt mit der Einführung des Todestriebes als

Gegenstück zum Sexualtrieb eine neue Fundierung der Trieblehre (vgl. BALLY, 1961, S. 79). Zu beachten ist, daß der Todestrieb nicht zuerst aus seinen Manifestationen erschlossen, sondern auf hypothetisch-spekulativer Ebene gesetzt wurde. Erst im nachhinein wurden Belege gesucht und gefunden, welche diese Annahme stützten (vgl. RICŒUR, 1974, S. 289).

Das Phänomen, auf das sich S. FREUD bei der Einführung des Todestriebes stützt, ist der Wiederholungszwang. Träume von Unfallneurotikern haben immer wieder die Situation des Unfalls zum Inhalt, obwohl diese hochgradig unlustbetont ist und damit der psychoanalytischen Auffassung vom Wesen des Traumes widerspricht. Auch im Spiel des Kindes beobachtete S. FREUD, daß an sich unlustvolle Inhalte immer wieder reproduziert werden. Sowohl in den Träumen von Unfallneurotikern als auch im Spiel der Kinder scheint ein Zwang zur Wiederholung wirksam zu sein, und zwar auch dann – und dies ist entscheidend –, wenn die reproduzierten Inhalte mit Unlust verbunden sind. Ähnliches fand S. FREUD auch in der analytischen Therapie bestätigt: In Gestalt der Übertragung belebt der Patient die von ihm verdrängten Inhalte aufs neue und bringt sie in engsten Zusammenhang mit der Person des Therapeuten.

Aufgrund dieser Beobachtungen gelangt S. FREUD nicht nur zu der Einsicht, daß es einen Wiederholungszwang im Seelenleben geben müsse, sondern daß dieser darüber hinaus „ursprünglicher, elementarer, triebhafter als das von ihm zur Seite geschobene Lustprinzip" (S. FREUD, 1920; zit. nach 1940, S. 22) sein müsse. Als ein grundlegendes, „jenseits des Lustprinzips" gelegenes Merkmal der Triebe erkennt S. FREUD eine Tendenz zur Wiederherstellung eines früheren Zustandes. Der Wiederholungszwang stellt eine „Ausnahme vom Lustprinzip" (RICŒUR, 1974, S. 296) dar. Da anorganische Materie der organischen in der Entwicklungsgeschichte vorausgegangen ist, da also das Leblose früher war als das Lebende, glaubt sich S. FREUD zu der Annahme eines Triebes berechtigt, der darauf abzielt, alles Lebende wieder in den ursprünglichen Zustand des Unbelebten zurückzuführen: den Todestrieb.

In späteren Abhandlungen (S. FREUD, 1923, 1933, 1938) werden die in ›Jenseits des Lustprinzips‹ begonnenen Gedanken aufgegriffen und fortgeführt, wobei besonders die antagonistische Wirkungsweise von Eros und Thanatos betont wird. Auf der Suche nach greifbaren Anhaltspunkten, die das Postulat eines Todestriebes stützen, stößt S. FREUD zunächst auf den Sadismus, der in ausgeprägter Form auf die Vernichtung oder Zerstörung eines Objektes abzielt. Der Sadismus stellt das Bindeglied dar, durch das S. Freud den Todestrieb in der Aggression allgemein bzw. im Destruktionstrieb zu erkennen vermag. „Solange dieser Trieb als Todestrieb im Inneren wirkt, bleibt er stumm, er stellt sich uns erst, wenn er als Destruktionstrieb nach außen gewendet wird" (S. Freud, 1938; zit. nach 1941, S. 72). Damit scheint ein konkreter Beleg für die bisher spekulativen Überlegungen S. Freuds zum Todestrieb vorhanden.

Die kritische Einschätzung der Lehre vom Todestrieb hat von ihrem fehlenden psychologischen Gehalt auszugehen. Es wird die triviale *biologische* Tatsache, daß jedes Lebewesen einmal sterben wird, durch die Annahme eines Triebes „erklärt", ohne daß Aussagen darüber gemacht werden, wie sich dieser Trieb im Erleben und Verhalten des Menschen manifestiert. Es gibt daher keine *psychologisch* relevanten Aussagen, die sich aus der Lehre vom Todestrieb ableiten lassen. Wenn aber keine Aussagen über menschliches Erleben und Verhalten gemacht werden können, gibt es auch keine empirisch beantwortbaren Fragestellungen, und es ist sinnlos, die Standardkriterien erfahrungswissenschaftlicher Theorien (logische Konsistenz, empirische Überprüfbarkeit, Verflechtung von Konzeptebene und empirischer Ebene) anzuwenden. Die psychoanalytische Lehre vom Todestrieb liegt gewissermaßen außerhalb jenes Bereichs, auf den die Spielregeln empirischer Wissenschaften anwendbar sind. Dies wird – wenngleich nicht in dieser Deutlichkeit – auch von psychoanalytisch orientierten Autoren wie Bally (1961), Bibring (1963) oder Eissler (1978) eingeräumt. Der Hinweis auf indirekte Manifestationen des Todestriebes wie Aggression (S. Freud, 1930), Angst (Klein, 1948) oder risikoreiche Tätigkeiten (Lepp, 1968, S. 18) verletzt das Gebot der Sparsamkeit. Jedes der erwähnten Phänomene kann mit weniger Annahmen und Voraussetzungen erklärt werden, als dies unter Zuhilfenahme des Todestriebes geschieht.

Innerhalb einer empirisch betriebenen Thanatopsychologie kann S. Freuds Lehre vom Todestrieb somit kein Nutzen zugesprochen werden. Es ist daher nicht verwunderlich, daß ihre Relevanz für den Fortgang der Forschung in diesem Gebiet gering war und ist. Aus ähnlichen Erwägungen heraus gelangt Brun (1953) nach einer sorgfältigen Auseinandersetzung mit der Lehre vom Todestrieb zu ihrer Ablehnung. Kastenbaum & Aisenberg (1972, S. 467) betrachten den Todestrieb als ein nicht gänzlich unhaltbares, aber überflüssiges Konstrukt und kommen auch mit Blick auf die Thanatopsychologie zu dem Schluß: "For the moment, then, we do not see the death instinct as a major construct for future theory and research." So kann die Einführung des Todestriebes innerhalb des FREUDschen Gedankengebäudes als notwendige und ingeniöse Maßnahme gesehen werden, der Wert dieses Konstrukts für empirisch-psychologische Forschung ist gleichwohl gering zu veranschlagen.

4.3 KELLYs Theorie der persönlichen Konstrukte und ihre Tauglichkeit für thanatopsychologische Fragestellungen

Seit etwa 15 Jahren wird eine wachsende Zahl von Untersuchungen durchgeführt und publiziert, deren theoretischer Hintergrund die Theorie der persönlichen Konstrukte von G. A. KELLY ist (siehe die Übersicht von R. A. NEIMEYER, EPTING & KRIEGER, 1983 a). Es ist dies bislang die einzige (Persönlichkeits-)Theorie, die in größerem Umfang und ansatzweise systematisch der Bearbeitung von Fragestellungen im Bereich von Tod und Sterben zugrunde gelegt wurde. Allein dieser Umstand erfordert eine eingehendere Darstellung und Würdigung dieser Theorie. Ein Abriß von KELLYs Theorie in deutscher Sprache findet sich bei PERVIN (1981, S. 299–340).

KELLYs (1955) Theorie der persönlichen Konstrukte zählt zu den kognitiven Persönlichkeitstheorien. In ihrem Mittelpunkt steht die Art und Weise, wie ein Mensch Ereignisse und seine gesamte Umgebung wahrnimmt, bewertend interpretiert und konzeptualisiert. Aufgrund klinisch-psychotherapeutischer Erfahrungen ist KELLY der Überzeugung, daß die objektive Realität (z. B. die Tatsache, daß es regnet) für das Erleben und Verhalten des Menschen von eher geringer Bedeutung ist und daß es vielmehr auf die Art und Weise ankommt, wie objektive Ereignisse subjektiv interpretiert und konstruiert werden (im Beispiel: der Gärtner freut sich über den Regen, der Urlauber ärgert sich über ihn). Dem Menschen sei die Tendenz eigen, Ereignissen seine ganz persönliche Bedeutung zuzuschreiben. Indem er dies tue, gelange der Mensch zu einem Verständnis der Vorgänge in der Welt, seine Umgebung erfahre gewissermaßen eine subjektive Ordnung. Die formalen Strukturen, anhand deren Interpretationen und Bedeutungsverleihungen erfolgen, sind der Theorie zufolge die Konstrukte einer Person. Konstrukte sind bipolare Beschreibungskategorien (z. B. wird Person A als schüchtern, Person B aber als forsch eingeschätzt). Konstrukte sind für das Erleben und

Verhalten des Menschen insofern von zentraler Bedeutung, als sie dazu beitragen, Ereignisse zu kategorisieren und dem Geschehen in seiner Umwelt Sinn zu verleihen. Man könnte Konstrukte im Sinne Kellys auch als Elemente naiver Theorien über den Ablauf (das „Wie" und „Warum") der Dinge bezeichnen. Letztlich dienen die persönlichen Konstrukte einer Person also dazu, „der Welt" eine subjektive Ordnung und Strukturierung zu geben. Konstrukte hat man sich als System organisiert vorzustellen. Nach Kelly gibt es sehr allgemeine Konstrukte, die grundlegend für das Wohlbefinden und die Funktionsfähigkeit des Menschen sind, und periphere Konstrukte, deren Modifizierung das Individuum weniger berühren. Die Gesamtheit der persönlichen Konstrukte, das Konstruktsystem, ist hierarchisch gegliedert. Ein übergeordnetes Konstrukt schließt andere Konstrukte ein, ein untergeordnetes Konstrukt ist Bestandteil eines übergeordneten Konstrukts. Die Gesamtheit der miteinander in Beziehung stehenden Konstrukte bezeichnet Kelly als die Persönlichkeit eines Menschen; die Persönlichkeitsstruktur ist um so komplexer, je zahlreicher und differenzierter seine Konstrukte sind.

Nach Kelly ist der Mensch grundsätzlich ein auf die Zukunft ausgerichtetes Wesen. Durch gedankliche Beschäftigung mit zukünftigen Ereignissen versucht er, sich an diese möglichst gut anzupassen. Die Konstrukte des Menschen tragen daher nicht nur zum Verständnis des gegenwärtigen und des vergangenen Geschehens bei, sondern sie ermöglichen auch Vorhersagen über zukünftige Ereignisse. Der Mensch strebt grundsätzlich nach Ausweitung und nach Bestätigung (Validierung) seines Konstruktsystems, da dies eine Optimierung seines Verhaltens im Hinblick auf Anpassungsleistungen begünstigt.

Bedrohung wird erlebt, wenn Konstrukte in Frage gestellt und revidiert werden müssen. Bedrohung geht also einher mit der Erkenntnis, daß grundlegende Konstrukte zum Verständnis der Welt nicht (mehr) tauglich sind und daher verändert werden müssen. Weil das Konstruktsystem eines Menschen und letztlich seine Persönlichkeitsstruktur von der Gültigkeit bestimmter allgemeiner Konstrukte abhängt, zerstört deren In-Frage-Stellung die Organisation der Mehrheit der verbleibenden Konstrukte innerhalb des Systems und macht aus dem vormals orientierten ein desorientiertes Individuum.

Angst entsteht dann, wenn für ein bestimmtes Ereignis oder eine Situation überhaupt kein Konstrukt vorhanden ist, die Realität daher nicht erklärt und die Zukunft nicht vorhergesagt werden kann.

Als Verfahren zur Erfassung der Konstrukte einer Person hat Kelly (1955, S. 219–266) den ›Role Construct Repertory Test‹ (›Rep-Test‹) entwickelt. Dem Pb wird eine Liste mit Personen und den an die Personen geknüpften Rollen vorgelegt, die für ihn vermutlich in irgendeiner Hinsicht Bedeutung haben oder hatten (z. B. ein Lehrer, den Pb nicht mochte; ein Nachbar, mit dem Pb gut auskommt; die eigene Mutter). Pb wird nun aufgefordert, zu jeder Rolle eine konkrete Person zu benennen, die er kennt. Sodann soll Pb zu jeweils drei vorgegebenen Rollen angeben, in welchem Merkmal sich zwei dieser drei Personen ähnlich sind und in welcher Hinsicht sie sich von der dritten Person unterscheiden. Auf diese Weise erhält man ein Ähnlichkeitskonstrukt und ein Gegensatz- oder Kontrastkonstrukt. Beispielsweise werden die einander ähnlichen Figuren „Mutter" und „ehemaliger Freund" mit dem Ähnlichkeitskonstrukt „sozial schlecht angepaßt" belegt, und die diesen beiden Figuren unähnliche Figur des jetzigen Freundes wird mit dem Kontrastkonstrukt „unbekümmert/selbstsicher" gekennzeichnet. Aus einer Vielzahl derartiger Zuordnungen schält sich das Konstrukt-Repertoire heraus, das Pb zur Strukturierung und Bewertung seiner personalen Umwelt benutzt. Aus dieser knappen Skizze wird deutlich, daß es sich beim ›Rep-Test‹ um ein Verfahren handelt, das qualitative Informationen im Sinne von Hypothesen für klinisch-psychotherapeutische Zwecke liefert. Einzelheiten einschließlich Modifikationen des ›Rep-Tests‹ finden sich bei Kelly (1955) in den Kapiteln 5 und 6.

Wie bereits erwähnt, spielt die grundsätzliche Zukunftsorientiertheit des Menschen in der Theorie der persönlichen Konstrukte eine Rolle. Zu den in der Zukunft liegenden Ereignissen, deren Eintreten absolut gewiß ist, gehört für jeden Menschen das Sterben bzw. der Übergang in den Tod. Kellys Theorie ermöglicht nun die Unterscheidung verschiedener Orientierungen gegenüber dem Tod. Die Aussicht des eigenen Todes als Bestandteil der subjektiven Realität eines Menschen kann im Sinne der Theorie der persönlichen Konstrukte prinzipiell ebenso „konstruiert", d. h. interpretiert und bewertet, werden wie ein beliebiges anderes Ereignis. So kann ein Todesfall als „sinnlos" oder „lohnend" (z. B. bei einem Märtyrer, der für ein „größeres Ziel" stirbt), als „tragisch" oder als „glücklich" interpretiert werden. Generell suchen Menschen, gesunde wie kranke, einen Sinn im Tod. Der Theorie der persönlichen Konstrukte lassen sich Erklärungsansätze dafür entnehmen, wie Angst vor Tod und Sterben und das Erleben der Bedrohtheit beim Gedanken an Tod und Sterben zustande kommen. *Angst vor dem Tod* ist Ausdruck der Unfähigkeit, den Tod zu verstehen und als persönlich bedeutsam zu interpretieren, weil die erforderlichen Konstrukte fehlen. Vielfach wird die Aussicht des Todes auch als Bedrohung erlebt. Die Aussicht des Todes ist weniger bedrohlich, wenn der Tod als Bestandteil des Lebens verstanden wird; die Aussicht des Todes ist sehr bedrohlich, wenn Leben und Tod als inkompatibel erlebt werden.

Die Brauchbarkeit eines Konzepts bemißt sich u. a. danach, ob und wie gut es operationalisiert werden kann. Zur Messung der erlebten Todesbedrohung wurde auf der Basis der Theorie der persönlichen Konstrukte der ›Threat Index‹ entwickelt (Krieger, Epting & Leitner, 1974; siehe auch R. A. Neimeyer, 1978). Aus den Äußerungen in einem Interview werden für jede Vp individuelle todbezogene Konstrukte abgeleitet. Diese bipolaren Dimensionen (z. B. „tragisch" versus „nicht tragisch") dienen als Items, anhand deren die Vp ihr Selbst, ihr bevorzugtes bzw. angestrebtes Selbst und ihren eigenen Tod einstuft, wobei sie sich vorstellt, ihr Tod stehe unmittelbar bevor. Todesbedrohung liegt vor, wenn die Vp ihr Selbst, ihr bevorzugtes Selbst und ihren Tod verschiedenen Polen eines Konstrukts zuordnet (z. B. ihr Selbst und ihr bevorzugtes Selbst als „nicht tragisch", ihren Tod aber als „tragisch" ansieht). Der Gesamtwert des ›Threat Index‹ ergibt sich aus der Zahl derartiger Aufsplitterungen, die bei einer gegebenen Zahl todesrelevanter Konstrukte vorgenommen werden. Mit anderen Worten: Der ›Threat Index‹ bestimmt das Ausmaß, in dem eine Person die Konzepte „Selbst" und „Tod" in gegensätzlichen Begriffen interpretiert. Dem liegt die Annahme zugrunde, daß Personen, die sich selbst und ihren Tod den gleichen Konstruktpolen zuordnen, ihre Welt kognitiv so gestaltet haben, daß sie den Tod für sich persönlich als Realität, als einen mit ihrem Leben vereinbaren Sachverhalt betrachten. Personen dagegen, welche sich selbst und ihren Tod an entgegengesetzte Pole der Mehrzahl ihrer Konstrukte plazieren, müßten ihr Konstruktsystem erst noch grundlegend verändern, um sich selbst und ihren Tod als Einheit erleben zu können. Eine Weiterentwicklung des ›Threat Index‹ stellt der ›Death Attitude Repertory Test‹ (›DART‹) dar (R. A. Neimeyer, Bagley & Moore, 1986).

Einige überwiegend neuere Untersuchungsbefunde mögen die Anwendung von Kellys Theorie der persönlichen Konstrukte auf Fragestellungen im Rahmen der Psychologie des Todes erläutern. Krieger et al. (1974) fanden bei Studenten, daß eine als stark erlebte Todesbedrohung einherging mit der verminderten Fähigkeit, sich mit der eigenen Endlichkeit auseinanderzusetzen. Ferner waren Vpn mit starkem Bedrohtheitserleben eher jene, die auch starke Angst vor Tod und Sterben äußerten, was als Hinweis auf die Validität des ›Threat Index‹ gewertet werden kann. G. J. Neimeyer, Behnke & Reiss (1983) fanden bei jungen Ärzten ebenfalls einen positiven Zusammenhang zwischen der erlebten Todesbedrohung und der Angst vor dem Tod. Darüber hinaus zeigte sich, daß die Ärzte mit ausgeprägter Angst vor Tod und Sterben durch den Tod eines Patienten weniger persönlich berührt wurden als Ärzte mit geringer Angst vor Tod und Sterben. Ganz im Sinne der Theorie der persönlichen Konstrukte interpretieren die Autoren dies als Ausdruck eines Konstruktsystems, das nicht geeignet sei, den Tod als sinnvoll zu interpretieren. Bei Personen mit einem solchen Konstruktsystem bestehe daher einerseits ausgeprägte Angst vor dem Tod, andererseits sei der Tod eines anderen Menschen (z. B. eines Patienten) von geringerer Bedeutung für sie, weil eine derartige Erfahrung keine Auswirkungen auf ihr Konstruktsystem als Ganzes habe. In der Untersuchung von R. A. Neimeyer et al. (1986) stellte sich heraus, daß ältere Personen (innerhalb der Altersspanne von 19 bis 68 Jahren) ihr eigenes Selbst und ihren Tod mehr als Einheit sahen als jüngere Personen; Personen, die an ein Leben nach dem Tod glaubten, interpretierten den Tod eher als Bestandteil des Lebens als Personen, die nicht an ein Leben nach dem Tod glaubten. Viney (1983; 1984–1985) ging u. a. der Frage nach, ob schwer Kranke sich intensiver und in anderer Weise mit dem Tod beschäftigen als Gesunde. Tatsächlich zeigte sich in einer umfangreichen Stichprobe kranker und gesunder Personen, daß die Kranken sich gedanklich mehr mit dem Tod beschäftigten als die Gesunden. Innerhalb der Kranken äußerten jene die stärkste Beschäftigung mit dem Tod, die unmittelbar vor einer Operation standen, die akut (und nicht chronisch) krank waren und die sich im Krankenhaus aufhielten (und nicht zu Hause). In Einklang mit der Theorie der persönlichen Konstrukte kann dies als Bestätigung dafür gewertet werden, daß die Aussicht des Todes als bedrohlicher erlebt wird, wenn der Tod als unmittelbar bevorstehend wahrgenommen wird.

Legt man an Kellys Theorie der persönlichen Konstrukte die Beurteilungskriterien erfahrungswissenschaftlicher Theorien an (vgl. Abschnitt 4.1), so ergibt sich im Hinblick auf Fragestellungen im Bereich der Psychologie des Todes folgende Einschätzung ihrer Brauchbarkeit. Die Theorie macht Aussagen über die Angst vor Tod und Sterben sowie über das Erleben der Bedrohung beim Gedanken an Tod und Sterben. Beides – Angst und Bedrohung – sind zentrale Forschungsthemen der Thanatopsychologie, für die theoretische Erklärungsansätze gegenwärtig dringend benötigt werden. Die Theorie der persönlichen Konstrukte besitzt daher ein hohes Maß an problemspezifischer Nützlichkeit für die Psychologie des Todes. Des weiteren läßt sich bereits jetzt feststellen, daß KELLYs Theorie Forschungsaktivitäten im Bereich der Thanatopsychologie angeregt hat (vgl. zusammenfassend R. A. NEIMEYER et al., 1983 a) und daß sie von daher heuristischen Wert für den Fortgang der Forschung in diesem Feld besitzt. Die Tatsache, daß sich die oben angesprochenen Ergebnisse von KRIEGER et al. (1974), G. J. NEIMEYER et al. (1983), R. A. NEIMEYER et al. (1986) und VINEY (1983, 1984–1985) auch anders erklären lassen, schmälert die problemspezifische Nützlichkeit und den heuristischen Wert der Theorie nicht. Das grundlegende Erfordernis der logischen Konsistenz ist zweifellos gegeben. Die Theorie erklärt das Auftreten von Angst und Bedrohung im Angesicht des Todes mit der Beschaffenheit des Konstruktsystems eines Menschen; aus ihr sind widerspruchsfreie Hypothesen ableitbar, deren empirische Überprüfbarkeit prinzipiell möglich ist.

Die Einschätzung der Theorie der persönlichen Konstrukte fällt allerdings weniger vorteilhaft aus, wenn man die Möglichkeiten der empirischen Überprüfbarkeit genauer betrachtet und auch das Kriterium der Sparsamkeit des Aufbaus berücksichtigt. Die Operationalisierung der Merkmale „Angst vor dem Tod" und „Erleben der Bedrohung beim Gedanken an den Tod" ist zwar grundsätzlich möglich, die aus der Theorie abgeleiteten und derzeit eingesetzten Verfahren (der ›Threat Index‹ und der ›Death Attitude Repertory Test‹) lassen jedoch zahlreiche konzeptionelle und methodische Fragen offen. Statt Bedrohung direkt (und damit „sparsam") zu erfragen, wird sie auf dem Umweg über divergierende Zuordnungen von „Selbst" und „Tod" zu den Konstruktpolen indirekt erschlossen. Weder zum ›Threat Index‹ noch zum ›Death Attitude Repertory Test‹ werden die gängigen Gütekriterien und teststatistischen Kennwerte mitgeteilt. Obwohl sich KELLY (1955, S. 22–45) ausführlich mit den formalen Prinzipien der Theoriekonstruktion auseinandersetzt, scheinen ihm Fragen der Operationalisierung der Konzepte seiner Theorie kein zentrales Anliegen gewesen zu sein. "Operationalism is of primary concern for the experimenter; it is of only secondary concern for the theorist. The terms in which a theory is stated do not need to carry their own operational definitions on their backs, though if the theory is to be productive it should, in the hand of experimentally minded psychologists, lead to research with operationally defined variables" (Kelly, 1955, S. 29 f.).

Auf der Ebene der Theoriekonstruktion ist zu fragen, ob sich jene Resultate, die aus theoriegeleiteten Untersuchungen im Bereich der Psychologie des Todes hervorgegangen sind, nicht einfacher und im wissenschaftstheoretischen Sinne sparsamer erklären lassen. Auf der empirischen Ebene muß bezweifelt werden, daß es den von Kelly (1955, S. 29 f.) angesprochenen Experimentatoren gelungen ist, brauchbare Verfahren zur Erfassung von Angst und Bedrohung angesichts des Todes zu entwickeln. Wenn aber diese Konzepte nicht gültig und zuverlässig erfaßt werden können, ist die empirische Überprüfbarkeit der Theorie im Rahmen der Thanatopsychologie eingeschränkt. Einschränkungen hinsichtlich der empirischen Überprüfbarkeit bedeuten auch, daß die Veränderungsfähigkeit der Theorie der persönlichen Konstrukte aufgrund von Ergebnissen aus thanatopsychologischen Untersuchungen eher gering sein dürfte.

4.4 Die Zustands-Dispositions-Theorie der Angst und ihre Brauchbarkeit für die Thanatopsychologie

Auf Cattell & Scheier (1958, 1961) geht die faktorenanalytisch begründete Unterscheidung in ein bewußt wahrgenommenes und von einer Aktivierung des autonomen Nervensystems begleitetes passageres Gefühl der Spannung, Besorgnis und Nervosität und in eine erworbene, relativ stabile Bereitschaft zur Ausbildung von Angstbefindlichkeiten zurück. Ersteres wird als Angst-Zustand (state), letzteres als Angst-Disposition (trait) bezeichnet. Spielberger (1966) vermochte beide Aspekte zu integrieren, indem er sie zueinander in Beziehung setzte und sie von auslösenden Reizgegebenheiten wie auch von Abwehrmechanismen abgrenzte.

Die Zustands-Dispositions-Theorie der Angst besagt, daß ein aktueller Angst-Zustand durch die Wahrnehmung eines gefährlichen bzw. bedrohlichen realen oder imaginierten Reizes ausgelöst wird. Intensität und Dauer des Angst-Zustandes sind der kognitiven Bewertung der Bedrohung proportional. Ob und gegebenenfalls mit welcher Intensität ein Angst-Zustand entsteht, hängt von der kognitiven Verarbeitung der (objektiven) Situation ab, die ihrerseits durch den Ausprägungsgrad der Angst-Disposition determiniert ist. Mit anderen Worten: Eine Person mit stark ausgeprägter Angst-Disposition erlebt unter sonst gleichen Bedingungen einen stärkeren Angst-Zustand als eine Person mit einer schwach ausgebildeten Angstbereitschaft. Dieser Sachverhalt kommt darin zum Ausdruck, daß Angst-Zustand und Angst-Disposition in der Größenordnung von r = 0,50 miteinander korrelieren. Aus der Kenntnis der Beschaffenheit der Angst-Bereitschaft lassen sich also der Theorie zufolge in gewissen Grenzen Vorhersagen über die Intensität eines aktuellen Angst-Zustandes ableiten. Ferner sind Abwehrmechanismen sowie Rückmeldungen über den jeweils vorliegenden Angst-Zustand an seinem Erscheinungsbild beteiligt (SPIELBERGER, 1975). Der Geltungsbereich dieser zunächst auf die Bedrohung des Selbstwertgefühls beschränkten Theorie wurde von ENDLER (1975) unter Hinweis auf die Multidimensionalität des Angst-Konstrukts auf die Bedrohung der physischen Integrität ausgedehnt. Abbildung 4.1 zeigt ein Prozeßmodell der Wirkung von Ängstlichkeit als Disposition und als Zustand auf das Verhalten in Bedrohungs- und Belastungssituationen.

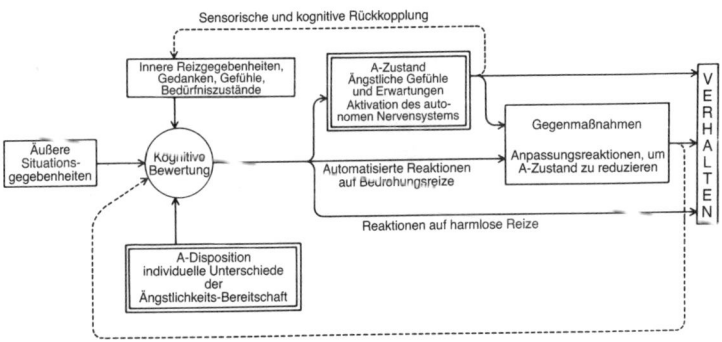

Abbildung 4.1: Prozeßmodell der Wirkung von Ängstlichkeit als Disposition und als Zustand auf das Verhalten in Bedrohungs- und Belastungssituationen. (Aus HECKHAUSEN, 1980, S. 240.)

SPIELBERGERS Zustands-Dispositions-Theorie der Angst genügt weitgehend den Bewertungskriterien, die an erfahrungswissenschaftliche Theorien angelegt werden müssen. Sie gestattet die Ableitung und empirische Überprüfung widerspruchsfreier Hypothesen. Sie ist hinreichend ökonomisch, d. h., sie beinhaltet keine spekulativen und voraussetzungsbeladenen Annahmen. Überdies besitzt sie den Vorzug, daß mit dem ›State-Trait-Anxiety Inventory‹ (SPIELBERGER, GORSUCH & LUSHENE, 1970; deutsche Version: ›Das State-Trait-Angstinventar‹ von LAUX, GLANZMANN, SCHAFFNER & SPIELBERGER, 1981) ein Instrument zur Operationalisierung von Angst-Zustand und Angst-Disposition zur Verfügung steht, das den üblichen Anforderungen an Testgütekriterien genügt. Dies ist deshalb so wichtig, weil erst ein taugliches Meßinstrument eine enge Verflechtung von theoretischer Ebene und empirischer Ebene ermöglicht. Die Zustands-Dispositions-Theorie der Angst besitzt nicht zuletzt in hohem Maße problemspezifische Nützlichkeit. Angst vor Tod und Sterben ist nämlich nach wie vor eines der bedeutendsten Themen im Bereich der Psychologie des Todes, ohne daß Untersucher auf theoretische Bezugsrahmen zurückgreifen.

Die hier in ihren Grundzügen skizzierte Theorie bezieht sich auf alle inneren oder äußeren Reizkonfigurationen, die als bedrohlich wahrgenommen werden können. Unterstellt man, daß dazu auch todbezogene Stimuli zählen, so liegt es nahe, die Theorie auf diesen inhaltlich gekennzeichneten Bereich anzuwenden. Der todbezogene Inhalt der unabhängigen Variablen wäre somit eine Sonderform bedrohlicher bzw. angstauslösender Reize. Mit Hilfe der Zustands-Dispositions-Theorie der Angst würden interindividuelle Unterschiede im aktuellen Angsterleben (z. B. bei der Begegnung mit einem Sterbenden) durch die Organismus-Variable „Angst-Disposition mit Blick auf Tod und Sterben" erklärt. Die aus der Theorie folgende allgemeine Hypothese lautet: Wer eine starke Disposition zu Angst vor Tod und Sterben hat, wird bei der Begegnung mit Tod und Sterben intensive Angst erleben; wer hingegen eine schwache Bereitschaft zu Angst vor Tod und Sterben hat, wird bei der Konfrontation mit Tod und Sterben vergleichsweise schwache Angst erleben. Ob dies tatsächlich so ist, ist derzeit noch unbekannt. Betrachtet man Angst vor Tod und Sterben im Sinne einer Disposition als mehrdimensional (vgl. Kapitel 7), so lassen sich Hypothesen über Intensität und Dauer des Angst-Zustandes in Abhängigkeit von der Angst-Disposition auch für die eigenständigen Aspekte „Angst vor dem eigenen Tod", „Angst vor dem eigenen Sterben", „Angst vor fremdem Tod" und „Angst vor fremdem Sterben" formulieren und prüfen.

4.5 Die Theorie der kognitiven Dissonanz und ihre Brauchbarkeit für die Thanatopsychologie

Festinger (1957; vgl. auch Irle, 1975, S. 310 ff.; Irle & Möntmann, 1978, S. 15 ff.) meint mit „Kognitionen" alle Dinge, die eine Person über sich selbst, über ihr Verhalten und über ihre Umwelt weiß, also die Kenntnisse einer Person einschließlich ihrer Meinungen und Einstellungen. Die Elemente einer Kognition (z. B. „Am Südpol ist es kalt"; „in der Wüste ist es heiß") sind normalerweise realitätsbezogen. Zwei Elemente einer Kognition befinden sich in einer konsonanten Beziehung zueinander, wenn A mit B vereinbar ist; Dissonanz zwischen zwei Elementen einer Kognition besteht, wenn A nicht zu B paßt (z. B. „In der Wüste liegt Schnee").

Die Intensität kognitiver Dissonanz ist zum einen eine Funktion der Wichtigkeit der beteiligten Elemente und ist zum anderen abhängig von der Anzahl relevanter Elemente, die mit einem fraglichen Element dissonant sind. „Die Gesamtdissonanz, die zwischen zwei Mengen von kognitiven Elementen besteht, ist eine Funktion des gewichteten Anteils aller zwischen diesen beiden Mengen bestehenden relevanten Beziehungen, die dissonant sind. Der Begriff ‚gewichteter Anteil' wird verwendet, weil jede relevante Beziehung nach der Bedeutung der an der Beziehung beteiligten Elemente gewichtet wird" (Irle & Möntmann, 1978, S. 30).

Analog einem Bedürfnis- oder Spannungszustand erzeugt Dissonanz einen Druck zu ihrer Aufhebung, dessen Stärke vom Ausmaß der Dissonanz abhängt. Festinger (1957) nennt drei Formen der Dissonanz-Reduktion: (1) Änderung eines Elements einer dissonanten Beziehung; (2) Hinzufügen neuer Elemente, die mit bereits vorhandenen übereinstimmen; (3) Verminderung der Bedeutung der dissonanten Elemente. Mit der postulierten Tendenz zur Dissonanz-Reduktion ist nichts über deren Erfolg gesagt, da kognitive Elemente eine gewisse Resistenz gegenüber Veränderungen besitzen.

Zusammenfassend ergeben sich aus der Theorie der kognitiven Dissonanz zwei allgemeine Hypothesen (Irle & Möntmann, 1978, S. 16): „1. Die Existenz von Dissonanz, die psychologisch unangenehm ist, wird die Person motivieren zu versuchen, die Dissonanz zu reduzieren und Konsonanz herzustellen. – 2. Wenn Dissonanz besteht, wird die Person, zusätzlich zu dem Versuch, sie zu reduzieren, aktiv Situationen und Informationen vermeiden, die möglicherweise die Dissonanz erhöhen könnten." Eine der Veränderungen, welche die ursprüngliche Theorie der kognitiven Dissonanz erfahren hat, besteht in der Eingrenzung auf solche Situationen, in denen sich das Individuum als Urheber von und verantwortlich für Dissonanz erlebt.

Die Theorie der kognitiven Dissonanz genügt den Kriterien erfahrungswissenschaftlicher Theorien (vgl. Abschnitt 4.1): Aus ihr lassen sich logisch konsistente Aussagen ableiten und empirisch überprüfen, sie ist grundsätzlich durchlässig gegenüber neuartigen empirischen Erkenntnissen, und sie besitzt eine vergleichsweise große Bandbreite. Da die Theorie Aussagen über intrapsychische Vorgänge (d. h. über die nicht unmittelbar zugänglichen Vorgänge in der „Black Box") macht, ist ihre Sparsamkeit allerdings eher gering einzuschätzen. Es steht jedoch außer Frage, daß die Theorie der kognitiven Dissonanz und ihre Modifikationen wie wenige andere Theorien den Fortgang der sozialpsychologischen Forschung stimuliert haben und daß ihr daher – aus der Sicht der Psychologie des Todes – problemneutrale Brauchbarkeit bzw. heuristischer Wert zuzusprechen ist. In problemspezifischer Hinsicht besteht ihr Nutzen für die Thanatopsychologie darin, daß das Erleben und Verhalten *gegenüber dem Tod anderer Menschen* ohne Rückgriff auf einzelne Abwehrmechanismen erklärt werden kann.

Die Übertragung der Theorie der kognitiven Dissonanz auf die Todesthematik eröffnet mindestens für den Aspekt „Tod und Sterben anderer Menschen" die Möglichkeit, Reaktionen auf todbezogene Stimuli durch die intervenierende Variable „kognitive Dissonanz" zu erklären. Am Beispiel von Ärzten und Pflegepersonal – im folgenden „Helfer" genannt – wird dies besonders deutlich. Die Tatsache, daß ein Patient stirbt, kann als kognitives Element betrachtet werden, das für die Helfer in Dissonanz mit ihrer durch das Bemühen um Lebenserhaltung definierten Selbst-Wahrnehmung steht. Die Dissonanz wird nun um so stärker sein, je intensiver sich der Helfer in seiner Tätigkeit engagiert, je persönlicher sein Verhältnis zum Patienten war bzw. ist und je häufiger Todesfälle eintreten. Als Strategien der Dissonanz-Reduktion kommen in diesem Falle in Betracht: Neudefinition der eigenen Helfer-Rolle; Aufgeschlossenheit für Informationen, welche die Bedeutung einer guten medizinisch-pflegerischen Versorgung bis zum Eintritt des Todes unterstreichen; Bagatellisierung von Tod und Sterben etwa unter Bezugnahme auf religiöse Glaubensinhalte. Darüber hinaus ist anzunehmen, daß Helfer, die kognitiver Dissonanz unterliegen, nicht nur Sterbende und Tote, sondern auch alle entsprechenden Hinweise im Umfeld von Tod und Sterben meiden werden; letzteres haben Glaser & Strauss (1965, 1968) ausführlich beschrieben.

4.6 Resümee

In neueren Publikationen wird mehrfach ein Theoriedefizit in der Psychologie des Todes oder in einem ihrer Teilbereiche moniert und gleichzeitig eine theoretische Einbindung thanatopsychologischer Forschung gefordert (Erlemeier, 1978; Steigerwald, 1980; Wittkowski, 1978, S. 116 f., 160; 1981). Diesen Anregungen folgend, wurden im vorliegenden Kapitel vier theoretische Ansätze anhand gängiger Beurteilungskriterien erfahrungswissenschaftlicher Theorien auf ihre Brauchbarkeit für Fragestellungen im Bereich der Psychologie des Todes geprüft. Dabei erwies sich die psychoanalytische Lehre vom Todestrieb als nicht brauchbar und Kellys Theorie der persönlichen Konstrukte als nur bedingt tauglich. Für die Zustands-Dispositions-Theorie der Angst und für die Theorie der kognitiven Dissonanz konnte gezeigt werden, daß jede dieser Theorien Segmente todbezogenen Erlebens und Verhaltens zu erklären vermag und daß sich aus jeder dieser Theorien empirisch prüfbare Hypothesen über todbezogenes Erleben und Verhalten ableiten lassen. In vereinfachender und selbstverständlich vorläufiger Weise ist damit demonstriert, daß die empirische Thanatopsychologie nicht zwangsläufig auf unsystematische Datenanhäufung verwiesen ist, sondern daß die Möglichkeiten zu theoriegeleiteter Forschung grundsätzlich vorhanden sind.

Der hier favorisierte Weg des Theorie-Imports entspricht jener Art der wissenschaftlichen Problemlösung, die Herrmann (1979) quasi-paradigmatischen Forschungsprogrammen zuschreibt: kognitiv-theoretische Paradigmata, die in anderen Zusammenhängen entwickelt wurden, werden auf Phänomene der Thanatopsychologie angewendet und dabei selbst elaboriert und präzisiert. Ein derartiges Vorgehen bietet nicht nur den Vorzug systematischer, weil theoriegeleiteter Empirie, sondern ermöglicht auch ökonomisches Arbeiten, können doch die bisherigen Erfahrungen mit der Theorie genutzt und so forschungsstrategische Umwege von vornherein vermieden werden.

5. METHODOLOGISCHE UND ETHISCHE FRAGEN IN DER THANATOPSYCHOLOGIE

Die Psychologie des Todes unterscheidet sich in dreifacher Hinsicht von den meisten anderen anwendungsbezogenen Teilgebieten der Psychologie (z. B. der Arbeitspsychologie, der Verkehrspsychologie, der Sportpsychologie). (1) *Im Forschungsgegenstand.* Die meisten Menschen betrachten ihr Erleben und Verhalten gegenüber Tod und Sterben als etwas eminent Wichtiges und etwas sehr Persönliches, als eine Art Intimsphäre. Gedanken an Sterben und Tod sind darüber hinaus für die meisten Menschen mit unlustbetonten Emotionen verbunden. Schließlich gehören zu dem Personenkreis, mit dem sich die Psychologie des Todes beschäftigt, auch Sterbende. (2) *Im Entwicklungsstand als wissenschaftliche Disziplin.* Die Psychologie insgesamt muß immer noch als junge und wenig ausgereifte Wissenschaft bezeichnet werden. Die wissenschaftlich-psychologische Beschäftigung mit Tod und Sterben ist noch um ein Vielfaches jünger und befindet sich allenfalls in einem Stadium der Orientierung und Systematisierung, in manchen Teilbereichen aber noch im Erkundungsstadium. (3) *Im Stellenwert ethischer Fragen.* Wegen ihres besonderen Forschungsgegenstandes stellen sich in der Thanatopsychologie ethische Fragen häufiger und mit größerer Dringlichkeit als in zahlreichen anderen Feldern der Psychologie.

Diese Besonderheit der Thanatopsychologie begründet eine eigenständige Diskussion methodologischer und ethischer Fragen. Auf der Grundlage des allgemeinen Methodenkanons der Psychologie (z. B. Bortz, 1984; Edwards, 1968; McGuigan, 1978) werden im ersten Teil dieses Kapitels einige grundsätzliche methodologische Fragen erörtert, die für empirische Forschungen zur Todesthematik Bedeutung haben. Methodologie ist mit Fragen der Ethik eng verknüpft. Beispielsweise kann es vorkommen, daß methodologisch wünschenswerte Forschungsstrategien aufgrund ethischer Bedenken abgeändert oder gänzlich fallengelassen werden müssen. Im zweiten Teil dieses Kapitels werden daher ethische Fragen angesprochen und mögliche Rückwirkungen auf methodisches Vorgehen in der Thanatopsychologie aufgezeigt.

5.1 Forschungsstrategien und Untersuchungsverfahren

Aufgabe der Sozialwissenschaften ist es, Fragen nach dem Erleben und Verhalten des Menschen zu beantworten. Um diesem Auftrag nachzukommen, bedienen sich die wissenschaftlich arbeitenden Psychologen spezifischer Forschungsstrategien und Untersuchungsverfahren. Ihr Einsatz hat gegenüber unsystematischen und unstrukturierten Beobachtungen drei Vorzüge. (1) *Größere Genauigkeit der Erkenntnisse.* So kann ein Unterschied zwischen Männern und Frauen in einem bestimmten Merkmal, der dem bloßen Eindruck verborgen geblieben wäre, mit Hilfe eines zuverlässigen psychodiagnostischen Meßinstruments entdeckt werden. (2) *Reichhaltigkeit der Erkenntnisse.* Sofern Daten einer gewissen Mindestqualität vorliegen, können zahlreiche mathematisch-statistische Verarbeitungsprozeduren durchgeführt werden. Der Informationsgehalt der erhobenen Daten kann dadurch besser ausgeschöpft werden, und die Erkenntnisausbeute kann umfangreicher sein, als sie es bei naiver Beobachtung und Auswertung sein würde. (3) *Eindeutigkeit der Erkenntnisse.* Durch die Anwendung geeigneter Untersuchungsstrategien und -verfahren wird der Einfluß des subjektiven Urteils des Untersuchers und damit die Beliebigkeit der Erkenntnisse geringgehalten. Denn wenn zehn Forscher ohne weitergehende Begründung zehn unterschiedliche Überzeugungen über einen bestimmten Sachverhalt äußern würden, wäre nicht zu entscheiden, wer von ihnen der Realität am nächsten kommt; jede der zehn Überzeugungen könnte „wahr" sein, sie könnte aber auch „falsch" sein.

Es kann daher nicht ernsthaft bezweifelt werden, daß auch in der Psychologie des Todes die Erkenntnisgewinnung entscheidend von den verwendeten Methoden abhängt. In der Psychologie kann man folgende methodischen Vorgehensweisen zur Gewinnung von Erkenntnissen unterscheiden: Strategien zur Gewinnung *qualitativer* Aussagen (z. B. über die Gedanken und Gefühle, die ein Kind gegenüber seinen Eltern hegt) und Strategien zur Gewinnung *quantitativer* Aussagen (z. B. über die Intensität der Gefühle, die ein Kind gegenüber seinen Eltern hegt). Innerhalb der quantifizierenden Forschungsstrategien kann man in der Psychologie zwei grundsätzlich verschiedenartige Wege der wissenschaftlichen Erkenntnisgewinnung beschreiben (vgl. CRONBACH, 1957): Korrelationsstudien bzw. Ex-post-facto-Untersuchungen einerseits und Experimente andererseits. In *Korrelationsstudien* „benutzt" der Untersucher die natürlicherweise, d. h. ohne sein Zutun, gegebene und von ihm gemessene Unterschiedlichkeit in den Merkmalsausprägungen zwischen Individuen. Indem er ausschließlich beobachtet und nicht selbst steuernd eingreift, macht der Forscher Aussagen über die Enge des Zusammenhangs zwischen zwei oder mehr Merkmalen. Anhand korrelationsstatistischer Befunde lassen sich zum einen Vorhersagen machen und zum anderen Beziehungsgefüge innerhalb einer großen Zahl von Variablen aufdecken. Korrelationsstudien tragen damit wesentlich zur Ordnung und empirisch begründeten Systematisierung wenig bekannter Merkmalsbereiche bei. Sie gestatten allerdings keine Aussagen über Ursache-Wirkungs-Beziehungen. Dies ist nur durch *Experimente* möglich. Dabei werden die Versuchsteilnehmer den Versuchsbedingungen (Experimental- und Kontrollgruppe) per Zufall zugeordnet, und die Versuchsbedingungen werden durch Eingriffe des Forschers so gestaltet bzw. kontrolliert, daß sich nur das eine interessierende Merkmal (z. B. die Blutalkoholkonzentration) durch die experimentelle Behandlung (z. B. Verabreichung von Alkohol) verändern kann. Im Gegensatz zu Ex-post-facto-Untersuchungen wird also in Experimenten Variabilität (zwischen Gruppen bzw. Behandlungen) durch entsprechende Maßnahmen des Versuchsleiters künstlich erzeugt. Treten dann in einer sog. abhängigen Variablen (z. B. Konzentrationsleistung) Veränderungen auf, können diese ursächlich auf die experimentell veränderte (unabhängige) Variable zurückgeführt werden. Unstreitig besteht die Stärke (labor-)experimenteller Untersuchungen darin, daß ihre Resultate hohe *interne Validität* besitzen. Mit anderen Worten: Experimentelle Befunde sind in hohem Maße eindeutig interpretierbar, die Zahl möglicher Alternativerklärungen für das beobachtete Geschehen ist gering. Dem steht jedoch häufig geringe *externe Validität* gegenüber: (Labor-)Experimentelle Befunde sind vielfach kaum übertragbar auf Verhältnisse außerhalb der experimentellen Situation (auf das „wirkliche Leben").

Fragt man nun, welche der beiden Forschungsstrategien für empirische Untersuchungen in der Thanatopsychologie die geeignetere ist, so muß man zunächst berücksichtigen, daß Forschungsansätze je nach dem Kenntnisstand in einem Sachgebiet mehr oder weniger nützlich sein können. Die Psychologie des Todes befindet sich in einzelnen Teilbereichen noch im Erkundungsstadium, in der Hauptsache aber im Stadium der Beschreibung und Systematisierung. Es ist daher der Sachlage durchaus angemessen, daß der größte Teil empirischer Arbeiten zur Todesthematik Ex-post-facto-Untersuchungen sind. Dieser für Fragestellungen der Differentiellen Psychologie typische Forschungsansatz trägt auch dem Umstand Rechnung, daß Fragestellungen im Rahmen der Thanatopsychologie häufig Organismus-Variablen (z. B. Neurotizismus, Religiosität, Angst vor dem Tod) beinhalten, die experimentell ohnehin kaum beeinflußbar sind und schon deshalb Ex-post-facto-Untersuchungen nahelegen. Aber auch qualitativ orientierte Forschungsstrategien können wertvolle Erkenntnisse liefern, wenn die Vorläufigkeit und das Hypothesenhafte ihrer Resultate berücksichtigt wird.

In der Psychologie des Todes zu Unrecht unterrepräsentiert sind *quasi-experimentelle Untersuchungen* (CAMPBELL & STANLEY, 1963; deutsch: SCHWARZ, 1970). Dabei greift der Untersucher auf natürlicherweise entstandene Unterschiede zwischen Gruppen (z. B. Krebskranken und Gesunden) zurück. Da eine Kontrolle von Störvariablen nur in geringem Umfang möglich ist, hat man es bei quasi-experimentellen Untersuchungen meist mit der Konfundierung von Variablen zu tun – ein Umstand, der die interne Validität der Resultate mindert. Gleichwohl gibt es wie in anderen Forschungsfeldern (z. B. der Delinquenzforschung, der Unterrichtsforschung) auch in der Thanatopsychologie keine Alternative zu quasi-experimentellen Untersuchungen. Denn im Unterschied zu Korrelationsstudien ermöglichen Quasi-Experimente aufgrund ihrer varianzanalytischen Untersuchungsanordnungen die Aufdeckung von Wechselwirkungen und damit interessanter differentieller Effekte.

Bisher wurden ausschließlich Untersuchungsstrategien erörtert. Sie geben den Weg vor, den der Forscher bei der Erkenntnisgewinnung beschreiten sollte, sie machen aber keine Aussagen über die zu verwendenden Untersuchungsverfahren, d. h. darüber, mit Hilfe welcher konkreten Maßnahmen Beobachtungen gemacht bzw. Daten erhoben werden. In Anlehnung an CATTELL (1967) kann man Erleben und Verhalten durch folgende Arten von Untersuchungsverfahren erfassen: 1. durch *Beobachtung und Beurteilung des Verhaltens* (teilnehmende oder nicht teilnehmende Fremdbeobachtung); 2. durch *Selbstberichte der Untersuchungsteilnehmer* (Interviews, Fragebogen); 3. durch *objektive Tests* („Messung" des Verhaltens in standardisierten Situationen). Gerade mit Blick auf thanatopsychologische Fragestellungen ist diese Klassifikation von Untersuchungsverfahren um *projektive Verfahren* zu erweitern. Projektive Verfahren (thematische Apperzeptionsverfahren, zeichnerische und spielerische Gestaltungsverfahren) verlangen vom Pb eine sprachliche oder spielerisch-gestaltende Reaktion auf unstrukturiertes und mehrdeutiges Bild- oder Spielmaterial oder auch spontane Äußerungen. Projektive Verfahren werden vorzugsweise dann eingesetzt, wenn man vermutet, daß der Pb bestimmte Erlebnisinhalte auf einer sprachlichen Ebene nicht äußern kann.

Die in der Thanatopsychologie gegenwärtig und in absehbarer Zukunft aktuellen Fragestellungen lassen es geboten erscheinen, keines dieser Untersuchungsverfahren von vornherein als indiskutabel auszuschließen. Angesichts des Erkundungs- oder bestenfalls Orientierungsstadiums, in dem sich die Psychologie des Todes befindet, kann jedes der genannten Untersuchungsverfahren für bestimmte Fragestellungen nützliche Befunde erbringen. Allerdings darf nicht übersehen werden, daß Verhaltensbeobachtungen, Interviews und projektive Verfahren nicht unmittelbar Daten liefern, sondern Material (Video-Aufzeichnungen, Interview-Transkripte, Geschichtenprotokolle), das erst noch in Daten umgesetzt werden muß. Diese Daten weisen meist ein niedriges Skalenniveau auf, und die Gütekriterien von Erhebungs- und Auswertungsmethode sind vielfach nicht bekannt. Es ist daher ein drängendes methodisches Anliegen der Thanatopsychologie, Auswertungsmethoden zu entwickeln, anhand deren aus Verhaltensbeobachtungen und sprachlichem Material Daten befriedigender Dignität gewonnen werden können. Daß dies für Interviewmaterial grundsätzlich möglich ist, hat WITTKOWSKI (1987) kürzlich gezeigt.

5.2 Ethische Fragen

Die folgende Erörterung ethischer Fragen mit Blick auf die Psychologie des Todes bezieht sich ausschließlich auf den Bereich der Forschung. Eine umfassende Darstellung ethischer Probleme in der psychologischen Forschung insgesamt hat SCHULER (1980) vorgelegt. Diskussionsbeiträge zu forschungsethischen Fragen speziell in der Thanatopsychologie stammen von SCHULER (1984) und SPIEGEL-RÖSING (1984). Das Anliegen dieses Abschnitts besteht darin, die Diskussion ethischer Fragen in der thanatopsychologischen Forschung zu stimulieren und zu einer differenzierten Betrachtungsweise beizutragen.

Grundsätzlich kann nicht ausgeschlossen werden, daß Vpn durch ihre Teilnahme an einer Untersuchung zur Todesthematik eine Schädigung erfahren. Als potentielle psychische Beeinträchtigungen kommen in Betracht (vgl. SCHULER, 1980, S. 94): Weckung und/oder Steigerung der Angst vor Tod und Sterben, Depression, Frustration, Beeinträchtigung des Selbstwertgefühls. Es scheint sinnvoll, von einer Schädigung nur dann zu sprechen, wenn *dauerhafte* psychische Beeinträchtigungen vorliegen, nicht hingegen bei passageren Verstimmungen. Untersuchungen zur Todesthematik können aber auch in zweifacher Hinsicht Nutzen bzw. Gewinn erbringen. Der *persönliche Nutzen* des Untersuchungsteilnehmers kann etwa in besonderer Aufmerksamkeitszuwendung von seiten des Untersuchers und dadurch in einer Erhöhung seines Selbstwertgefühls bestehen. Die Teilnahme an einer thanatopsychologischen Untersuchung kann ferner als Bereicherung erlebt werden, wenn – etwa bei Forschungsinterviews (z. B. WITTKOWSKI, 1984) – neuartige und als wertvoll erlebte Denkanstöße vermittelt werden. Der *kollektive oder gesellschaftliche Nutzen* thanatopsychologischer Forschung besteht im Erkenntnisgewinn in einem Bereich mit außerordentlicher Bedeutung für das menschliche Leben. Verläßliche Erkenntnisse sind zunächst ein Gewinn für die wissenschaftliche Gemeinschaft, im weiteren aber auch für die Gesellschaft insgesamt.

Wer eine empirische Untersuchung zur Todesthematik plant, steht somit vor folgenden Fragen: Wie groß ist das Risiko, daß ein oder mehrere Untersuchungsteilnehmer eine dauerhafte psychische Beeinträchtigung erleiden? Steht die mögliche Schädigung einer Vp in einem vertretbaren Verhältnis zu dem voraussichtlichen (Erkenntnis-)Gewinn? Eine Schadens-Gewinn-Analyse muß mit Blick auf thanatopsychologische Untersuchungen unbedingt differenziert nach der Art des methodischen Vorgehens und nach der Art der Vpn vorgenommen werden. Mit anderen Worten: Das persönliche Risiko der Vpn kann in Abhängigkeit von der Untersuchungsstrategie einerseits und von den Untersuchungsverfahren andererseits unterschiedlich sein. So mag ein Laborexperiment für die Vpn mit einem höheren Risiko der Schädigung verbunden sein als eine Ex-post-facto-Untersuchung. Ebenso können aber verschiedene Untersuchungsstrategien und -methoden den Vpn in unterschiedlichem Umfang Gewinn bringen. Aus der persönlichen Begegnung mit einem Interviewer im Rahmen eines Forschungsinterviews wird sich für die Vpn eher ein Nutzen ergeben als aus der standardisierten und eher unpersönlichen „Behandlung" in einem Labor-Experiment.

Schließlich ist auch der gesellschaftliche Nutzen je nach Fragestellung und Methode unterschiedlich zu bewerten. Experimente bringen in Verbindung mit objektiven Tests verläßlichere und eindeutiger interpretierbare Resultate als etwa ein Quasi-Experiment, in dem projektive Verfahren verwendet wurden. Differenzierung bedeutet aber auch die Unterscheidung von zwei Arten von Vpn, die es nur in der Thanatopsychologie gibt: Personen, die nicht unmittelbar von ihrem eigenen Sterben und Tod betroffen sind, und Sterbende. Eine angemessene Einschätzung ethischer Fragen für thanatopsychologische Untersuchungen hätte demnach das persönliche Risiko der Vpn, den möglichen persönlichen Nutzen der Vpn und den gesellschaftlichen Nutzen der zu erwartenden Untersuchungsergebnisse zu berücksichtigen, je nachdem, ob eine Ex-post-facto-Untersuchung, ein Quasi-Experiment oder ein (Labor-)Experiment geplant ist und je nachdem, ob Verhaltensbeobachtung, Interview, Fragebogen, objektive Tests oder projektive Verfahren als Untersuchungsmethoden vorgesehen sind.

Der weitaus größte Teil psychologischer Untersuchungen zur Todesthematik wurde bzw. wird mit Personen durchgeführt, die nicht unmittelbar von ihrem eigenen Tod bedroht sind (z. B. gesunde Kinder, Studenten, „normale" Erwachsene einschließlich alter Menschen). Bei diesem Personenkreis dürften thanatopsychologische Untersuchungen unbedenklich sein, wenn die allgemeinen ethischen Standards psychologischer Forschung beachtet werden. Diese beinhalten im wesentlichen die Freiwilligkeit der Versuchsteilnahme, die Einwilligung der Vp, nachdem sie über alle Besonderheiten der Untersuchung informiert wurde, und – sofern eine Unterrichtung vor Beginn der Untersuchung aus methodischen Gründen nicht möglich war – eine umfassende Aufklärung nach Beendigung der Versuchsteilnahme (Schuler, 1980, S. 104–117). Nach den bisherigen Erfahrungen aus Untersuchungen zur Todesthematik, aber auch aufgrund der Erfahrungen aus anderen Gebieten der Psychologie (z. B. der Streß-Forschung) dürfte es unwahrscheinlich sein, daß die Darbietung todbezogener Stimuli in Form von Fragebogen-Items, Interview-Fragen oder Fotos bei „normalen" Vpn starke und dauerhafte Beeinträchtigungen ihres Wohlbefindens auslösen. Gleichwohl könnte bei bestimmten Untersuchungsansätzen (z. B. bei der Erforschung der Wirkung von Unterrichtsveranstaltungen über Tod und Sterben; siehe Abschnitt 12.3) erwogen werden, die Teilnehmer sorgfältig hinsichtlich extremer psychischer Reaktionen zu beobachten, diese gegebenenfalls durch eine Nachbetreuung zu mildern und im übrigen die Möglichkeit der Nachsorge anzubieten.

Anders liegen die Dinge bei Sterbenden. Wie in Abschnitt 10.2 ausführlicher dargelegt, unterliegen Sterbende mindestens im fortgeschrittenen Stadium ihres Sterbeprozesses erheblichen physischen und psychischen Beeinträchtigungen. Generell ist damit zu rechnen, daß die psycho-physische Belastbarkeit Sterbender verglichen mit derjenigen „normaler" Personen reduziert ist. Darüber hinaus ist das Sterben ein außerordentlich persönliches Geschehen, das im Unterschied zu anderen intimen Ereignissen nicht wiederholbar ist. Unter diesen Umständen ist zu fragen, ob psychologische Untersuchungen an Sterbenden, die zwangsläufig einen Einbruch in die Intimsphäre einer ohnehin geschwächten Person darstellen, ethisch vertretbar sind. Diese Frage scheint mit Blick auf teilnehmende Beobachtungen und Interviews weniger problematisch zu sein. Denn bei diesen Untersuchungsmethoden wird die Vp nicht *ausschließlich* als Merkmalsträger behandelt, sondern es wird in begrenztem Umfang auch ihren psycho-sozialen Bedürfnissen Rechnung getragen; es kann also einen Nutzen für den Forscher *und* den Beforschten geben. Die Frage der ethischen Zulässigkeit stellt sich hingegen mit besonderer Dringlichkeit, wenn die gewählte Forschungsstrategie weitgehende Eingriffe in die Lebensumstände der Vpn erfordert und wenn die Vpn zur Gewinnung verläßlicher Resultate *ausschließlich* als Merkmalsträger behandelt werden (müssen). Ein auch in anderen Forschungsfeldern der Psychologie bestehendes Dilemma zeigt sich in thanatopsychologischen Untersuchungen besonders deutlich (SCHULZ, 1978, S. 9): Die im Sinne des Erkenntnisgewinns ergiebigsten Forschungsstrategien und -methoden sind mit dem größten Risiko verknüpft, die Vpn zu schädigen. Mit Blick auf Sterbende kann – anders als bei „normalen" Vpn – eine Schädigung bereits in der Störung eines hochgradig persönlichen und nicht wiederholbaren Erlebensablaufs, in der Inanspruchnahme knapper und daher kostbarer Zeit oder in einer relativ unpersönlichen, weil standardisierten Behandlung durch den Untersucher bestehen. Von daher ist zu fragen, ob bei psychologischen Untersuchungen an Sterbenden nicht auf experimentelle Untersuchungsstrategien und auf objektive Tests zugunsten von Ex-post-facto-Untersuchungen in Verbindung mit Verhaltensbeobachtungen oder Interviews verzichtet werden sollte. Der Einsatz derartiger Untersuchungsmethoden müßte nicht zwangsläufig den Verzicht auf hohe methodische Standards implizieren. Solange jedenfalls noch keine detaillierten Erfahrungen darüber vorliegen, wie unterschiedliche Forschungsmaßnahmen speziell auf Sterbende wirken, kann mit Schuler (1984, S. 37) nur „besondere Behutsamkeit" bei psychologischen Untersuchungen an Sterbenden empfohlen werden.

6. ENTWICKLUNG DES TODESKONZEPTS BEIM GESUNDEN KIND

Kein Teilbereich der Thanatopsychologie hat innerhalb der vergangenen 10 Jahre einen so vehementen Aufschwung erfahren wie die Erforschung der Entwicklung des kindlichen Todeskonzepts. Lagen bis Mitte der 70er Jahre knapp 20 teilweise äußerst spekulative Arbeiten zu dieser Thematik vor, so erschienen allein seit 1980 mehr als 23 Berichte über fundierte empirische Untersuchungen zur Entwicklung des Todeskonzepts beim Kind. Während noch Anfang der 70er Jahre eher allgemeine und grobe Kenntnisse von dem vorherrschten, wie sich bei einem Kind Vorstellungen von Tod und Sterben entwickeln, kann man heute auf eine vergleichsweise differenzierte Befundlage mit einer erfreulich breiten Datenbasis zurückgreifen.

Aus der Sicht des (Zeit-)Historikers ist ein Seitenblick auf die Entwicklungspsychologie aufschlußreich. Während sich dort – vermutlich wegen der praktischen Relevanz für Schule und Pädagogik – das Forschungsinteresse zunächst und für lange Zeit auf Kindheit und Jugend beschränkte und das höhere und hohe Alter erst spät zum Forschungsgegenstand wurden, ist in der Thanatopsychologie die umgekehrte Reihenfolge zu beobachten. Wegen der geringen zeitlichen Distanz zu ihrem Lebensende und wegen drängender Fragen nach angemessener Betreuung wurde das Erleben der eigenen Sterblichkeit zunächst mit Hochbetagten und unheilbar Kranken in Verbindung gebracht und an diesem Personenkreis untersucht. Wenn sich jetzt das wissenschaftliche Interesse auch Kindern und Jugendlichen zuwendet, so mag es den Anschein haben, als handele es sich um ausschließlich akademisches Interesse ohne anwendungspraktische Konsequenzen. Es gilt jedoch zu bedenken, daß die an Leukämie und Tumoren erkrankten Kinder ebenso vom Tod bedroht sind wie unheilbar kranke Erwachsene und Hochbetagte. Hier stellen sich drängende Fragen nach einem angemessenen Verhalten gegenüber dem kindlichen Patienten von seiten der Ärzte, Schwestern, Pfleger und vor allem der Eltern. Dies gilt übrigens auch für jene Fälle, in denen ein Kind nach einer lebensbedrohenden

Krankheit und langer Behandlungszeit als (vorläufig) geheilt nach Hause entlassen wird. Kenntnisse über die Entwicklung des Todeskonzepts beim gesunden Kind können eine wichtige Grundlage auch für die Betreuung unheilbar kranker und sterbender Kinder sein.

Welche Vorstellungen haben Kinder unterschiedlichen Alters von Toten? Wie beschreiben sie den Zustand des Totseins? Wie erklären Kinder die Vorgänge beim Eintritt des Todes und den anschließenden Zustand des Totseins? In welchem Alter vermögen Kinder die eigene Sterblichkeit zu erkennen? Welche Gefühle äußern Kinder beim Gedanken an das Totsein und an Tote? Die Antworten auf diese und auf ähnliche Fragen konstituieren das Todeskonzept. Das Todeskonzept bezeichnet die Gesamtheit aller kognitiven Bewußtseinsinhalte (Begriffe, Vorstellungen, Bilder), die einem Kind oder einem Erwachsenen zur Beschreibung und Erklärung des Todes zur Verfügung stehen. Das Todeskonzept beinhaltet eine kognitive Komponente, an der primär Wahrnehmung und Denken beteiligt sind, sowie eine emotionale Komponente, welche die mit einzelnen kognitiven Inhalten des Todeskonzepts verbundenen Gefühle abdeckt. Der Befundlage entsprechend, wird der Entwicklung kognitiver Aspekte des Todeskonzepts in diesem Kapitel breiterer Raum eingeräumt als derjenigen emotionaler Aspekte. Der interessierte Leser sei auf die informativen Sammelreferate über den aktuellen Forschungsstand zur Entwicklung des Todeskonzepts beim Kind von SPEECE & BRENT (1984) und von STAMBROOK & PARKER (1987) hingewiesen.

6.1 Die frühen, „klassischen" Arbeiten

In den Jahren 1937 bis 1939 führte die Psychologin Sylvia ANTHONY in Großbritannien Untersuchungen durch, über die sie in dem 1940 erschienenen Buch ›The Child's Discovery of Death‹ berichtete (eine überarbeitete Erweiterung erschien 1971 unter dem Titel ›The Discovery of Death in Childhood and After‹). Die Vpn waren 128 Kinder im Alter zwischen 3 und 16 Jahren, von denen 71 Jungen und 57 Mädchen waren, und die zum größten Teil aus London stammten. Die meisten Vpn waren „normal", aber es gab auch 11 Kinder aus einer Schule für geistig Behinderte sowie 26 Kinder, die wegen Verhaltensauffälligkeiten und emotionaler Störungen in Behandlung waren. Die Untersucherin wählte zwei eigenständige Untersuchungsmethoden, um etwas über das Todeskonzept der Kinder zu erfahren: (1) Sie fragte nach der Definition des Wortes „tot", das als eines von mehreren Wörtern eines Wortschatztests im Rahmen des Stanford-Binet Intelligenztests vorgegeben wurde. (2) Sie forderte die Kinder auf, Geschichtenanfänge, die ihnen vorgelesen wurden, durch eigene Phantasieproduktionen zu ergänzen.

Die von den Kindern gegebenen Erläuterungen des Wortes „tot" wurden einer der folgenden Kategorien zugeordnet:

(A) Offenkundiges Nicht-Verstehen des Wortes „tot".

(B) Interesse an dem Wort und dem von ihm bezeichneten Zustand in Verbindung mit einem eingeschränkten oder falschen Konzept.

(C) Kein Hinweis auf Nicht-Verstehen der Bedeutung des Wortes „tot", aber Definitionen unter Bezugnahme auf (a) damit zusammenhängende Phänomene, die nicht logisch oder biologisch bedeutsam sind, oder (b) die nicht spezifisch für Menschen sind.

(D) Zutreffende Kennzeichnung des Wesentlichen, jedoch nicht umfassend.

(E) Allgemeine, logisch und biologisch richtige und umfassende Definition.

Es zeigte sich, daß ⅔ der von den „normalen" Kindern gegebenen Definitionen in die Kategorie C fielen. Das chronologische Alter dieser Kinder variierte zwischen 5;0 Jahren und 12;0 Jahren mit einem Mittelwert von 8;0 Jahren. Kein Kind unter 5;0 Jahren gab Antworten der Kategorie C, kein Kind unter 8;0 Jahren gab eine Antwort in einer Kategorie höher als C. Das höchste (qua Intelligenztest bestimmte) mentale Alter in Kategorie B war 6;7 Jahre, das niedrigste in Kategorie D war 8;9 Jahre. Das allgemeine Ergebnis dieses Teils der Untersuchung war, daß sich das Konzept der Kinder vom „Totsein" in einer Weise veränderte, die der Reihenfolge und den qualitativen Unterschieden der Kategorien A bis E entsprach. Es wurde also eine positive Beziehung zwischen dem chronologischen Alter und dem „Reifegrad" des Todeskonzepts erkennbar. Auch zwischen dem Intelligenzalter und der Entwicklung des kindlichen Todeskonzepts zeigte sich eine positive Beziehung.

In der Untersuchung von ANTHONY (1940) wurden von 98 Kindern Geschichten-Vervollständigungen erhoben. Es zeigte sich, daß die „normalen" bzw. unauffälligen Kinder todbezogene Inhalte häufig erwähnten. Zwei Themen traten besonders deutlich hervor: (1) Tod als Trennung und Einsamkeit (z. B. durch den Verlust der Eltern); (2) Angst vor dem Tod infolge aggressiver Gewalteinwirkung. Darüber hinaus waren die Äußerungen der Kinder über den Tod in starkem Maße von magischem Denken bestimmt. Ein Kind glaubt dann, daß ein bestimmtes Ereignis (z. B. der Tod eines Haustiers) deshalb eintritt, weil es sich dies vorgestellt hat. Magisches Denken ist möglicherweise die Ursache dafür, daß Kinder häufig Schuldgefühle haben, wenn eine für sie wichtige Person oder ein Tier gestorben ist.

Die vielleicht einflußreichste der frühen Arbeiten zur Entwicklung des Todeskonzepts beim gesunden Kind stammt von Maria NAGY aus dem Jahr 1948; eine gekürzte Fassung dieses Beitrags findet sich in dem Sammelband von FEIFEL (1959). Die Fragestellung, die der Untersuchung zugrunde lag, lautet: "What does the child think death to be, what theory does he construct of the nature of death?" (NAGY, 1948, S. 3). An der Untersuchung nahmen insgesamt 378 Kinder von 3 bis 10 Jahren aus Budapest und Umgebung teil; der Anteil von Jungen und Mädchen war annähernd gleich. Die Kinder stammten aus unterschiedlichen sozialen Schichten und boten insofern als Gruppe eher günstige Voraussetzungen für die Repräsentativität der Stichprobe. In einem Gespräch wurden alle Vpn aufgefordert, ihre Gedanken und Gefühle über den Tod zu äußern. Vierzig Kinder im Alter von 6 bis 10 Jahren fertigten außerdem Zeichnungen vom Tod an. Und 294 Kinder im Alter von 7 bis 10 Jahren schrieben in Aufsätzen alles nieder, was ihnen zum Stichwort „Tod" in den Sinn kam. Die Auswertung, über die keine Einzelheiten mitgeteilt werden, erbrachte Unterschiede in der kindlichen Sichtweise des Todes, die von NAGY (1948) in drei altersabhängigen Stufen zusammengefaßt wurden. Auf *Stufe I* (3–5 Jahre) erschien den Kindern der Tod als *Fortsetzung des Lebens auf einem niedrigeren Niveau* bzw. als *reduziertes Leben*. Die Toten waren für sie weniger lebendig als die Lebenden: sie zeigen wenig Aktivität, sind kaum hungrig, sehen und hören schlechter als Lebende. Totsein und Schlafen waren für die Kinder dieses Altersabschnitts sehr ähnliche Zustände. Ein weiteres Charakteristikum der Stufe I bestand darin, daß die Kinder den Tod für vorübergehend bzw. *reversibel* hielten. In ihrer Vorstellung konnten Tote zurückkehren, so wie Reisende zurückkehren. Schließlich erwiesen sich die Kinder in diesem Altersabschnitt als neugierig auf alles, was mit dem Tod zusammenhängt, z. B. Friedhof, Beerdigung, etc. Wenngleich die Kinder auf der Stufe I kein adäquates Todeskonzept – gemessen am Standard eines Erwachsenen – hatten, so waren ihre Vorstellungen doch ausreichend, um negative Gefühle zu wecken.

Auf *Stufe* II (5–9 Jahre) wurde der Tod *personifiziert* (z. B. als Sensenmann) und als von außerhalb des Körpers her wirkende Kraft gesehen, der nicht alle Menschen zwangsläufig unterworfen sind. Auf dieser Altersstufe setzt sich zwar die Einsicht durch, daß der Tod endgültig ist, es bleibt aber die Überzeugung bestehen, der persönliche Tod könne unter bestimmten Umständen (z. B. wenn man schnell laufen kann) vermieden werden. Das Verständnis der Universalität des Todes und damit auch der eigenen Sterblichkeit war noch nicht vorhanden. Auf *Stufe* III (9 und 10 Jahre) verstanden die Kinder, daß der Tod universell, unvermeidlich und endgültig ist und daß sie selbst auch vom Tod betroffen sind. Der Tod wurde als *Aufhören des körperlichen Lebens* und als etwas erkannt, das sich im Organismus vollzieht. Bei den hier ausführlicher referierten Arbeiten von ANTHONY (1940) und NAGY (1948) ist zu berücksichtigen, daß Aussagen über Entwicklungsverläufe aufgrund von Querschnittstudien gemacht werden.

6.2 Das Todeskonzept von Kindern und Verfahren zu seiner Erfassung

Wie bereits erwähnt, versteht man unter dem Todeskonzept die Gesamtheit aller Bewußtseinsinhalte, die einem Menschen zur Beschreibung und Erklärung des Todes und entsprechender Phänomene im Umfeld von Sterben und Tod zur Verfügung stehen. Nun ist es sinnvoll, sich das Todeskonzept nicht als einheitlich, sondern aus mehreren Komponenten zusammengesetzt vorzustellen. Eine derartig mehrdimensionale Konzeption des Todeskonzepts von Kindern ermöglicht differenziertere Aussagen über Entwicklungsprozesse, als sie aufgrund eines einzigen globalen Todeskonzepts möglich wären. So ist etwa denkbar, daß einem Kind bestimmte Subkonzepte früher verfügbar sind als andere. Um eine derartige Möglichkeit überprüfen zu können, müssen mehrere Subkonzepte operationalisiert werden.

Aus einer Inspektion bisheriger Arbeiten zur Entwicklung des kindlichen Todeskonzepts leitete KANE (1979) die folgenden zehn Komponenten ab:

(1) *Verständnis* bezeichnet die allgemeine Vorstellung davon, daß Lebendiges in den Zustand des Totseins übergehen kann.
(2) *Trennung* betrifft die Vorstellungen, die Kinder vom Aufenthaltsort der Toten haben (z. B. unter der Erde).
(3) *Immobilität* zielt auf die Bewegungsmöglichkeiten der Toten ab; Kinder können Tote als ganz oder teilweise unbeweglich, oder aber als vollständig beweglich sehen.
(4) *Irreversibilität* bezeichnet die Nicht-Umkehrbarkeit eines einmal eingetretenen Todes; Kinder können sich das Totsein als umkehrbar und somit als vorübergehenden Zustand vorstellen, oder sie können es als unumkehrbar und andauernd verstehen.
(5) *Kausalität* betrifft die Ursachen des Todes, z. B. aufgrund innerer Vorgänge (Krankheit) oder äußerer Einwirkung (Erschießen).
(6) *Dysfunktionalität* umschreibt die Vorstellungen der Kinder von Körperfunktionen (ohne Sinnesleistungen) im Zusammenhang mit dem Tod. Kinder können glauben, daß Tote über alle oder doch wenigstens über einige Körperfunktionen verfügen (z. B. Atmung, Nahrungsaufnahme), oder sie haben erkannt, daß Tote keinerlei Körperfunktionen mehr aufweisen.
(7) *Universalität* berührt die Frage, ob jeder lebende Organismus prinzipiell vom Tod betroffen ist. Kinder können in der Vorstellung leben, daß jedes Lebewesen sterben muß, daß kein Lebewesen sterben muß oder daß bestimmte Lebewesen sterben müssen und andere nicht.
(8) *Insensitivität* hebt auf geistige Prozesse und Sinnesfunktionen wie Denken, Träumen, Fühlen, Hören etc. ab. Kinder können der Überzeugung sein, die Toten seien ganz oder teilweise insensitiv, oder sie können glauben, Tote verfügen über alle geistigen Fähigkeiten und Sinnesfunktionen.
(9) *Aussehen* spricht die Vorstellungen an, die Kinder vom äußeren Erscheinungsbild der Toten haben. Diese Dimension kann variieren zwischen der Vorstellung, Tote sähen ebenso aus wie Lebende, und der Vorstellung, Tote hätten ein völlig anderes Aussehen als Lebende.
(10) *Personifizierung* bezeichnet die Vorstellung der abstrakten Idee „Tod" als konkreter Person (z. B. als Skelett) oder Gegenstand (z. B. Waffe).

Die vorstehenden Dimensionen des Todeskonzepts gesunder Kinder, die KANE (1979) beschrieben hat, entstammen einer Synopsis damals vorliegender Arbeiten und sind daher eher logisch als empirisch (etwa faktorenanalytisch) begründet. Unter methodischem Aspekt ist von Interesse, ob einige oder gar alle der genannten Dimensionen Überschneidungen miteinander aufweisen; wenn dies der Fall wäre, würden mindestens zwischen einigen Dimensionen hohe positive Korrelationen bestehen. Um Ergebnisse eindeutig interpretieren zu können, ist man im Umgang mit mehrdimensionalen Konzepten stets bemüht, Dimensionen zu haben, die statistisch möglichst weitgehend unabhängig voneinander sind. Diesem Gedanken Rechnung tragend, nahmen HOFFMAN & STRAUSS (1985) eine Reduzierung der Dimensionen des Todeskonzepts von Kindern auf fünf Komponenten vor:

(1) *Tod als Stillstand bzw. Aufhören:*
Die Unterscheidung zwischen den Konzepten „Leben" und „Tod" beinhaltet die Vorstellung vom Tod als dem Stillstand aller biologischen und psychischen Lebenszeichen, wie z. B. Veränderungen des biochemischen Milieus, Austauschprozesse mit der Umgebung, Bewegung, Fühlen und Bewußtseinsvorgänge.

(2) *Notwendigkeit des Todes:*
Der biologische Tod ist grundsätzlich unvermeidlich.

(3) *Irreversibilität des Todes:*
Nach dem Eintritt des Todes ist es unmöglich, ins Leben zurückzukehren.

(4) *Kausalität:*
Stets sind die Ursachen des Todes physikalischer bzw. biologischer Art.

(5) *Universalität des Todes:*
Früher oder später stirbt jedes Lebewesen.

Auch innerhalb dieser fünf Dimensionen besteht noch eine (mindestens logische) Überschneidung, nämlich zwischen den Dimensionen 2 und 5. Somit zeichnet sich vorläufig eine vierdimensionale Struktur des kindlichen Todeskonzepts mit den Dimensionen „Nonfunktionalität", „Irreversibilität", „Kausalität" und „Universalität" ab. Diese Struktur kommt jener sehr nahe, die SPEECE & BRENT (1984) ihrem Sammelreferat zugrunde gelegt haben. In 40 empirischen Arbeiten wurden „Nonfunktionalität" (Erkenntnis, daß alle lebensnotwendigen Körperfunktionen mit dem Eintritt des Todes aufhören), „Irreversibilität" (Unumkehrbarkeit des einmal eingetretenen Todes) und „Universalität" (Einsicht, daß alle Lebewesen sterben müssen) als Komponenten eines „reifen" bzw. erwachsenengemäßen Todeskonzepts untersucht. Die skizzierte vier- bzw. dreidimensionale Struktur des Todeskonzepts von Kindern dürfte eine solide Ausgangsbasis für die Erarbeitung differenzierter Erkenntnisse über die Entwicklung des Todeskonzepts bei gesunden wie auch bei unheilbar kranken Kindern darstellen. Gleichwohl muß ausdrücklich betont werden, daß die genannten Dimensionen (noch) nicht empirisch begründet sind; eine Bestätigung jener hier illustrierten dimensionalen Struktur, die sich aufgrund sachlogischer Erwägungen abzeichnet, durch faktorenanalytische Untersuchungen steht noch aus.

Wie aus den vorstehenden Ausführungen unschwer ersichtlich, liegt in der bisherigen Forschung zur Entwicklung des Todeskonzepts beim Kind der Akzent auf kognitiven Aspekten. Gleichwohl ist mit KASTENBAUM (1977, S. 115) zwischen todbezogenen Gedanken und Wahrnehmungen einerseits und der Art der Gefühle in bezug auf Sterben und Tod andererseits zu unterscheiden. Kognitive *und* emotionale Komponenten konstituieren gemeinsam das Todeskonzept von Kindern und Erwachsenen. Dem wird im vorliegenden Kapitel dadurch Rechnung getragen, daß die Entwicklung der emotionalen Tönung des Todeskonzepts von Kindern in einem eigenen Abschnitt behandelt wird.

Welche Untersuchungsverfahren werden nun eingesetzt, um das Todeskonzept von Kindern unterschiedlichen Alters zu erfassen? Eine häufig angewendete Methode ist das *Interview* ohne oder mit gezielten Fragen zur Prüfung der Verfügbarkeit einzelner Komponenten des Todeskonzepts (z. B. „Wie macht man einen toten Menschen wieder lebendig?"). Des weiteren werden insbesondere von jüngeren Kindern *Zeichnungen* zu todbezogenen Themen erbeten bzw. angefertigt, die dann nach bestimmten Kategorien inhaltsanalytisch klassifiziert werden können. Auch die *Beschreibung todbezogener Bilder*, welche den Kindern als Stimulusmaterial mit einer entsprechenden Instruktion vorgelegt werden, zählt zu den gängigen Methoden zur Erfassung des Todeskonzepts. *Fragebogen*, die von älteren Kindern und von Jugendlichen retrospektiv zu beantworten sind, stellen hingegen eine seltener eingesetzte Methode dar. Schließlich wurden gelegentlich die Eltern der eigentlich interessierenden Kinder gebeten, tagebuchartige Aufzeichnungen über todbezogene Äußerungen ihrer Kinder anzufertigen. Diese Methode hat den Vorzug der Non-Reaktivität, d. h., die Äußerungen der Kinder erfolgen spontan und ohne einen vom Untersucher gegebenen Anstoß.

Besondere Erwähnung verdient das *Spiel* als Untersuchungsmethode des Todeskonzepts von Kindern. Man muß befürchten, daß sprachliche Äußerungen nicht immer ein zutreffendes Bild vom Todeskonzept von Kindern vermitteln, besonders dann nicht, wenn es sich um Kinder im Alter von 6 bis 8 Jahren handelt – einem Alter, in dem das Todeskonzept klarere Konturen zu gewinnen scheint. In diesem Alter äußern sich Kinder oft in einer Weise, die auf das Verstehen eines Konzepts schließen läßt. Tatsächlich zitieren sie aber lediglich Erwachsene, ohne über ein wirkliches Verständnis des fraglichen Konzepts zu verfügen. Diese zweifellos vorhandene Kommunikationsbarriere versucht man nun dadurch zu überwinden, daß man Kinder beim Spiel beobachtet und diese Verhaltensbeobachtungen in geeigneter Weise auswertet. In den Untersuchungen von WEININGER (1979) und WASS, DINKLAGE, GORDON, RUSSO, SPARKS & TATUM (1983 a, b) wurde den Kindern ein todbezogenes Szenarium präsentiert (z. B. ein Zimmer im Krankenhaus mit dem Hinweis, die Figur im Bett sei sehr krank und im Begriff zu sterben bzw. bereits gestorben) mit der Aufforderung, mit den vorhandenen Figuren zu spielen. Die Bedeutung der Todesthematik im spontanen Kinderspiel auch aus kulturhistorischer Sicht wird von KASTENBAUM (1977, S. 120 ff.) hervorgehoben.

6.3 Ergebnisse neuerer Arbeiten:
Entwicklung kognitiver Aspekte des Todeskonzepts

6.3.1 Der Einfluß von Alter
bzw. kognitivem Entwicklungsstand

Während Kindheit und Jugend besteht eine deutliche positive Beziehung zwischen dem chronologischen Alter (Lebensalter) und dem kognitiven Entwicklungsstand (mentales Alter, Intelligenzalter o. ä.). Die geistigen Fähigkeiten eines Kindes sind in aller Regel um so weiter fortgeschritten, je älter das Kind ist. Die Kenntnis des einen erlaubt eine gute Schätzung des anderen. Von daher ist es sinnvoll, chronologisches Alter und mentales Alter bzw. kognitives Entwicklungsniveau gemeinsam in einem Abschnitt zu behandeln. Gleichwohl gilt es, den Unterschied zwischen den beiden Altersbegriffen zu erkennen. Das chronologische Alter, d. h. die Zeitspanne, welche seit der Geburt eines Individuums vergangen ist, stellt zwar einen nützlichen Orientierungsrahmen für die psycho-physische Entwick-

Tabelle 6.1: Chronologisches Alter, in dem das Verständnis von drei Komponenten des Todeskonzepts erworben wird (nach Speece & Brent, 1984; Erläuterungen im Text)

Studie	Altersbereich in Jahren	N	Universalität	Irreversibilität	Nonfunktionalität
Childers & Wimmer (1971)	4–10	75	7j.; 61 %	10j.; 63 %	
Gartley & Bernasconi (1987)	5–13	60	5j.; 100 %	5j.; 100 %	5j.; ≥ 50 % [1]
Kane (1979)	3–12	122	5j.; 64 %	4j.; 58 %	7j.; 58 %
Koocher (1973)	6–15	75	6j.; 91 %	7j.; 63 % –100 % [2]	
Lonetto (1980)	3–12	201	6–8j.; 82 % –91 %		6–8j.; ≥ 50 % [1]
McIntire, Angle & Struempler (1972)	5–17	648		5j.; 80 %	7j.; 55 %
Orbach & Glaubman (1979)	10–12	27			10–12j.; 59 %
Safier (1964)	4–11	30	10j.; ≥ 50 % [1]	7j.; ≥ 50 % [1]	
Schilder & Wechsler (1934)	5–15	76	6j.; ≥ 50 % [1]	6j.; 71 %	6j.; 100 %
Wass et al. (1979)	10–11	403		10 + 11j.; 56 %	
Wass & Towry (1980)	9–12	158		9–12j.; 45 %	
Weininger (1979)	4– 9	60	4j.; 82 %	9j.; +; 44 %	
White et al. (1978)	5–10	170	7 + 8j.; 67 %	10j.; +; 40 %	10j.; +; 43 %

[1] Prozentsatz wird nicht mitgeteilt; es wird angenommen, daß er bei mindestens 50 % liegt.
[2] Angaben geschätzt.

lung dar, letztlich ist es aber nicht mehr als eine Index-Variable, deren inhaltliche Bedeutung nicht ohne weiteres angegeben werden kann (vgl. REESE & OVERTON, 1970; WOHLWILL, 1970). Im Unterschied dazu kann das kognitive Entwicklungsniveau durch diejenigen Anforderungen definiert werden, die eine Person noch zu bewältigen vermag.

In ihrem umfassenden Sammelreferat haben SPEECE & BRENT (1984) u. a. 35 Arbeiten tabellarisch zusammengestellt, in denen „Irreversibilität", „Nonfunktionalität" und „Universalität" als Komponenten des Todeskonzepts von Kindern untersucht wurden.

Tabelle 6.1 ist eine verkürzte und bereinigte Version der tabellarischen Übersicht von SPEECE & BRENT (1984). Es fehlen jene Arbeiten, deren Ergebnisse zu unbestimmt sind und die ein stark eingeschränktes Informationsangebot bieten (nämlich Dissertation Abstracts). Tabelle 6.1 enthält Angaben über die untersuchten Altersbereiche, über die Stichprobenumfänge der einzelnen Untersuchungen, über das chronologische Alter, in dem das Verständnis für die Komponenten „Universalität", „Irreversibilität" und „Nonfunktionalität" gegeben war, sowie über den Prozentsatz der Kinder eines bestimmten Alters, die den entsprechenden Teilaspekt begriffen hatten. Zu der Untersuchung von CHILDERS & WIMMER (1971) findet sich unter „Universalität" der Eintrag „7j.; 61%". Dies bedeutet, daß 61% der von CHILDERS & WIMMER (1971) untersuchten 7jährigen das Teilkonzept der Universalität des Todes verstanden hatten. Wo die Tabelle Lücken aufweist, war der betreffenden Arbeit keine einschlägige Information zu entnehmen.

Tabelle 6.2 ist eine Fortführung von Tabelle 6.1. Sie enthält Publikationen, die seit 1981 erschienen sind, und sie ist um die Komponente der Kausalität erweitert. Wo Prozentangaben gemacht werden, liest sich Tabelle 6.2 wie Tabelle 6.1. Angaben von Mittelwerten beziehen sich auf ein bestimmtes Erhebungsverfahren und gestatten, die (querschnittlichen) Unterschiede über die Lebensjahre hinweg zu erkennen. So zeigen in der Studie von FLORIAN (1985) die Mittelwerte von $\bar{x} = 5,97$ für die 4jährigen, von $\bar{x} = 8,02$ für die 5jährigen und von $\bar{x} = 10,9$ für die 6jährigen, daß der Aspekt der Universalität um so besser verstanden wurde, je älter die Kinder waren.

Einige Publikationen jüngeren Datums fügen sich nicht in das Raster der Tabelle 6.2 ein; sie werden daher gesondert vorgestellt. ORBACH, GROSS, GLAUBMAN & BERMAN (1985) ließen 137 Kinder im Alter von 6 bis 11 Jahren u. a. einen Death Concept Questionnaire bearbei-

Tabelle 6.2: Chronologisches Alter, in dem das Verständnis von vier Komponenten des Todeskonzepts erworben wird (Erläuterungen im Text)

Studie	Altersbereich in Jahren	N	Universalität	Irreversibilität	Nonfunktionalität	Kausalität
Atwood (1984)	5–12	188	5+6j.; 53% 8+9j.; 77% 11+12j.; 99%	5+6j.; 76% 8+9j.; 70% 11+12j.; 67%		5+6j.; 40% 8+9j.; 50% 11+12j.; 47%
Candy-Gibbs et al. (1984–1985)	5–9	114	5j.; 84% 6+7j.; 100% 8+9j.; 100%			
Florian (1985)	4–6	111	4j.; $\bar{x} = 5{,}97$ 5j.; $\bar{x} = 8{,}02$ 6j.; $\bar{x} = 10{,}9$	4j.; $\bar{x} = 3{,}73$ 5j.; $\bar{x} = 4{,}92$ 6j.; $\bar{x} = 5{,}54$		4j.; $\bar{x} = 1{,}67$ 5j.; $\bar{x} = 2{,}45$ 6j.; $\bar{x} = 2{,}74$
Hoffman & Strauss (1985)	3–7	75	3j.; $\bar{x} = 0{,}93$[a] 4j.; $\bar{x} = 1{,}0$ 5j.; $\bar{x} = 1{,}0$ 6j.; $\bar{x} = 1{,}0$	3j.; $\bar{x} = 0{,}46$[a,b] 4j.; $\bar{x} = 0{,}73$ 5j.; $\bar{x} = 1{,}0$ 6j.; $\bar{x} = 1{,}0$	3j.; $\bar{x} = 0{,}13$[a,b] 4j.; $\bar{x} = 0{,}53$ 5j.; $\bar{x} = 0{,}86$ 6j.; $\bar{x} = 1{,}0$	3j.; $\bar{x} = 0{,}26$[a,b] 4j.; $\bar{x} = 0{,}66$ 5j.; $\bar{x} = 0{,}93$ 6j.; $\bar{x} = 0{,}86$

Benjamin (1985)			8+9j.; ca. 90%		8+9j.; ca. 90%		8+9j.; ca. 90%	
Orbach et al. (1986)	6–11	107		6+7j.; $\bar{x}=2,3^b$ 8+9j.; $\bar{x}=2,9$ 10+11j.; $\bar{x}=2,8$		6+7j.; $\bar{x}=2,6^b$ 8+9j.; $\bar{x}=2,8$ 10+11j.; $\bar{x}=2,7$		6+7j.; $\bar{x}=1,1$ 8+9j.; $\bar{x}=1,2$ 10+11j.; $\bar{x}=1,7$
Reilly et al. (1983)	5–10	60 6j.;	5j.; 50% 73% 7j.; 82% 8–10j.; 100%					

[a] Variationsweite: 0–1.
[b] Bezieht sich nur auf Menschen.

ten. Der Fragebogen enthielt 15 Items, die sich auf Menschen bezogen, und 15 Items, die sich auf Tiere bezogen. Das Todeskonzept wurde in fünf Teilaspekten erfaßt. Aufgrund von Ausfällen standen letztlich 107 Vpn zur Verfügung. Eine Varianzanalyse erbrachte u. a. einen Haupteffekt „Alter": die älteren Kinder hatten ein reiferes, eher dem der Erwachsenen entsprechendes Todeskonzept. Ein im Prinzip gleichartiges Ergebnis berichten WASS et al. (1983 a, b). Eine Stichprobe von 141 Jungen und Mädchen im Alter von 3 bis 7 Jahren beantwortete vier Fragen zum Todeskonzept nach KOOCHER (1973). Es zeigte sich, daß das Todeskonzept mit steigendem Lebensalter präziser und – gemessen am Standard Erwachsener – richtiger wurde. Gleichartige Ergebnisse fanden auch WITTKOWSKI & SCHNELL (1981). Sie ließen Grund- und Hauptschüler (103 Jungen und 77 Mädchen im Alter von 8 bis 14 Jahren) alles niederschreiben, was ihnen zu den Stichworten „Tod" und „Sterben" in den Sinn kam. Die Aufsätze wurden inhaltsanalytisch ausgewertet. Eine Faktorenanalyse der 26 Inhaltskategorien erbrachte die Faktoren „Erlebnisnähe versus Erlebnisferne", „negative Emotionalität", „konkreter Realismus" und „distanzierte Sachlichkeit". Für die Dimension „konkreter Realismus" konnte eine altersabhängige Veränderung nachgewiesen werden. Vorstellungen vom äußeren Erscheinungsbild eines Leichnams und von den biologischen Veränderungen nach Eintritt des Todes waren bei den 12jährigen signifikant stärker ausgeprägt als bei den 8jährigen.

Nicht durch Befragung, sondern durch die Auswertung von Zeichnungen versuchte WENESTAM (1984) die Bedeutung des Wortes „Tod" bei 4- bis 18jährigen zu erfassen. Die Vpn wurden auch aufgefordert, ihre Zeichnungen schriftlich zu kommentieren. Eine qualitative Auswertung ohne vorher festgelegte Kategorien erbrachte drei Themen: (a) Gewalt bzw. Aggression (Akzent liegt auf den Ereignissen, die zum Tod führen bzw. auf der Zeit vor Eintritt des Todes); (b) Religiöse bzw. kulturell bestimmte Symbole (Akzent liegt auf Vorgängen nach Eintritt des Todes, z. B. Paradies); (c) Erlebnis des Sterbens. Es zeigte sich, daß sich die drei Themen bestimmten Altersbereichen zuordnen ließen. Die Vpn, bei denen Thema (a) dominierte, waren signifikant jünger als die Kinder, bei denen die Themen (b) und (c) im Vordergrund standen; Vpn mit Schwerpunkt auf Thema (b) waren wiederum überzufällig jünger als die Vpn, welche Thema (c) betonten. Eine interkulturelle Studie mit gleichem methodischen Vorgehen deckte auf, daß kulturspezifische und religiöse Praktiken und Symbole von schwedischen Kindern signifikant häufiger dargestellt wurden als von amerikanischen Kindern. Ferner zeigte sich, daß signifikant mehr amerikanische Kinder als schwedische Kinder Gewalt als Todesursache zeichneten. Dies galt insbesondere für die 4- und 5jährigen und für die Jungen (WENESTAM & WASS, 1987).

Versucht man, die neueren Befunde zum Einfluß des chronologischen Alters auf die Entwicklung des Todeskonzepts zu bilanzieren, so ist zunächst darauf hinzuweisen, daß der Altersbereich von 5 bis 12 Jahren am intensivsten erforscht wurde. Untersuchungen an 4jährigen und jüngeren Kindern sind seltener, ebenso wie Studien an Kindern über 12 Jahren (vgl. die Tabellen 6.1 und 6.2). Im Altersbereich unter 3 Jahren liegen hauptsächlich anekdotische Fallbeschreibungen vor, da strukturierte und elaborierte Erhebungsmethoden kaum einsetzbar sind. Mit Blick auf Kinder unter 3 Jahren ist die Befundlage daher in quantitativer und qualitativer Hinsicht unbefriedigend, und es lassen sich nur spekulative Aussagen von zweifelhafter Gültigkeit machen. Ob und wieweit Kinder unter 3 Jahren unter bestimmten Umständen (z. B. Erfahrung des Todes einer wichtigen Bezugsperson) die Endgültigkeit des Todes und eventuell auch andere Aspekte des erwachsenengemäßen Todeskonzepts verstehen *können*, ist noch ungeklärt.

Aufgrund der überwiegenden Mehrzahl der neueren Untersuchungen läßt sich feststellen, daß den meisten Kindern im Alter zwischen 3 und 5 Jahren ein Verständnis des reifen Todeskonzepts einschließlich seiner Subkonzepte fehlt. Dieser Altersabschnitt ist vielmehr durch jene kindlichen Vorstellungen gekennzeichnet, die dem erwachsenengemäßen Todeskonzept vorausgehen. Bevor Kinder begreifen, daß der Tod prinzipiell unvermeidlich und universell ist, glauben sie, den Tod durch bestimmte Verhaltensweisen (z. B. Verstecken) vermeiden zu können, oder aber sie denken, bestimmte Menschen (z. B. die eigenen Eltern, die Lehrer) seien nicht vom Tod betroffen. Es kann als sicher gelten, daß die meisten Kinder im Alter von etwa 3 bis 5 Jahren zunächst verstehen, daß *einige* Menschen (z. B. alte Leute) sterben müssen und erst später erfassen, daß auch sie selbst der Endlichkeit des Daseins unterworfen sind. Die Annahme, daß Kinder die Möglichkeit des Todes auf alle anderen Menschen ausdehnen, bevor sie sich selbst als prinzipiell sterblich ansehen, wurde durch empirische Untersuchungen nicht bestätigt. Dem Verständnis der Irreversibilität des Todes geht die Vorstellung vom Tod als vorübergehendem Zustand, als Schlaf oder Reise voraus. Bevor sie das Subkonzept der Nonfunktionalität richtig verstehen, stellen sich Kinder meist vor, das Totsein bestehe in einem reduzierten Leben; es ist den Kindern nicht möglich, klar zwischen „tot" und „lebendig" zu unterscheiden, sondern es gibt in ihren Gedanken nur ein graduell abgestuftes Lebendigsein. Was die Ursachen des Todes betrifft, so herrschen in diesem Altersbereich Vorstellungen von äußerer Gewalteinwirkung vor, intraorganismische Vorgänge können (noch) nicht als Todesursache erkannt werden. Dies stellt übrigens eine Parallele zur Entwicklung des Krankheitskonzepts dar (vgl. BIBACE & WALSH, 1980). Mit diesen Ergebnissen bestätigen und erhärten neuere Untersuchungen die Befunde der frühen, „klassischen" Arbeiten. Da an unterschiedlichen Stichproben und mit verschiedenartigen Erhebungsmethoden immer wieder gleiche oder doch sehr ähnliche Resultate gefunden wurden, kann an der Gültigkeit des hier skizzierten unreifen Todeskonzepts von Kindern kein Zweifel bestehen.

In der Altersspanne von etwa 6 bis 8 Jahren vollzieht sich ein entscheidender Fortschritt in der Entwicklung des Todeskonzepts. Wie ein Großteil der vorliegenden Studien belegt, wird in diesem Altersabschnitt mindestens ein partielles Verständnis der konstituierenden Komponenten des reifen Todeskonzepts erworben (vgl. hierzu insbesondere Tabelle 6.2). Es hat den Anschein, als würden die Subkonzepte „Universalität", „Irreversibilität", „Nonfunktionalität" und „Kausalität" innerhalb der Jahre von etwa 6 bis 8 annähernd gleichzeitig verstanden werden. Nach SPEECE & BRENT (1984) fallen Median und Modus für den Erwerb der drei erstgenannten Komponenten des Todeskonzepts auf das Alter von 7 Jahren. Aber selbstverständlich gibt es auch erhebliche Abweichungen von dieser zentralen Tendenz. Die von NAGY (1948) für das Alter von 6 bis 8 Jahren beobachtete Tendenz zur Personifizierung des Todes wurde zwar auch von SAFIER (1964) und LONETTO (1980) gefunden, findet aber in der Mehrzahl neuerer Untersuchungen keine Bestätigung. Man kann darüber spekulieren, ob in den Ergebnissen NAGYS (1948) ein Kohorteneffekt bzw. der Einfluß des Untersuchungszeitpunktes (Ungarn der Nachkriegszeit) zum Ausdruck kommt.

Im Alter von 9 und mehr Jahren verfügen die meisten Kinder über ein „richtiges" Todeskonzept, d. h., sie können logisch und biologisch zutreffende Kennzeichnungen der einzelnen Subkonzepte des Todeskonzepts geben. Mit Blick auf die Komponente „Kausalität" sei auch hier auf die Parallele in der Entwicklung des Krankheitskonzepts verwiesen. Bibace & Walsh (1980) fanden, daß 11jährige Jungen und Mädchen die physiologischen Ursachen einer Erkrankung (z. B. einer Erkältung) sachlich richtig darstellen konnten. Wenngleich also die Mehrzahl der Kinder im Alter ab 9 Jahren ein erwachsenengemäßes Todeskonzept besitzt, sei nochmals daran erinnert, daß auch in diesem Altersbereich große interindividuelle Unterschiede bestehen. Vermutlich gibt es hier wie auch in den beiden vorangegangenen Altersabschnitten spezifische Merkmale, welche die Variabilität in der Entwicklung des Todeskonzepts verursachen.

Wenden wir uns nun der Entwicklung des Todeskonzepts in Abhängigkeit vom kognitiven Entwicklungsstand zu. Man kann annehmen, daß das Verständnis des Todeskonzepts von Kindern mit dem Niveau ihrer geistigen Entwicklung kovariiert. Es ist daher naheliegend, eine allgemeine Theorie der kognitiven Entwicklung wie diejenige Piagets als Bezugsrahmen für die Entwicklung eines spezifischen abstrakten Konzepts wie das Todeskonzept zu wählen. Piagets (1974, 1983) Lehre vom Wissenserwerb des Menschen unterscheidet vier Hauptstadien der kognitiven Entwicklung, von denen die Stadien (2) bis (4) im vorliegenden Kontext von Bedeutung sind. Etwa vom 2. bis 6. Lebensjahr dauert das Stadium des präoperationalen, anschaulichen Denkens. Es ist gekennzeichnet durch voreilige und falsche Generalisierungen von Konzepten (z. B. wird das Konzept „Wachstum" auch auf Steine angewendet), durch Egozentrismus sowie durch die Zentrierung auf einen einzigen Aspekt eines kognitiven Problems. Das Stadium des konkret-operationalen Denkens währt etwa vom 6. bis 12. Lebensjahr. In diesem Stadium erfolgt die Beherrschung von Klassenbildungen und die Einsicht in Klasseninklusionen (z. B. die Woche als zeitliche Teilmenge des Monats), die Fähigkeit zur Seriation asymmetrischer Relationen, d. h. das Ordnen i. S. einer Aufreihung nach einer Dimension (z. B. Größe), wird erworben, der Zahlbegriff wird verfügbar und die Begriffe von Raum und Zeit entwickeln sich. Etwa vom 12. Lebensjahr an beginnt das Stadium des formal-operationalen Denkens mit abstrakten Problemlösestrategien. Diese Stadien der kognitiven Entwicklung sind nach Piaget kontinuierlich; jedes Stadium baut auf dem jeweils früheren auf bzw. ergibt sich aus ihm.

In zahlreichen Untersuchungen (zusammenfassend Speece & Brent, 1984) wurde das Verständnis des Todeskonzepts in Abhängigkeit von einzelnen kognitiven Leistungen geprüft, wie z. B. Klassifizierungen, die Vorstellung von der Zeit als linear (und nicht zyklisch), die Fähigkeit zu reversiblen gedanklichen Operationen, Objektivität (im Gegensatz zu Subjektzentrismus) und die universelle Anwendung von Regeln. Da Kindern im Stadium des präoperationalen Denkens diese Fähigkeiten noch fehlen, ist zu erwarten, daß ihnen ein erwachsenengemäßes Verständnis des Todeskonzepts und seiner Komponenten unmöglich ist. Kinder im Stadium des konkretoperationalen Denkens verfügen hingegen über die genannten kognitiven Fähigkeiten, und sie sollten daher auch ein reifes Todeskonzept besitzen. Wie bereits erwähnt, fällt der Übergang vom präoperationalen zum konkret-operationalen Denken in den Altersbereich von etwa 5 bis 7 Jahren (vgl. PIAGET, 1947). Tatsächlich ist dies genau jener Altersabschnitt, innerhalb dessen sich ein deutlicher Fortschritt im Verständnis des Todeskonzepts vollzieht. Es ist nicht nur empirisch belegt, sondern auch aufgrund der Theorie PIAGETS zu erwarten, daß die einzelnen Komponenten des Todeskonzepts innerhalb eines verhältnismäßig kurzen Zeitraums nahezu gleichzeitig erworben werden. Das Verständnis der Vorgänge im Zusammenhang mit Sterben und Tod ist somit nicht die erste intellektuelle Herausforderung für ein Kind, wie KASTENBAUM & AISENBERG (1972, S. 15) dramatisierend behaupten. Vielmehr stellt sich das Verständnis des Todeskonzepts als Sonderfall der ganz normalen allgemeinen intellektuellen Entwicklung dar, zu der u. a. das Zeitkonzept und das Verständnis der Kausalität gehören.

Insgesamt kann festgestellt werden, daß die wiederholt beobachtete positive Beziehung zwischen dem kognitiven Entwicklungsstand eines Kindes und seinem Verständnis der einzelnen Komponenten des Todeskonzepts in Einklang mit der Theorie PIAGETS steht. Das in seiner geistigen Entwicklung weiter fortgeschrittene Kind des konkret-operationalen Stadiums hat ein reiferes Todeskonzept als das Kind in dem vorangehenden Stadium des präoperationalen Denkens. Zur Illustration und gleichzeitig als Ergänzung zu Tabelle 6.2 sei auf die Studie von JENKINS & CAVANAUGH (1985–1986) verwiesen. Eine Stichprobe von 32 Kindern im Alter von 6 bis 12 Jahren bearbeitete einen mehrdimensionalen, standardisierten Fragebogen zur Erfassung des Todeskonzepts, vier Subtests eines Intelligenztests für Kinder (WISC-R) sowie einen Wortschatztest. Die Korrelation zwischen dem Subtest „Information" des WISC-R und dem Fragebogen zur Erfassung des Todeskonzepts betrug $r = 0{,}43$ ($p < 0{,}01$), diejenige zwischen dem Wortschatztest und dem Fragebogen zur Erfassung des Todeskonzepts betrug r = 0,46 (p < 0,01). Die Arbeit von JENKINS & CAVANAUGH (1985–1986) offenbart allerdings auch ein methodisches Problem von grundsätzlicher Bedeutung. Denn nicht nur die kognitive Leistungsfähigkeit korrelierte positiv mit dem Verständnis des Todeskonzepts, sondern auch das Lebensalter, und zwar zu r = 0,38 (p < 0,05). Dies weist auf den allgemeinen Sachverhalt hin, daß der kognitive Entwicklungsstand mit dem Lebensalter konfundiert ist. Derzeit kann noch nicht zuverlässig beurteilt werden, wie eng der „Netto"-Zusammenhang zwischen dem kognitiven Entwicklungsniveau und der Entwicklung des Todeskonzepts ist, wenn der Einfluß des Lebensalters (z. B. Lebens- bzw. Todeserfahrungen, Einfluß des Religionsunterrichts) durch mathematisch-statistische Prozeduren eliminiert wird.

Einige übergreifende Anmerkungen mögen diesen Abschnitt beschließen. Die hier vorgestellten Untersuchungen sind durchweg deskriptiver Art. Es wird versucht, beobachtete Veränderungen im Verständnis des Todeskonzepts in einem Koordinatensystem abzubilden, dessen Abszisse zum einen das chronologische Alter darstellt und zum anderen das kognitive Entwicklungsniveau. Dabei werden Aussagen über Entwicklungsverläufe aufgrund von Daten gemacht, die ausnahmslos aus Querschnitt-Studien stammen. Dies ist streng genommen unzulässig. Wenn man es trotzdem tut (und die gegenwärtige Befundlage zwingt dazu, es sei denn, man würde sämtliche vorliegenden Arbeiten zur Entwicklung des Todeskonzepts beim Kind ignorieren), muß man der Möglichkeit der Konfundierung der Effekte von Alter und Kohorte eingedenk sein. Dies bedeutet, daß Kinder in den 70er und 80er Jahren vermutlich andere Lebens- und Todeserfahrungen gemacht haben (z. B. durch das Fernsehen) als Kinder in den 40er und 50er Jahren. Letztlich sind die vorliegenden Erkenntnisse zur Entwicklung des kindlichen Todeskonzepts solange als vorläufig zu betrachten, bis sie durch Längsschnitt-Studien bestätigt worden sind.

Mit den Ausführungen dieses Abschnitts wurde versucht, eine allgemeingültige Antwort auf die Frage nach dem Einfluß von Alter bzw. kognitivem Entwicklungsstand auf die Entwicklung des kindlichen Todeskonzepts zu geben. Grundsätzlich mögliche Differenzierungen vernachlässigend, war implizit meist von einer Art „Modal-Kind" die Rede, d. h. von einem Kind, welches den Modus der Häufigkeitsverteilung repräsentiert. Tatsächlich gibt es aber zahlreiche wichtige Merkmale, welche die Entwicklung des Todeskonzepts nachhaltig beeinflussen können und die für die erhebliche interindividuelle Variabilität in der Entwicklung des Todeskonzepts mitverantwortlich sein dürften. Im folgenden werden derartige Merkmale erörtert mit der Absicht, eine Differenzierung des bisherigen Kenntnisstandes zu erreichen.

6.3.2 Entwicklung des Todeskonzepts in Abhängigkeit vom Objekt

Bei Untersuchungen zur Entwicklung kognitiver Aspekte des Todeskonzepts wurde und wird vielfach so verfahren, daß den Kindern ein bestimmter Begriff (z. B. „Hund") genannt wird und sie dann gefragt werden, ob dieses Beurteilungsobjekt sterben könne und gegebenenfalles, warum es sterben könne. Wenn bisher vom Todeskonzept die Rede war, wurde nicht näher erläutert, anhand welches Beurteilungsobjektes die kindlichen Vorstellungen vom Tod erfragt worden waren. Nun haben Untersucher eine Vielzahl unterschiedlicher Objekte benutzt, um die Entwicklung des Todeskonzepts von Kindern zu beschreiben. Es könnte daher sein, daß das erwachsenengemäße Verständnis des Todeskonzepts zu unterschiedlichen Zeitpunkten bzw. in unterschiedlichen Lebensaltern erworben wird, je nachdem, welche Art von Beurteilungsobjekt verwendet wurde. Mit anderen Worten: Ein Teil der Variabilität, welche für die Entwicklung des Todeskonzepts beobachtet wurde, könnte ihre Ursache in den unterschiedlichen Beurteilungsobjekten haben, die Untersucher ihren Vpn präsentiert haben.

Tabelle 6.3: Schematische Übersicht über Merkmale von Beurteilungsobjekten; Beispiele in Spalten

belebtes Objekt		unbelebtes Objekt	
beweglich	unbeweglich	beweglich	unbeweglich
Menschen Tiere manche Pflanzen (z. B. Bäume)	manche Pflanzen (z. B. Pilze)	Sonne Mond Wolken Autos Flugzeuge	Berge (große) Steine Häuser

Im vorliegenden Kontext sind zwei allgemeine Merkmale von Objekten von Bedeutung: ihre *Belebtheit* bzw. Unbelebtheit und ihre *Beweglichkeit* bzw. Unbeweglichkeit. In Tabelle 6.3 sind diese beiden Merkmale miteinander kombiniert und anhand einiger Beispiele illustriert. Aus der Unterscheidung der Merkmale „belebt/unbelebt" und „beweglich/unbeweglich" ergibt sich, daß Beurteilungsobjekte, mit deren Hilfe das Todeskonzept von Kindern auf seine „Richtigkeit" geprüft werden kann (und geprüft worden ist), unterschiedlichen Schwierigkeitsgrad aufweisen können. So kann die Frage an ein 6jähriges Kind, ob und warum ein Hund sterben kann, sehr viel leichter sein (und somit auch häufiger zutreffend beantwortet werden) als die Frage, ob und warum ein Auto, das sich ja immerhin bewegt und Geräusche macht, sterben kann. Es könnte daher durchaus sein, daß das Lebensalter und das kognitive Entwicklungsniveau, in dem ein erwachsenengemäßes Verständnis des Todeskonzepts gegeben ist, auch vom spezifischen Beurteilungsgegenstand abhängt.

Die Unterscheidung zwischen belebten und unbelebten Objekten weist darauf hin, daß das Verständnis des Konzepts „Tod" eng gekoppelt ist an das Verständnis des Konzepts „Leben". Nach PIAGET (1969, S. 316 ff.) herrscht bei jüngeren Kindern bis zum Alter von etwa 5 Jahren Animismus vor. Animismus bezeichnet die Tendenz, unbelebten Objekten und Vorgängen in der Natur (z. B. dem Wind) Leben oder lebensähnliche Merkmale zuzuschreiben (z. B. der Bach „murmelt"; siehe auch die Literaturübersicht von LOOFT & BARTZ, 1969). Im animistischen Weltbild ist eine klare Trennung zwischen belebten und unbelebten Objekten noch nicht möglich. Wenn aber auch unbelebte Objekte und Vorgänge als lebendig wahrgenommen werden, so ist es nicht verwunderlich, daß für diese unbelebten Objekte die Möglichkeit des Sterbens bejaht wird.

Wie stellt sich nun die Frage, ob die allgemeine Aussage, daß das Verständnis eines „reifen" Todeskonzepts mit steigendem Lebensalter und kognitivem Entwicklungsstand zunimmt, auch für unterschiedliche Beurteilungsobjekte gültig ist, im Licht empirischer Untersuchungen dar? SAFIER (1964) untersuchte jeweils 10 Jungen in den Altersgruppen 4- und 5jährige, 7- und 8jährige sowie 10- und 11jährige. Ihnen wurden die Begriffe „Hund", „Ball", „Baum", „Fahrrad", „Junge", „Mond", „Mutter", „Meer", „Auto" und „Wolke" mündlich vorgegeben, und in Anlehnung an PIAGET (1972) wurden vier Fragen zu jedem Begriff gestellt: (1) Ist ein/e ... lebendig? (2) Empfindet ein/e ... Schmerz, wenn er/sie/es verletzt wird? (3) Wächst ein/e ...? (4) Stirbt ein/e ...? In einer anschließenden Exploration wurde abgeklärt, warum ein Kind einem unbelebten Objekt Leben zugesprochen hatte oder warum es der Ansicht war, daß ein unbelebtes Objekt sterben könne. Aufgrund der Äußerungen der Kinder wurden ein Kennwert für Animismus und eine Maßzahl für Merkmale im Zusammenhang mit Tod und Sterben gebildet. Es zeigte sich, daß die Kinder mit zunehmendem Lebensalter unbelebten Objekten weniger Animismus und weniger todbezogene Merkmale zuschrieben. Innerhalb einer jeden der drei Altersgruppen korrelierte der Kennwert für Animismus positiv mit dem Index todbezogener Zuschreibungen: bei den 4- und 5jährigen zu r = 0,67 (p < 0,01), bei den 7- und 8jährigen zu r = 0,44 (p < 0,05) und bei den 10- und 11jährigen zu r = 0,87 (p < 0,01). "The results lend support to the idea that there is some consistency in response between 'animism' and 'death' " (SAFIER, 1964, S. 293).

Dieses Ergebnis suchte BERZONSKY (1987) zu erweitern. Seiner Untersuchung lagen u. a. folgende Fragen zugrunde: (1) Gibt es Altersunterschiede in den Vorstellungen der Kinder bezüglich Leben und Tod, die für verschiedene Klassen von Objekten (hier: Tiere, Pflanzen, unbelebte Objekte) Gültigkeit haben? (2) Lassen sich für die Zuschreibungen von lebensbezogenen Merkmalen und todbezogenen Merkmalen ähnliche Entwicklungsmuster aufzeigen? (3) Werden die Antworten der Kinder von der Reihenfolge beeinflußt, in der Fragen nach Leben und Tod gestellt werden? Versuchspersonen waren 32 Kinder im Alter von 5 Jahren und 32 Kinder im Alter von 6 Jahren; in beiden Altersgruppen waren gleich viele Jungen und Mädchen. Die Kinder wurden per Zufall einer von zwei Bedingungen zugeordnet: Zuerst Fragen nach Merkmalen des Lebens versus zuerst Fragen nach Merkmalen des Todes. Jede der drei Klassen von Beurteilungsobjekten (Tiere, Pflanzen, unbelebte Objekte) war durch vier Items repräsentiert, die in folgender Reihenfolge geboten wurden: „Junge", „Baum", „Auto", „Blume", „Wind", „Schlange", „Mond", „Pflanze", „Vogel", „Sonne", „Fisch" und „Gras". Die Kinder wurden gefragt, ob sie wüßten, was es bedeute, lebendig zu sein, und ob sie etwas Lebendiges nennen könnten. Dann wurde ihnen der Reihe nach zu den 12 Beurteilungsgegenständen die Frage gestellt: „Ist ... lebendig oder nicht lebendig?" Todbezogene Vorstellungen wurden analog erfragt. Eine Varianzanalyse erbrachte interessante Wechselwirkungen. So zeigten sich Altersunterschiede nur, wenn die Kinder die Lebendigkeit unbelebter Objekte beurteilten; hier schnitten die 6jährigen signifikant besser ab als die 5jährigen. Weder bei der Beurteilung der Lebendigkeit von Tieren und Pflanzen noch bei der Einschätzung todbezogener Merkmale zeigten sich hingegen überzufällige Altersunterschiede. Die Akkuratheit der Beurteilungen hinsichtlich „Lebendigkeit" war also je nach Beurteilungsobjekt unterschiedlich. Bei der Beurteilung der Lebendigkeit und des Sterben-Könnens von Tieren machten die Kinder kaum Fehler; Beurteilungen unbelebter Gegenstände beinhalteten dagegen die meisten Fehler. Ferner zeigte sich, daß unter der Bedingung „zuerst Frage nach dem Tod" mehr richtige Beurteilungen der Lebendigkeit von Pflanzen, aber weniger zutreffende Einschätzungen der Lebendigkeit unbelebter Objekte gegeben wurden. Umgekehrt erfolgten unter der Bedingung „zuerst Frage nach der Lebendigkeit" mehr korrekte Beurteilungen des Sterben-Könnens von Pflanzen, aber weniger zutreffende Urteile über das Sterben-Können unbelebter Gegenstände. Mit anderen Worten: Die Tendenz, Pflanzen und besonders unbelebten Gegenständen Leben zuzuschreiben, war stärker, wenn die Vpn zuerst gefragt wurden, ob die Beurteilungsobjekte *sterben* könnten. Entsprechend erwies sich die Tendenz, den Beurteilungsgegenständen todbezogene Merkmale zu attestieren, dann als stark, wenn zuerst nach der *Lebendigkeit* gefragt wurde. Konsistente Beziehungen zwischen dem Lebenskonzept und dem Todeskonzept der Kinder, wie sie Safier (1964) gefunden hatte, konnten in der Studie von Berzonsky (1987) nicht repliziert werden.

Auch die Untersuchung von Candy-Gibbs, Sharp & Petrun (1984–1985) hatte den Einfluß der Belebtheit des Beurteilungsobjekts auf das Todeskonzept von Kindern zum Gegenstand. Eine Stichprobe von 114 Jungen und Mädchen im Alter von 5 bis 9 Jahren wurde im Rahmen eines Interviews darüber befragt, ob belebte Objekte („Bär", „Baby", Mutter der Vp, Untersucher, Vp selbst) und unbelebte Objekte („Flugzeug", „Felsen", „Stoffbär", „Auto") tot sein können. Die Antworten wurden anhand einer von Swain (1979) entwickelten Skala codiert. Das Todeskonzept der Kinder war eindeutig abhängig von der Art des Beurteilungsobjektes. Es zeigte sich, daß belebten Beurteilungsobjekten am häufigsten die Möglichkeit des Sterbens zugesprochen wurde. Unbelebte Objekte wurden mehrheitlich als solche eingeschätzt, die nicht sterben können, aber es fiel den Kindern schwer zu erklären, warum dies so sei. Die Kinder äußerten die Einschätzung, ein Objekt könne sterben, häufiger bei bewegten unbelebten Objekten („Auto", „Flugzeug") als bei den unbeweglichen unbelebten Objekten („Felsen"). Auch brachten die Kinder den Tod aufgrund äußerer Einwirkungen häufiger mit dem Flugzeug in Verbindung als mit anderen unbelebten Objekten.

In ihrer Untersuchung an 107 Kindern im Alter zwischen 6 und 11 Jahren (einschließlich) erfaßten ORBACH et al. (1985) fünf Aspekte des Todeskonzepts anhand eines Fragebogens, der sowohl Menschen als auch Tiere als Beurteilungsobjekte enthielt. Die im vorliegenden Kontext allgemeinste und wichtigste Erkenntnis aus dieser Studie besteht darin, daß „Tod" mit Blick auf Tiere schwerer zu begreifen war als mit Blick auf Menschen und daß die Geschwindigkeit der Entwicklung des Todeskonzepts für Tiere und desjenigen für Menschen unterschiedlich war. Wenn es sich auf Tiere bezog, wurde das Verständnis des Todeskonzepts später erreicht als beim Bezug auf Menschen. Durchaus in Einklang damit zeigte sich ferner, daß sich der kognitive Entwicklungsstand stärker bei der Verfügbarkeit des Todeskonzepts für Tiere auswirkte als bei der Verfügbarkeit des Todeskonzepts für Menschen. Für das leichter zu verstehende Konzept sind die geistigen Fähigkeiten von geringerer Bedeutung, erst beim schwerer zu begreifenden Konzept kommt es zu einer Unterscheidung zwischen jenen Kindern, die es verstehen, und jenen, die es (noch) nicht verstehen.

Den referierten Studien ist zusammenfassend zu entnehmen, daß Merkmale des Beurteilungsobjekts durchaus Einfluß auf das Verständnis des Todeskonzepts haben. Es zeichnet sich ab, daß das Konzept „Tod" mit Blick auf Menschen oder Tiere früher und auf niedrigerem kognitivem Niveau verstanden werden kann als „Tod" mit Blick auf Pflanzen oder unbelebte Objekte; am schwersten zu begreifen scheint „Tod" mit Blick auf unbewegliche unbelebte Objekte zu sein. Man kann also auch hier von einer positiven Beziehung zwischen der Entwicklung des Todeskonzepts und dem chronologischen Alter bzw. dem kognitiven Entwicklungsstand sprechen. Allerdings scheint sich die eingangs geäußerte Vermutung zu bewahrheiten, daß es Unterschiede im Lebensalter gibt, in dem für verschiedene Beurteilungsobjekte ein „reifes" Todeskonzept verfügbar ist.

6.3.3 Differentielle Entwicklung einzelner Subkonzepte

In Abschnitt 6.3.1 wurde ausführlich dargelegt, daß sich die Entwicklung des Todeskonzepts von Kindern in Abhängigkeit vom chronologischen Alter und vom kognitiven Entwicklungsstand vollzieht. Je älter ein Kind ist, desto größer ist die Wahrscheinlichkeit, daß es ein „reifes" Todeskonzept hat. Im vorhergehenden Abschnitt konnte gezeigt werden, daß es (auch) von der Art des Beurteilungsobjektes abhängen kann, ob das Todeskonzept früher oder später verfügbar ist. Prinzipiell galt aber auch dort, daß sich das Todeskonzept in Abhängigkeit vom Lebensalter entwickelt. Stets war bisher vom Todeskonzept als globalem, einheitlichem Konstrukt die Rede. Im folgenden wird nun die früher bereits erwähnte *Mehrdimensionalität des Todeskonzepts* (vgl. Abschnitt 6.1.2) aufgegriffen. Stellt man sich das Todeskonzept nicht als einheitlich, sondern aus mehreren mehr oder weniger eigenständigen Komponenten zusammengesetzt vor, so drängt sich die Vermutung auf, daß im Verlauf der Kindheit nicht alle Subkonzepte gleichzeitig verstanden werden, sondern daß es Unterschiede in dem Zeitpunkt gibt, zu dem einzelne Teilkonzepte verfügbar sind. Wenn es so sein sollte, daß Subkonzept A zu einem früheren Zeitpunkt (z. B. mit 6 Jahren) verstanden wird als Subkonzept B (z. B. mit 8 Jahren), so kann man dies auch als Ausdruck unterschiedlicher Schwierigkeit der beiden Subkonzepte betrachten. Subkonzept A wäre demnach leichter zu verstehen als Subkonzept B; Subkonzept A hätte einen geringeren Schwierigkeitsgrad als Subkonzept B. Die folgenden Ausführungen stehen unter der Leitfrage, ob und gegebenenfalls inwieweit eine differentielle Entwicklung einzelner Komponenten des Todeskonzepts empirisch belegt ist.

KANE (1979) ordnete die Aussagen, die sie von 122 Jungen und Mädchen im Alter von 3 bis 12 Jahren in unstrukturierten Interviews über Tod und Sterben erhalten hatte, zehn Dimensionen des Todeskonzepts zu. Anhand einer dreistufigen Skala wurde beurteilt, inwieweit ein erwachsenengemäßes Verständnis eines jeden Subkonzepts vorlag. Die Inspektion der Daten ergab, daß die Subkonzepte in einer fünfstufigen Abfolge verstanden wurden. Die Kinder im Alter von 3 Jahren hatten eine allgemeine Vorstellung davon, daß der Tod eintreten kann, daß Lebendiges in den Zustand des Totseins übergehen kann. Im Alter von 5 Jahren kam das Verständnis der Subkonzepte „Trennung" und „Immobilität" in einer nicht näher bestimmbaren Reihenfolge hinzu. „Irreversibilität", „Kausalität", „Dysfunktionalität" und „Universalität" folgten etwa gleichzeitig im Alter von 6 Jahren. Das Verständnis für das Fehlen von Sinnesfunktionen bei Toten wurde mit 8 Jahren erreicht. Zutreffende Vorstellungen vom äußeren Erscheinungsbild von Toten hatten die 12jährigen.

Weil einige der Komponenten des Todeskonzepts, die KANE (1979) ihrer Arbeit zugrunde gelegt hatte, erhebliche Überschneidungen aufwiesen, beschränkten sich HOFFMAN & STRAUSS (1985) auf die fünf Subkonzepte „Aufhören/Verschwinden", „Unvermeidbarkeit", „Irreversibilität", „Kausalität" und „Universalität". Eine Stichprobe von 75 Kindern beiderlei Geschlechts (Altersbereich: 3 bis 7 Jahre) nahm an Interviews mit vorstrukturierten Fragen über Tod und Sterben bei Menschen und Hunden teil. Es stellte sich heraus, daß sich die Dimensionen des Todeskonzepts in ihrem Schwierigkeitsgrad signifikant unterschieden. „Universalität" hatte den niedrigsten Schwierigkeitsgrad, „Aufhören/Verschwinden" und „Irreversibilität" waren beide von mittlerer Schwierigkeit und „Unvermeidbarkeit" und „Kausalität" waren beide am schwersten zu verstehen. Dies weist erneut darauf hin, daß sich das Todeskonzept nicht einheitlich entwickelt, sondern daß einige Subkonzepte früher und andere später begriffen werden.

In der Untersuchung von ORBACH et al. (1986) an 137 Jungen und Mädchen in drei Altersklassen zeigten sich ebenfalls Unterschiede in den Zeitpunkten, zu denen einzelne Komponenten des Todeskonzepts verstanden wurden. Von der Gruppe der 6- und 7jährigen zur Gruppe der 8- und 9jährigen wurde eine signifikante Zunahme im Verständnis der Endgültigkeit, der Irreversibilität und der Universalität des Todes beobachtet. Von der Altersgruppe der 8- und 9jährigen zur Altersgruppe der 10- und 11jährigen fand eine nachhaltige Verbesserung im Verständnis der Kausalität statt. Für diese Stichprobe war „Kausalität" offensichtlich das Subkonzept mit dem höchsten Schwierigkeitsgrad. Von den drei Subkonzepten „Endgültigkeit", „Universalität" und „Irreversibilität" erwies sich letzteres als das am leichtesten zu verstehende Subkonzept.

Differentielle Entwicklungsverläufe verschiedener Dimensionen des Todeskonzepts traten auch in einer Untersuchung an 111 Jungen und Mädchen im Alter zwischen 4 und 6 Jahren zutage (FLORIAN, 1985). Die Kinder antworteten auf die Items eines faktorenanalytisch konstruierten Fragebogenverfahrens mit den Faktoren „Irreversibilität", „Endgültigkeit", „Kausalität" und „Unvermeidbarkeit" des Todes. Beim Vergleich der Mittelwerte der entsprechenden Fragebogen-Subtests über die drei Jahrgänge hinweg zeigte sich, daß die 4jährigen ein signifikant unreiferes Verständnis von Irreversibilität und Kausalität hatten als die 5- und 6jährigen; der Zuwachs im Verständnis der beiden Subkonzepte „Irreversibilität" und „Kausalität" erfolgte also von der Gruppe der 4jährigen zur Gruppe der 5jährigen, wohingegen zwischen den 5jährigen und den 6jährigen kein überzufälliger Unterschied bestand. Beim Subkonzept „Unvermeidbarkeit" erfolgte der Zuwachs an Verständnis dagegen über den gesamten untersuchten Altersbereich hinweg; in diesem Subkonzept unterschieden sich die 6jährigen nochmals signifikant von den 5jährigen.

Abschließend sei die vergleichsweise frühe Arbeit von CHILDERS & WIMMER (1971) erwähnt. Im Altersbereich von 4 bis 10 Jahren fertigten 75 Kinder Zeichnungen vom Tod an, schrieben nieder, was der Tod für sie bedeutete, und beantworteten gezielte Fragen zum Thema. Die Auswertung bestand in der Bestimmung von Prozentwerten der „richtigen", „falschen" und unbestimmten Äußerungen zu zwei Komponenten des Todeskonzepts. Während die 9- und 10jährigen ausnahmslos ein erwachsenengemäßes Verständnis von „Universalität" hatten, wurde die Unwiderruflichkeit des Todes von sehr viel weniger Kindern auch der ältesten Jahrgänge verstanden. Aufgrund dieses Befundes kann man schließen, daß das Verständnis der Universalität des Todes von den Kindern dieser Stichprobe früher erworben wurde als dasjenige der Unwiderruflichkeit des Todes.

Tabelle 6.4 gibt eine zusammenfassende Übersicht über die Reihenfolge, in der sich die einzelnen Subkonzepte des Todeskonzepts aufgrund der Ergebnisse verschiedener Untersuchungen entwikkeln. Zunächst kann man feststellen, daß Unterschiede in den Entwicklungssequenzen einzelner Komponenten des Todeskonzepts gut belegbar sind. Offensichtlich unterscheiden sich einige der Subkonzepte tatsächlich in ihrem Schwierigkeitsgrad. Der Versuch, aus Tabelle 6.4 eine durch mehrere Untersuchungen fundierte Reihenfolge zu entnehmen, in der das Verständnis einzelner Subkonzepte erworben wird, wird durch den Umstand erschwert, daß verschiedene Untersucher unterschiedliche Begriffe für ähnliche Konzepte gebrauchen; eine einheitliche Sprachregelung wäre hier wünschenswert. Immerhin zeichnet sich ab, daß das Verständnis der Irreversibilität des Todes früh und dasjenige der Kausalität des Todes eher spät erworben wird. Wie Tabelle 6.4 zeigt, bestehen zwischen

Tabelle 6.4: Zeitliche Reihenfolge des Verständnisses einzelner Subkonzepte des Todeskonzepts in mehreren Studien

Alter in Jahren	KANE (1979)	HOFFMAN & STRAUSS (1985)	ORBACH et al. (1986)
5	Trennung Immobilität	Irreversibilität	
6	Irreversibilität Dysfunktionalität Kausalität Universalität	Notwendigkeit	
7		Kausalität Endgültigkeit	
8	Nonfunktionalität		Irreversibilität Universalität Endgültigkeit
10			Kausalität

den referierten Studien deutliche Unterschiede bezüglich des Alters, in dem die Subkonzepte der Irreversibilität und der Kausalität verfügbar sind. Wenig beachtet wurde bisher die Möglichkeit, Hypothesen über die Reihenfolge der Entwicklung einzelner Subkonzepte des Todeskonzepts auf der Grundlage einer Analyse der logischen Beziehungen zwischen diesen Teilkonzepten zu formulieren (vgl. HOFFMAN & STRAUSS, 1985). Wenn derartige Überlegungen etwa ergeben, daß das Verständnis von Subkonzept A Voraussetzung für das Verständnis von Subkonzept B sein müßte, so kann man folgern, daß sich das Verständnis für Subkonzept A früher entwickeln sollte als dasjenige für Subkonzept B.

6.4 Ergebnisse neuerer Arbeiten: Entwicklung emotionaler Aspekte des Todeskonzepts

Die Darstellung der Entwicklung des Todeskonzepts beim gesunden Kind wäre unvollständig, würde nicht auch der emotionale Aspekt berücksichtigt. Grundsätzlich ist unstreitig, daß kognitive *und* emotionale Komponenten gemeinsam das Todeskonzept eines Menschen konstituieren. Die emotionale Seite des Todeskonzepts beinhaltet alle Gefühle, die mit kognitiven Inhalten verknüpft sind. Mit Blick auf die Entwicklung des Todeskonzepts beim Kind stellen sich nun Fragen nach der Qualität und nach der Intensität todbezogener Gefühle. Mit anderen Worten: Äußern jüngere Kinder andere Arten von Gefühlen als ältere Kinder, wenn sie auf Tod und Sterben angesprochen werden? Findet während Kindheit und Jugend womöglich eine Ausdifferenzierung des gefühlsmäßigen Erlebens gegenüber Tod und Sterben statt? Zeigen jüngere und ältere Kinder ein und dasselbe Gefühl in unterschiedlicher Intensität, wenn sie an Sterben und Tod denken?

Untersuchungen zu emotionalen Aspekten des kindlichen Todeskonzepts hatten bisher ausnahmslos die Angst vor Tod und Sterben zum Gegenstand. In zwei Untersuchungen zeigte sich übereinstimmend, daß jüngere Kinder im Alter um 6 Jahre keine oder nur sehr schwache Angst äußerten, wenn sie mit dem Gedanken an den Tod konfrontiert wurden. SCHILDER & WECHSLER (1934) befragten Kinder im Alter von 5 bis 15 Jahren anhand eines Fragebogens und ließen sie Bildbeschreibungen zu acht Bildern mit todbezogenen Darstellungen geben. Es wurde deutlich, daß die Vpn dem Tod in nüchternsachlicher und von Gefühlen weitgehend freier Weise gegenüberstanden. Für die jüngeren Kinder schien es einen natürlichen Tod durch Alter und/oder Krankheit nicht zu geben, sondern nur den Tod infolge Gewalteinwirkung von außen. Diese Kinder äußerten kaum Angst vor dem Tod. Erwähnenswert ist, daß es sich bei den Vpn von SCHILDER & WECHSLER (1934) um Kinder handelte, die sich in psychiatrischer Behandlung befanden. Normale bzw. unauffällige Schüler im Alter von 5 bis 14 Jahren bildeten die Stichprobe in der Studie von GARTLEY & BERNASCONI (1967). Die eher impressionistische Auswertung strukturierter Interviews erfolgte für mehrere Altersgruppen. In der Gruppe der jüngsten Kinder (5; 5 bis 6; 4 Jahre) lag noch kein angemessenes Verständnis des Todes vor. Die Kinder erlebten den Tod als weit entfernt und ohne Bezug zur eigenen Person. Ihre Äußerungen zum Thema waren dementsprechend sachlich und ohne Beteiligung von Gefühlen. Diese beiden Untersuchungen verweisen auf die Verflechtung von kognitiver Entwicklung und emotionalen Reaktionen: Es hat den Anschein, als begünstige das – gemessen am Standard Erwachsener – unreife Todeskonzept junger Kinder einen angstfreien Umgang mit des Todesthematik.

Eine der wenigen experimentellen Untersuchungen zur Psychologie des Todes stammt von ALEXANDER & ADLERSTEIN (1958; Nachdruck in FULTON, 1965). Die Frage, wie Kinder verschiedenen Alters gefühlsmäßig auf die Vorstellung des Todes reagieren, suchten die Autoren durch eine Wortassoziationsaufgabe mit anschließender Registrierung der Reaktionszeit und des elektrischen Hautwiderstandes zu beantworten. Den 5 bis 16 Jahre alten Jungen wurden Reizwörter geboten mit der Aufforderung, das erste Wort zu nennen, das ihnen zu jedem der Reizwörter in den Sinn komme. Die Reizwörter stammten aus drei Bereichen: einem Bereich, der a priori als affektiv besetzt angesehen wurde und der Begriffe zu den Themen „Sexualität" und „Familie" enthielt; einem Bereich, der als eher unverfänglich und emotional neutral angesehen wurde; und einem Bereich todbezogener Wörter. Bei der Auswertung wurden drei Altersgruppen unterschieden. Ein Vergleich der Reaktionen auf die Reizwörter des Bereichs „Sexualität"/„Familie" mit den Reaktionen auf die emotional neutralen Wörter bestätigte die Sensibilität und Validität der Untersuchungsverfahren. Die Auswertung zur eigentlichen Fragestellung ergab in allen drei Altersgruppen auf die todbezogenen Stimuli signifikant längere Reaktionszeiten als auf die emotional neutralen Wörter. Ferner wurde bei den 5- bis 8jährigen und bei den 13- bis 16jährigen eine signifikante Abnahme der Hautleitfähigkeit dann beobachtet, wenn die Vpn auf todbezogene Wörter reagierten; bei den 9- bis 12jährigen erfolgte hingegen keine überzufällige Veränderung des Hautwiderstandes. Aus diesen experimentellen Beobachtungen kann man den Schluß ziehen, daß die Vorgabe todbezogener Wörter mit stärkeren gefühlsmäßigen Reaktionen einherging als die Darbietung neutraler Reizwörter. Den auffälligen Unterschied in der emotionalen Reagibilität zwischen den Altersgruppen erklären die Autoren mit der unterschiedlichen Streßhaftigkeit der betreffenden Altersbereiche. Die Jahre von 5 bis 8 und von 13 bis 16 seien u. a. wegen nachhaltiger Veränderungen des Selbstkonzepts psychisch belastender als die Jahre von 9 bis 12.

In einer prinzipiell ähnlich konzipierten Untersuchung ging es um entwicklungsabhängige Veränderungen der Angst als Reaktion auf die Konfrontation mit Tod und Sterben (HALPERN & PALIC, 1984). Unabhängige Variable war das chronologische Alter. Als abhängige Variable diente die von den Vpn geäußerte Angst bei der Betrachtung dreier Bilder mit todbezogenem Inhalt. Die 49 israelischen Kinder machten ihre Angaben mittels sechs Adjektiven. Mit Rücksicht auf die jüngeren Kinder der Stichprobe erfolgten die Intensitätseinstufungen anhand von Gesichter-Skizzen. Die Autorinnen fanden zwischen den Altersgruppen der 3- und 4jährigen, der 7- und 8jährigen und der 10- und 11jährigen signifikante Unterschiede im Intensitätsgrad der Angst, die im Sinne eines Entwicklungstrends interpretiert werden können: Die älteren Kinder äußerten stärkere Angst bei Betrachtung der todbezogenen Bilder als die jüngeren Kinder.

In der bereits in Abschnitt 6.3.1 erwähnten Untersuchung an 8- bis 14jährigen Schülerinnen und Schülern wurde auch eine altersabhängige Veränderung von negativ getönten Gefühlen mit Bezug auf Tod und Sterben gefunden (WITTKOWSKI & SCHNELL, 1981). Angstvolle und unlustbetonte Gefühle fanden sich in den Aufsätzen der 14jährigen signifikant häufiger und mit größerem Nachdruck als in den Aufsätzen der 8jährigen. Bei den Mädchen der untersuchten Stichprobe waren unlustbetonte Gefühle in stärkerem Maße vorhanden als bei den Jungen.

Differentielle Befunde in Gestalt interessanter Wechselwirkungen von kognitiven und emotionalen Merkmalen sind der an anderer Stelle bereits erwähnten Arbeit von ORBACH et al. (1985) zu entnehmen. Bei 6- bis 11jährigen Kindern wurde sowohl die kognitive Leistungsfähigkeit als auch das habituelle Angstniveau durch ein entsprechendes Fragebogenverfahren für Kinder bestimmt.

Das Todeskonzept wurde sowohl für Menschen als auch für Tiere als Beurteilungsobjekte ermittelt und zu einem Gesamtindex zusammengefaßt. Zunächst zeigte sich, daß das Angstniveau einen Einfluß auf das Todeskonzept hatte; die Kinder mit geringerer habitueller Angst verfügten über ein reiferes Todeskonzept. Allerdings trat dieser Effekt des Angstniveaus nur bei den Kindern mit hohen kognitiven Fähigkeiten auf, nicht hingegen bei den Kindern mit niedriger intellektueller Leistungsfähigkeit. Eine Dreifach-Wechselwirkung zwischen kognitiven Fähigkeiten, Angstniveau und Alter ergab folgendes Bild (siehe Abbildung 6.1): In der Altersgruppe der 6- und 7jährigen bestand innerhalb der Vpn mit niedrigem kognitivem Niveau zwischen den wenig ängstlichen Kindern und den stark ängstlichen Kindern kein Unterschied im Reifegrad des Todeskonzepts; innerhalb der Vpn mit hohem kognitivem Niveau bestand hingegen ein signifikanter Unterschied im Reifegrad des Todeskonzepts zwischen den Kindern mit hohem Angstniveau und jenen mit niedrigem Angstniveau. Eine ähnliche Interaktion zeigte sich bei den 10- und 11jährigen, bei denen der Unterschied im Reifegrad des

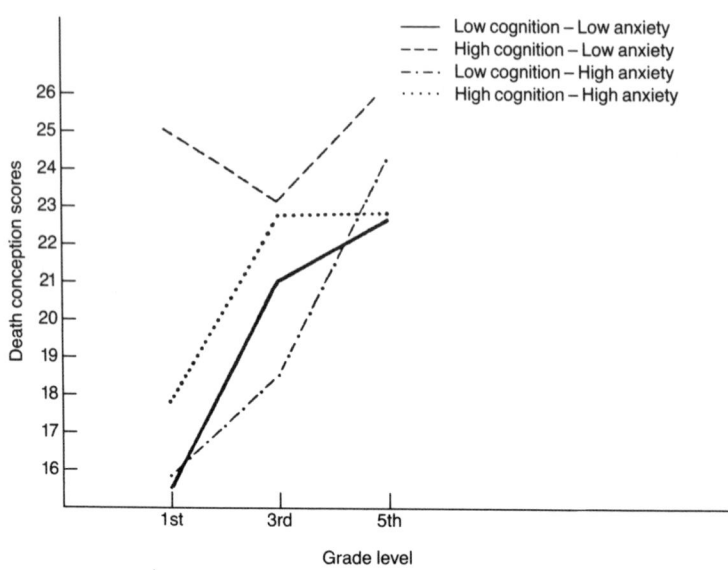

Abbildung 6.1: Das Todeskonzept als Funktion der Interaktion von kognitivem Entwicklungsstand, Angstniveau und Alter. (Aus ORBACH et al., 1985.)

Todeskonzepts zwischen den Kindern mit hohem und niedrigem Angstniveau für die intellektuell Schwächeren geringer ist als der (überzufällige) Unterschied zwischen den stark und den schwach ängstlichen Kindern innerhalb der kognitiv Fähigeren. Bei den 8- und 9jährigen ist die Wechselwirkung anders. Der Unterschied im Reifegrad des Todeskonzepts zwischen Kindern mit hohem und Kindern mit niedrigem Angstniveau ist unter der Bedingung hoher kognitiver Leistungsfähigkeit geringer als unter der Bedingung niedriger kognitiver Leistungsfähigkeit. Abbildung 6.1 veranschaulicht diese Gegebenheiten. Diese Befunde mögen ein Hinweis darauf sein, daß das Zusammenwirken zahlreicher Merkmale, die bei der Entwicklung des Todeskonzepts beim Kind eine Rolle spielen, sehr viel komplexer ist als es aufgrund der meisten bisher vorliegenden Arbeiten den Anschein hat.

Ein bündiges Fazit zur Entwicklung emotionaler Aspekte des Todeskonzepts ist kaum möglich. Die einseitige Ausrichtung auf die Untersuchung der Angst hat verhindert, daß die eingangs gestellte Frage, ob jüngere Kinder andere Gefühlsqualitäten äußern als ältere

Kinder, beantwortet werden kann. Es ist nicht einzusehen, daß andere Emotionen als Angst (z. B. Depression, Ärger) von vornherein von der Erforschung emotionaler Aspekte des kindlichen Todeskonzepts vollkommen ausgeschlossen wurden. Vorerst aber müssen wir uns nolens volens auf Aussagen über die Angst beschränken. Trotz widersprüchlicher Einzelresultate spricht vieles dafür, daß Angst mit zunehmendem Alter bzw. kognitivem Entwicklungsstand stärker mit Tod und Sterben verknüpft wird. Solange Kinder die Bedeutung des Todes auch für sich selbst nicht voll erkannt haben, so lange scheint die Intensität der Angst vor Tod und Sterben gering zu sein. Dieser Erklärungsansatz dürfte sinnvoller sein als die Annahme von Abwehrstrategien im Kindesalter, deren Nachweis meist schwer zu führen ist. Obige Aussage steht freilich unter dem Vorbehalt, daß alle bisherigen Befunde aus querschnittlichen Untersuchungsansätzen stammen. Es ist bemerkenswert, daß gerade für den Bereich der Kindheit, in dem sich Entwicklungsprozesse sehr viel rascher vollziehen als etwa im mittleren oder höheren Erwachsenenalter, keine einzige Längsschnittstudie zur Entwicklung des Todeskonzepts einschließlich seiner emotionalen Aspekte vorliegt. Dieses Manko ist um so erstaunlicher, als gut fundierte Kenntnisse über die Entwicklung des Todeskonzepts beim Kind hilfreich sein können für das Verständnis existentiell bedeutsamer Erlebens- und Verhaltensweisen wie kindliche Trauer, das Leiden an einer unheilbaren Krankheit und Suizid im Kindesalter. Informationen darüber, was Kinder in verschiedenen Altersabschnitten in bezug auf den Tod verstehen können, dürften für all jene nützlich sein, die beruflich mit sterbenden Kindern zu tun haben, darüber hinaus aber auch für Eltern und Erzieher, die von ihren Kindern nach Sterben und Tod gefragt werden.

7. ANGST VOR TOD UND STERBEN

In Kapitel 2 wurden Fragen der Begriffsklärung erörtert, und dabei war auf die Notwendigkeit hingewiesen worden, scheinbar selbstverständliche Begriffe sauber voneinander abzugrenzen. Wurden in Kapitel 2 übergreifende Unterscheidungen und Präzisierungen vorgenommen, so stellt sich diese Aufgabe nun erneut mit Blick auf den engeren Bereich der Angst vor Tod und Sterben. Da gilt es zunächst, zwischen der Angst vor dem Tod und der Todesangst zu unterscheiden. Nicht nur in der Umgangssprache, sondern auch in zahlreichen Fachpublikationen werden beide Begriffe synonym verwendet. Eine derartige Gleichsetzung ist jedoch verwirrend und in der Sache nicht gerechtfertigt. Als Charakteristikum der *Todesangst* ist mit KASTENBAUM & AISENBERG (1972, S. 50) eine subjektiv erlebte aktuelle Bedrohung des eigenen Lebens anzusehen. So mögen Passagiere in einem abstürzenden Flugzeug Todesangst erleben oder der zur Hinrichtung geführte Delinquent. Auch psychiatrisch Kranke, die unter Wahnvorstellungen leiden, können Todesangst erleben. Demgegenüber handelt es sich bei der *Angst vor dem Tod* um die antizipierende Auseinandersetzung mit der Bedrohung des Lebens ohne akute Gefährdung. Beispielsweise könnte der Tod eines Angehörigen das Bewußtsein der eigenen Endlichkeit intensivieren und Angst vor dem eigenen Tod und/oder dem eigenen Sterben auslösen. Diese Angst vor dem Sterben und/oder dem Tod richtet sich auf einen nicht näher bestimmbaren Zeitpunkt, der aber mit erheblicher Wahrscheinlichkeit in der ferneren Zukunft liegt. Todesangst ist auch mit einem sehr viel höheren Erregungsniveau verbunden als die Angst vor dem Tod. Insofern könnte man erstere eher als Zustand (State), letztere eher als zeitlich stabiles und daher überdauerndes Merkmal im Sinne eines Trait verstehen. Empirische Belege dafür, daß es sich bei der Angst vor Tod und Sterben um eine zeitlich stabile Disposition handelt, die durch aktuelle Stimulation kaum beeinflußbar ist, bieten die Arbeiten von GILLILAND & TEMPLER (1985–1986), LITTLEFIELD & FLEMING (1984–1985), PETTIGREW & DAWSON (1979) und TESTA (1981).

Diese Unterscheidung ist bedeutsamer, als es auf den ersten Blick scheinen mag. Zum einen dürfte aus den vorstehenden Ausführungen ersichtlich sein, daß Todesangst kaum jemals Gegenstand empirischer Untersuchungen sein kann. Aus ethischen Gründen verbietet es sich, Personen unter experimentellen Bedingungen in Todesangst zu versetzen (siehe hierzu auch Abschnitt 5.2). Aus untersuchungstechnischen Gründen dürfte es unmöglich sein, Personen in natürlichen Situationen, die mit Todesangst verbunden sind, zu untersuchen. Gegenstand der empirischen Forschung kann daher nur die Angst vor dem Tod bzw. dem Sterben, schwerlich aber die Todesangst sein. Zum anderen besteht ein bedeutsamer konzeptioneller Unterschied zwischen Todesangst und Angst vor dem Tod. Todesangst kann sich stets nur auf die eigene Person beziehen; sie ist daher eindimensional. Die Angst vor dem Tod hingegen richtet sich – wie noch zu zeigen sein wird – auf eine Reihe relativ eigenständiger Aspekte, sie ist daher mehrdimensional.

Die Angst vor Tod und Sterben ist weiterhin abzugrenzen von der *Intensität der gedanklichen Beschäftigung mit Tod und Sterben* ("death concern"). An dieser Stelle soll nicht erörtert werden, ob und gegebenenfalls in welcher Höhe beide Merkmale tatsächlich miteinander korrelieren. Es geht vielmehr um den Hinweis, daß Angst vor Tod und Sterben und die Intensität bzw. Häufigkeit der gedanklichen Beschäftigung mit der Todesthematik logisch unabhängig sind. Mit anderen Worten: Eine Person kann häufig an Tod und/oder Sterben denken, ohne gleichzeitig Angst davor zu verspüren. Umgekehrt kann eine Person beim Gedanken an Tod und Sterben heftige Angst verspüren, derartige Gedanken jedoch nur äußerst selten haben. Kurz: Angst vor Tod und Sterben und die Intensität bzw. Häufigkeit der gedanklichen Beschäftigung mit der Todesthematik können – auf einer rein logischen Ebene – unabhängig voneinander variieren.

7.1 Die Mehrdimensionalität des Konstrukts „Angst vor Tod und Sterben"

Als man am Anfang der 60er Jahre in den USA begann, Angst vor dem Tod ("death anxiety", "fear of death") durch Fragebogenverfahren zu erfassen, ging man stillschweigend von der Vorstellung aus, dieses Merkmal könne durch eine einzige Maßzahl erschöpfend und sachlich adäquat abgebildet werden. Man betrachtete die Angst vor dem Tod also als ein homogenes, eindimensionales Merkmal. Erst allmählich setzte sich die Auffassung durch, bei der Angst vor Tod und Sterben handele es sich um ein multidimensionales Konstrukt, zu dessen angemessener Erfassung entsprechend mehrdimensionale Fragebogenverfahren notwendig seien.

Die Frage, ob es sich bei der Angst vor Tod und Sterben um ein eindimensionales oder ein mehrdimensionales Konstrukt handelt, ist von erheblicher Bedeutung für den Erkenntnisfortschritt in der Thanatopsychologie. Wenn nämlich die Angst vor Tod und Sterben „in Wahrheit" mehrdimensional ist, sie aber von verschiedenen Forschern jeweils eindimensional, d. h. durch eine einzige globale Maßzahl, operationalisiert wird, muß man damit rechnen, daß die verschiedenen Forscher auch mehr oder weniger unterschiedliche Komponenten der Angst vor Tod und Sterben erfaßt haben. Jeder der verschiedenen Forscher ist der Überzeugung, das gleiche Merkmal, nämlich „die" Angst vor Tod und Sterben, gemessen zu haben. Es besteht aber die Gefahr, daß sie – ohne es zu wissen – tatsächlich ganz verschiedenartige Aspekte der Angst vor Tod und Sterben (z. B. im einen Fall Angst vor dem eigenen Sterben, im anderen Fall Angst vor dem Tod anderer bzw. dem Verlust wichtiger Bezugspersonen) berücksichtigt haben. Auch können sich mehrere Einzelkomponenten der Angst vor Tod und Sterben überlagern und so bei eindimensionaler Operationalisierung zu einem nicht sinnvoll interpretierbaren Globalindex führen. Es ist offensichtlich, daß durch ein derartiges Vorgehen inkonsistente und widersprüchliche Befunde zustande kommen können. Tatsächlich dürfte ein Großteil der widersprüchlichen Resultate, die für die verschiedensten Korrelate der Angst vor Tod und Sterben ermittelt wurden, darauf zurückzuführen sein, daß die „in Wahrheit" mehrdimensionale Angst vor Tod und Sterben eindimensional und damit inadäquat erfaßt wurde.

Welches sind nun *theoretisch denkbare Dimensionen der Angst vor Tod und Sterben*? In Anlehnung an SCHULZ (1978, S. 19 f.) können aufgrund einer sorgfältigen Deskription des fraglichen Merkmalsbereichs die folgenden Ängste und Besorgnisse mit Blick auf die Endlichkeit des Daseins unterschieden werden:

a) *Die Angst vor körperlichem Leiden*.

   Sie betrifft in erster Linie Schmerzen während des Sterbeprozesses, darüber hinaus aber auch die Möglichkeit der Verstümmelung (z. B. durch eine Amputation) und des Ausfalls von Organfunktionen.

b) *Die Angst vor Demütigung und Erniedrigung.*
Sie bezieht sich darauf, den Begleitumständen des Sterbeprozesses oder der Aussicht der Vernichtung der eigenen Existenz nach eigenen Maßstäben nicht gewachsen zu sein und gewissermaßen zum „Feigling" zu werden. Dieser Aspekt ist unabhängig von objektiven Merkmalen der Betreuungssituation.

c) *Die Angst vor dem Verlust der persönlichen Würde, der sich aus der Pflegesituation im Krankenhaus ergeben kann.*
Hier sind extreme Abhängigkeit von Pflegern und Angehörigen sowie Nicht-Beteiligung an wichtigen Entscheidungen der Gegenstand von Besorgnissen (bezüglich Einzelheiten vgl. Abschnitt 10.2).

d) *Die Angst vor Einsamkeit.*

e) *Die Angst, wichtige Ziele aufgeben zu müssen.*
Ein „Ziel" kann in diesem Kontext die Fertigstellung eines wissenschaftlichen oder künstlerischen Werkes oder die Erledigung einer politischen oder gesellschaftlichen Aufgabe ebenso sein wie die Teilnahme an einer Familienfeier, einem Jubiläum o. ä.

f) *Die Angst vor den Folgen, die der eigene Tod für die nächsten Angehörigen hat.*
Besorgnisse können sich einerseits auf sozial-emotionale Auswirkungen und anderseits auf wirtschaftliche Konsequenzen richten.

g) *Angst vor Bestrafung.*
Hiervon können besonders gläubige Personen, die an ein Jüngstes Gericht glauben, betroffen sein.

h) *Angst vor dem Nicht-Sein bzw. dem Unbekannten.*
Sie betrifft primär Personen, die nicht an ein Weiterleben glauben.

i) *Angst vor der Vernichtung des eigenen Körpers.*

j) *Angst vor dem Sterben anderer Menschen.*
Hier bezieht sich die Angst darauf, physisches und psychisches Leiden während des Sterbeprozesses mehr oder weniger hilflos mitansehen zu müssen.

k) *Angst vor dem Tod anderer Menschen.*
Gemeint ist der Verlust wichtiger Bezugspersonen.

l) *Angst vor Toten bzw. den Merkmalen eines Leichnams.*

Diese Übersicht über Ängste und Besorgnisse mit Blick auf Tod und Sterben resultiert aus einer intuitiven Beschreibung des Merkmalsbereichs „Tod und Sterben". Sie ist nicht frei von Mehrdeutigkeiten, von Ungenauigkeiten und sie ist in keiner Weise von übergreifenden konzeptionellen Gesichtspunkten geleitet. Eine konzeptionelle Orientierung bieten COLLETT & LESTER (1969) an, die an der Angst vor Tod und Sterben eine Bezugnahme auf die eigene Person von einer Bezugnahme auf andere Menschen unterscheiden. Außerdem grenzen diese Autoren den Tod (i. S. von „danach") vom Prozeß des Sterbens ab. Aus diesen Unterscheidungen ergeben sich unschwer vier Komponenten der Angst vor Tod und Sterben: (1) Angst vor dem eigenen Sterben; (2) Angst vor dem eigenen Tod; (3) Angst vor dem Sterben anderer Menschen; (4) Angst vor dem Tod anderer Menschen.

	Bezug auf	
	die eigene Person	andere(n) Menschen
Sterben	*Angst vor dem eigenen Sterben* a) Angst vor körperlichem Leiden b) Angst vor Demütigung c) Angst vor Verlust persönlicher Würde d) Angst vor Einsamkeit	*Angst vor dem Sterben anderer Personen* j) Angst vor der eigenen Hilflosigkeit angesichts fremden Leidens
Tod	*Angst vor dem eigenen Tod* e) Angst vor Aufgabe wichtiger Ziele f) Angst vor den Folgen des eigenen Todes für die Angehörigen g) Angst vor Bestrafung im Jenseits h) Angst vor dem Unbekannten i) Angst vor Vernichtung des eigenen Körpers	*Angst vor dem Tod anderer Personen* k) Angst vor dem Verlust wichtiger Bezugspersonen l) Angst vor Toten

Abbildung 7.1: Vier Aspekte der Angst vor Tod und Sterben in Anlehnung an COLLETT & LESTER (1969).

Wie die schematische Übersicht der Abbildung 7.1 zeigt, lassen sich die intuitiv gewonnenen Aspekte der Angst vor Tod und Sterben dieser vierdimensionalen Struktur zuordnen. Damit liegt eine konzeptionell begründete, logische A-priori-Struktur der Angst vor Tod und Sterben vor.

Tabelle 7.1 gibt eine Übersicht über die in faktorenanalytischen Studien gefundenen Dimensionen der Angst vor Tod und Sterben. In den meisten Untersuchungen wurden die extrahierten Hauptkomponenten rechtwinklig rotiert. Dies hat zur Folge, daß die gewonnenen Faktoren statistisch weitestgehend unabhängig voneinander und somit eindeutig interpretierbar sind.

Ohne auf die verschiedenen bisher gefundenen Dimensionen inhaltlich eingehen zu wollen, kann nach den Befunden der Tabelle 7.1 kein Zweifel daran bestehen, daß es sich bei der Angst vor Tod und Sterben um ein mehrdimensionales Konstrukt handelt. Dies wird zusätzlich dadurch unterstrichen, daß sich auch TEMPLERS (1970) ›Death Anxiety Scale‹, das bisher wohl am häufigsten verwendete Fragebogenverfahren zur Erfassung der Angst vor Tod und Sterben, in späteren Untersuchungen als mehrdimensional erwies (DURLAK, 1982; GILLILAND & TEMPLER, 1985–1986; LONETTO, FLEMING & MERCER, 1979; LONETTO, MERCER, FLEMING, BUNTING & CLARE, 1980). Nicht zuletzt aufgrund dieser Ergebnisse glauben sich LONETTO & TEMPLER (1986, S. 56) berechtigt, vier relativ allgemeingültige Dimensionen der Angst vor dem Tod ("death anxiety") zu postulieren: (1) Kognitive und affektive Reaktionen bei der Konfrontation mit dem Tod bzw. dem Gedanken an ihn. (2) Körperliche Veränderungen während des Sterbeprozesses. (3) Bewußtes Erleben der verstreichenden Zeit. (4) Schmerz und Streß, die mit Krankheit und Sterben verbunden sein können.

Zur angemessenen Beurteilung der vorliegenden Befunde zur Multidimensionalität der Angst vor Tod und Sterben darf nicht übersehen werden, daß die faktorisierten Itemsätze in der Regel nicht auf einer konzeptionellen Basis entworfen wurden. Die auf COLLETT & LESTER (1969) zurückgehende Unterscheidung in Angst vor dem eigenen Tod, Angst vor fremdem Tod, Angst vor eigenem Sterben und Angst vor dem Sterben anderer stellt die einzige konzeptionell geleitete A-priori-Struktur der Angst vor Tod und Sterben dar. In der Zukunft wird es darum gehen, weiterreichende Fragen zu beantworten. Verändert sich die Faktorenstruktur der Angst vor Tod und Sterben im Verlauf des Lebens? Gibt es Unterschiede in der dimensionalen Struktur der Angst vor Tod und Sterben zwischen den Geschlechtern? Die Antworten auf diese Fragen sind nicht nur von theoretischem, sondern auch von erheblichem praktischem In-

Tabelle 7.1: Faktorenanalytische Untersuchungen zur Mehrdimensionalität der Angst vor Tod und Sterben

Studie	Stichprobe	Rotationstechnik	Dimensionen der Angst vor Tod und Sterben
CONTE, WEINER & PLUTCHIK (1982)	Studenten N = 230	keine Angabe	1. Angst vor dem Unbekannten 2. Angst vor Leiden 3. Angst vor Einsamkeit 4. Angst vor persönlicher Vernichtung 5. Ohne Benennung
DURLAK & KASS (1981–1982)	Studenten N = 350	rechtwinklig	1. Negative Bewertung des persönlichen Todes 2. Zurückhaltung im Umgang mit Sterbenden 3. Negative Reaktion auf Schmerzen 4. Reaktion auf todbezogene Hinweise 5. Gedankliche Beschäftigung mit dem Sterben
HENSLE (1977)	Studenten N = 315	rechtwinklig	1. Angst und Unsicherheit bei der Konfrontation mit Sterbenden 2. Nicht-Akzeptieren der Lebensendlichkeit 3. Erwartete Betroffenheit durch Tod anderer 4. Besorgnis gegenüber dem Prozeß des Alterns und Sterbens 5. Jenseitsglaube

	$N = 375$		2. Angst vor Toten
			3. Angst vor Zerstörung/Vernichtung
			4. Angst hinsichtlich wichtiger Bezugspersonen
			5. Angst vor Unbekanntem
			6. Angst vor bewußtem Tod
			7. Sorge um den Leichnam
			8. Angst vor vorzeitigem Tod
Nelson & Nelson (1975)	Studenten $N = 135$	schiefwinklig	1. Vermeidung des Todes
			2. Angst vor dem Sterben
			3. Negation des Todes
			4. Zurückhaltung im Umgang mit Sterbenden
Spilka, Stout, Minton & Sizemore (1977)	Studenten und andere Erwachsene $N = 328$	rechtwinklig, schiefwinklig	1. Tod als Schmerz und Einsamkeit
			2. Tod als Belohnung im Jenseits
			3. Indifferenz bezüglich Tod
			4. Tod als Unbekanntes
			5. Im-Stich-Lassen Abhängiger und Schuld
			6. Tod als Mut
			7. Tod als Versagen
			8. Tod als natürliches Ende
Walkey (1982)	Studenten und andere Erwachsene $N = 256$	rechtwinklig	identisch mit Hoelter (1979)

teresse. Denn sollten sich tatsächlich derartige Unterschiede herausstellen, würde dies bedeuten, daß Tod und Sterben von den betreffenden Personengruppen *qualitativ* unterschiedlich erlebt werden. Dies aber müßte Rückwirkungen auf die psycho-soziale Betreuung unheilbar Kranker und Sterbender sowie auf die Ausbildung von Helfern haben. Nur Grundlagenforschung kann hier die derzeit noch fehlenden Kenntnisse beschaffen.

7.2 Methoden zur Erfassung der Angst vor Tod und Sterben

Viele psychische Merkmale sind Konstrukte. Dies bedeutet, daß sie nicht unmittelbar beobachtbar sind, sondern aus einer Vielzahl von Einzelindikatoren erschlossen werden müssen. „Intelligenz" kann man beispielsweise aus bestimmten Verhaltensweisen und Leistungen erschließen, nicht aber direkt erfassen. Mit der Angst vor Tod und Sterben verhält es sich ebenso. Ihre qualitative und quantitative Beschaffenheit muß aus verbalem und nonverbalem Verhalten abgeleitet werden. Damit ist aber die Definition des Merkmals weitgehend identisch mit dem Verfahren, das zu seiner Erfassung benutzt wird. Zwei Forscher können beide „Angst vor dem Tod" erfassen wollen, wenn sie unterschiedliche Erhebungsverfahren einsetzen, werden sie gleichwohl zwei verschiedene Arten der Angst vor dem Tod ermitteln. Zur sachverständigen Beurteilung empirischer Befunde zur Angst vor Tod und Sterben ist es daher erforderlich, die Untersuchungsverfahren zu kennen, mit deren Hilfe die Ergebnisse gewonnen wurden. In diesem Abschnitt wird daher ein knapper und keineswegs vollständiger Überblick über Methoden zur Erfassung der Angst vor Tod und Sterben gegeben.

7.2.1 Fragebogenverfahren

Fragebogenverfahren sind zweifellos die mit Abstand am häufigsten verwendeten Untersuchungsverfahren in empirischen Arbeiten zur Psychologie des Todes. Sie besitzen grundsätzlich zwei wichtige Vorzüge: ansprechende Gütekriterien (Objektivität, Reliabilität, Validität) und ökonomische Anwendbarkeit. Im folgenden werden die gängigsten Fragebogenverfahren zur Erfassung der Angst vor Tod und Sterben in chronologischer Abfolge vorgestellt. Diese Verfahren sind nicht zuletzt deshalb erwähnenswert, weil sie das Rohmaterial für Neuentwicklungen darstellen. Wenn dabei Mängel und Unzulänglichkeiten (z. B. geringe Itemzahl) bei einzelnen Verfahren zutage treten, so spiegelt auch dies den Zustand der Thanatopsychologie und ihre Entwicklung während der vergangenen drei Jahrzehnte wider. Auf eindimensionalen Verfahren beruht immer noch der größte Teil der Befunde.

7.2.1.1 Eindimensionale Fragebogenverfahren

(1) ›Fear of Death Scale‹ (SARNOFF & CORWIN, 1959)
Nach dem Prinzip der rationalen Testkonstruktion wurden sieben Items formuliert, von denen zwei Items nach einer Item-Analyse eliminiert wurden. Es werden keine Angaben zu teststatistischen Kennwerten, zu Reliabilität oder Validität gemacht.

(2) ›Fear of Death Scale‹ (BOYAR, 1964)
Aus Interviewmaterial wurde ein vorläufiger Item-Pool formuliert, der dann nach formalen Kriterien (z. B. Verständlichkeit) auf 22 Items reduziert wurde. Die Trennschärfekoeffizienten liegen zwischen 0,40 und 0,80, die Halbierungsreliabilität beträgt $r_{tt} = 0{,}89$. Validierungsversuche wurden vorgenommen.

(3) ›Death Anxiety Scale‹ (HANDAL, 1969)
Das Verfahren ist eine Modifikation der gleichnamigen Skala von LIVINGSTON & ZIMET (1965), deren Items einseitig auf den Einsatz bei Medizinstudenten ausgerichtet waren. Die revidierte Fassung besteht aus 20 Items mit jeweils sechs Antwortmöglichkeiten (starke Zustimmung – starke Ablehnung). Die Wiederholungsreliabilität über einen Zeitraum von drei Monaten beträgt $r_{tt} = 0{,}85$. Validierungsansätze liegen vor (HANDAL, 1975).

(4) ›Death Anxiety Scale‹ (TEMPLER, 1970)
Dies ist das am häufigsten verwendete Fragebogenverfahren zur Erfassung todbezogener Angst. Nach dem Prinzip rationaler Testkonstruktion wurden 40 Items als Ausgangsbasis formuliert, die dann nach Beurteilung ihrer Augenschein-Validität und aufgrund einer Item-Analyse auf 15 Items reduziert wurden. Die Items haben einen dichotomen Beantwortungsmodus („Ja – Nein") und weisen unterschiedliche Polung auf. Der Einfluß sozialer Erwünschtheit wurde als minimal nachgewiesen. Die Wiederholungsreliabilität (3-Wochen-Intervall) wird mit

$r_{tt} = 0{,}83$, die Interne Konsistenz mit $r_{tt} = 0{,}76$ angegeben. Es wurden verschiedene Validierungsstudien durchgeführt (siehe LONETTO & TEMPLER, 1986, S. 123 ff.). In neueren Untersuchungen (z. B. DURLAK, 1982; GILLILAND & TEMPLER, 1985–1986) zeigte sich, daß die Skala nicht – wie ursprünglich angenommen – homogen ist, sondern mehrere relativ eigenständige Komponenten beinhaltet. Dies beeinträchtigt ihre Interpretierbarkeit.

7.2.1.2 Mehrdimensionale Fragebogenverfahren

(1) ›Fear of Death Scale‹ (COLLETT & LESTER, 1969)
Aufgrund konzeptioneller Vorüberlegungen wurden für die vier Subtests ›Angst vor dem eigenen Tod‹, ›Angst vor dem eigenen Sterben‹, ›Angst vor dem Tod anderer‹, ›Angst vor dem Sterben anderer‹ insgesamt 38 Items konstruiert. Wegen unbefriedigender Trennschärfe wurden sechs Items eliminiert. Die Interkorrelationen zwischen den Skalen liegen zwischen $r = 0{,}03$ und $r = 0{,}58$. Insbesondere zwischen Skalen, die unterschiedliche Arten der Angst ansprechen, bestehen Null-Korrelationen. Angaben zur Reliabilität und Validität werden nicht gemacht.

(2) ›Todesfragebogen‹ (HENSLE, 1977)
Ausgehend von einer sorgfältigen Rezeption einschlägiger amerikanischer Verfahren wurden 80 Items einer Stichprobe von 315 Studenten vorgelegt. Eine Faktorenanalyse mit orthogonaler Varimax-Rotation deckte sechs Faktoren auf, von denen vier die Angst vor Tod und Sterben ansprechen (bezüglich der Benennung der Faktoren siehe Tabelle 7.2). Skala 1 enthält 11 Items, auf die übrigen drei Skalen entfallen jeweils 8 Items. Die Halbierungsreliabilitäten liegen zwischen $r_{tt} = 0{,}63$ und $r_{tt} = 0{,}76$. HENSLE (1977) macht detaillierte Angaben zu teststatistischen Kennwerten und teilt auch Normen mit.

(3) ›Multidimensional Fear of Death Scale‹ (HOELTER, 1979)
Die Ergebnisse einer Faktorenanalyse von 42 Items dienten als Ausgangspunkt der Skalenkonstruktion (siehe Tabelle 7.2). Die acht Skalen enthalten zwischen vier und sechs Items und weisen für die Interne Konsistenz Werte von $\alpha = 0{,}65$ bis $\alpha = 0{,}82$ auf. Ansätze zur Konstruktvalidierung waren erfolgreich.

(4) ›Death Anxiety Questionnaire‹ (CONTE, WEINER & PLUTCHIK, 1982)
Die aufgrund von Interviewmaterial zunächst konstruierten

24 Feststellungen wurden nach einer Item-Analyse auf 15 reduziert. Die Skala insgesamt verfügt über gute Halbierungs- und Wiederholungsreliabilität ($r_{tt} = 0{,}83$ bzw. $r_{tt} = 0{,}87$), und es gibt Hinweise auf ihre Konstruktvalidität. Die meisten der fünf Subskalen, die mittels Faktorenanalyse gewonnen wurden, enthalten allerdings zu wenige Items (siehe Tabelle 7.2).

7.2.2 Interview und Inhaltsanalyse

Wie bereits erwähnt, wurde und wird die Angst vor Tod und Sterben am häufigsten mit Hilfe von Fragebogenverfahren erfaßt. Die Gründe dafür sind akzeptable Testgütekriterien, das eher hohe Skalenniveau der Daten und die hohe Untersuchungsökonomie. Trotzdem sind Fragebogenverfahren in bestimmten Forschungssituationen nur eingeschränkt geeignete Untersuchungsinstrumente. Unter folgenden Umständen ist das Interview eine ernstzunehmende Alternative: (1) Wenn der Untersuchungsgegenstand noch wenig bekannt und entsprechend unstrukturiert ist, d. h., wenn der geringe Kenntnisstand einen explorativen Zugang erfordert oder zumindest nicht ausschließt. (2) Wenn man befürchten muß, daß die Vpn die Items eines Fragebogens mißverstehen und/oder den Beantwortungsmodus nicht im Sinne der vorgesehenen Skalierung handhaben (können). Dies kann besonders leicht bei emotional involvierenden Inhalten sowie bei sehr jungen oder sehr alten Menschen der Fall sein. (3) Wenn der Forscher an komplexen und zeitlich ausgedehnten Vorgängen der Erlebnisverarbeitung interessiert ist. (4) Wenn Offenheit der Vpn und damit Validität der Aussagen nur über eine persönliche Begegnung von Vp und Untersucher zu erreichen ist.

In der Thanatopsychologie und insbesondere bei der Untersuchung der Angst vor Tod und Sterben sind diese Bedingungen weitgehend gegeben. Das Interview ist daher eine wirkliche Alternative zu Fragebogenverfahren. Nun müssen aber die durch ein Interview gewonnenen Informationen – will man sie nicht bloß impressionistisch verwenden – durch eine inhaltsanalytische Auswertung in Daten umgesetzt werden. Die Stärke einer inhaltsanalytischen Auswertung von Interviewmaterial besteht in der Verbindung von explorativ-deskriptivem Zugang zum Untersuchungsgegenstand und anschließender Quantifizierung.

In den letzten Jahren sind einige inhaltsanalytische Verfahren entwickelt worden, die sich für Untersuchungen zur Todesthematik und speziell zur Angst vor Tod und Sterben nutzbar machen lassen. R. A. NEIMEYER, FONTANA & GOLD (1983 b) legten eine Handanweisung vor, mit deren Hilfe sich die Inhalte todbezogener Konstrukte im Sinne von KELLYS (1955) Theorie der persönlichen Konstrukte (vgl. Abschnitt 4.3) klassifizieren lassen. Das Manual enthält 25 Aus- wertungskategorien sowie eine umfangreiche Auflistung einschlägiger Wörter und ihre Zuordnung zu diesen Auswertungskategorien (›Death Construct Coding Dictionary‹). Die Autoren berichten, daß zwei unabhängig voneinander arbeitende Auswerter in 73 bis 100 Prozent der Zuordnungen übereinstimmten; für die mittlere Übereinstimmung der beiden Auswerter geben sie 87% an. Das inhaltsanalytische Auswertungsverfahren ermöglicht qualitative Aussagen bzw. Daten auf Nominal-Skalenniveau.

Eine verhältnismäßig elaborierte Methode inhaltsanalytischer Auswertung ist die Gottschalk-Gleser Sprachinhaltsanalyse (GOTTSCHALK & GLESER, 1969; GOTTSCHALK, WINGET & GLESER, 1969; deutsch: SCHÖFER, 1980 a). Das Verfahren enthält neben anderen auch eine Angstskala mit sechs Subskalen. Eine dieser Subskalen zielt unmittelbar Todesangst ("death anxiety") an. Da die Gottschalk-Gleser-Methode den Anspruch erhebt, aktuelle Befindlichkeiten und Stimmungslagen (und nicht überdauernde Dispositionen) zu erfassen, kann hier tatsächlich von Todesangst gesprochen werden. Die Vp wird aufgefordert, „über etwas *Interessantes* oder *Aufregendes*" (SCHÖFER, 1980 b, S. 69) aus ihrem Leben zu berichten. Das so evozierte Analysematerial besteht aus Sprechstichproben von 3 bis 5 Minuten Länge, die als Transkripte vorliegen. Bei der Auswertung wird sowohl der manifeste als auch der latente Inhalt (der Tonfall; das, was „zwischen den Zeilen" steht) berücksichtigt. Die Methode kann auch auf TAT-Geschichten und auf „natürliche Texte" angewendet werden. Sie ermöglicht letztlich die Quantifizierung todbezogener angsterfüllter Affekte. Zur Gottschalk-Gleser Sprachinhaltsanalyse liegt inzwischen umfangreiches und sehr differenziertes Befundmaterial vor (vgl. GOTTSCHALK, 1979). Speziell für die deutsche Subskala ›Todesangst‹ fanden SCHÖFER, KOCH & BALCK (1979) eine Halbierungsreliabilität von $r_{tt} = 0{,}67$.

Die inhaltsanalytische Auswertungsmethode von WITTKOWSKI (1987) dient dem Zweck, anhand der manifesten Merkmale sprachlicher Äußerungen (z. B. Interview-Protokolle) Aussagen über die Intensität emotional-motivationaler Merkmale zu machen. Neben anderen Merkmalen können „Angst vor dem eigenen Tod", „Angst vor dem eigenen Sterben" und „Angst vor fremdem Tod und Sterben" durch eigenständige Skalen erfaßt werden, die eine Quantifizierung auf Ordinal-Skalenniveau gestatten. Diese Komponenten todbezogener Angst werden als relativ stabile Dispositionen aufgefaßt. Der Autor gibt ausführliche Handlungsanweisungen für die Konstruktion der Auswertungsskalen, das Training der Auswerter und den Auswertertest, die Bildung von Analyseeinheiten und die Codierung der Analyseeinheiten. Mit Auswertereinstimmungen zwischen 0,73 und 0,83 ist für die drei Skalen eine hinreichend zuverlässige Codierung des Interviewmaterials belegt. Der Nachteil dieser wie auch der meisten anderen inhaltsanalytischen Auswertungsmethoden ist in dem hohen Arbeitsaufwand zu sehen, den sie hinsichtlich Konstruktion und Auswertung erfordern.

7.2.3 Andere Methoden

Die durch Fragebogenverfahren und Interviews erhobenen Selbstberichtdaten setzen auf seiten der Vpn sprachliche Äußerungen bzw. Reaktionen auf sprachliches Material voraus, die ihnen sehr deutlich bewußt sein müssen. Eine „gute" Vp wird überlegt auf ein Fragebogen-Item oder eine Interview-Frage antworten. Nun werden angstbesetzte Gedanken im allgemeinen als unangenehm erlebt. Es kann daher sein, daß Inhalte, die Tod und Sterben betreffen, von einer hochstrukturierten und klar bewußten kognitiven Bearbeitung ausgeschlossen werden: sie werden unterdrückt (nicht verdrängt!). Der Vp ist es einfach zu unangenehm, sich ausführlich zu Sachverhalten zu äußern, die beispielsweise den Tod naher Angehöriger betreffen, und sie verneint entsprechende Fragen bzw. bestreitet entsprechende Gedanken und Gefühle.

Um diese Möglichkeit der Reaktion speziell auf todbezogene Inhalte zu berücksichtigen, werden Untersuchungsmethoden eingesetzt, die entweder keine verbalen Reaktionen erfordern oder aber unbestimmte, bildhafte und symbolische Äußerungen zulassen und verwerten. So wird anhand der *elektrischen Leitfähigkeit der Hautoberfläche* (Galvanic Skin Response, GSR) auf die Stärke emotionaler Reaktionen geschlossen, ohne daß die Vpn diese Reaktionen bewußt kontrollieren können. Werden sowohl todbezogene als auch emotional neutrale Stimuli geboten, kann man unabhängig von den eventuellen sprachlichen Äußerungen auf die emotionale Betroffenheit der Vpn durch die todbezogenen Reize schließen. Der *Messung der Latenzzeit bei Wortassoziationsaufgaben* liegt ein ähnlicher Gedanke zugrunde: Benötigt eine Vp zur Äußerung einer Assoziation auf ein todbezogenes Wort (z. B. „Sarg") erheblich mehr Zeit als auf ein (vermutlich) neutrales Wort (z. B. „Lampe"), so wird dies als Indiz für die hohe emotionale Bedeutung des Wortes „Sarg" und damit der Todesthematik insgesamt gewertet. GSR- und Latenzzeitmessung gestatten freilich keine Aussagen über die Qualität von emotionalen Reaktionen. Bei *thematischen Geschichtenproduktionen, Satzergänzungen* sowie *spielerischen und zeichnerischen Gestaltungsverfahren* wird die Art der Äußerung weitgehend der Vp überlassen; sie kann sich auch in symbolisch-verschlüsselter Form äußern. Allerdings sind diese Methoden mit besonderen Problemen bei der Auswertung verbunden.

7.3 Korrelate der Angst vor Tod und Sterben, insbesondere Religiosität

Das Gros der hier einschlägigen empirischen Befunde basiert noch auf Fragebogenverfahren, mit deren Hilfe die Angst vor Tod und Sterben eindimensional bzw. global erfaßt wurde. Die zahlreichen Korrelate der Angst vor Tod und Sterben lassen sich grob einer von drei Kategorien zuordnen. (1) *Biologische Merkmale:* Alter, Geschlecht, objektiver Gesundheitszustand. Es zeichnet sich ab, daß die Angst vor Tod und Sterben im hohen Alter eher schwächer ist als in den mittleren Jahren und daß Frauen stärkere Angst vor Tod und Sterben äußern als Männer. (2) *Sozio-demographische Merkmale:* Ausbildungsniveau, Beruf, Einkommen, Wohngegend. Der durch diese Variablen erzielte Erkenntnisgewinn ist als gering einzuschätzen. (3) *Psychische Merkmale* bzw. *Persönlichkeitsmerkmale* im weiteren Sinne: psychopathologische Auffälligkeit, Depression, Selbstwertgefühl, Lebenszufriedenheit, Zukunftsperspektive, Internale/Externale Kontrollüberzeugung, Abwehr vs. Sensibilisierung, Leistungsmotivation. Vielfältige Belege (z. B. TEMPLER, 1972 a; WITTKOWSKI, 1984) deuten darauf hin, daß Emotionale Labilität bzw. Neurotizismus ein grundlegendes Persönlichkeitsmerkmal ist, das mit der Angst vor Tod und Sterben positiv korreliert. Wer zu einer depressiven Stimmungslage, zu Empfindsamkeit, Sorgen und Schuldgefühlen neigt, äußert eher ausgeprägte Angst vor Tod und Sterben. Einzelheiten zu den oben genannten Korrelaten der Angst vor Tod und Sterben bieten die Literaturübersichten von ERLEMEIER (1978), KASTENBAUM & COSTA (1977), LESTER (1967), LONETTO & TEMPLER (1986, S. 7–37), POLLAK (1979–1980) und WITTKOWSKI (1978, S. 73–114). Es kann daher hier auf eine eingehendere Darstellung der Befundlage verzichtet werden, zumal zu einigen Merkmalen sehr spärliche Erkenntnisse vorliegen. Statt dessen wird der Zusammenhang zwischen der Angst vor Tod und Sterben und Religiosität ausführlicher behandelt.

Von jeher ist die Todesthematik ein wesentlicher Bestandteil der Religionen. Die Bedrohung durch die Gewißheit des eigenen Todes einerseits und Möglichkeiten der Überwindung dieser individuellen Todesbedrohung andererseits – dies sind existentielle Fragen, auf die die meisten Religionen Antworten zu geben versuchen. Die Verheißung eines Lebens nach dem Tod, die es in vielen Religionen gibt, stellt eine solche Antwort dar. Es ist daher von vornherein naheliegend, Religiosität als ein psychisches Merkmal zu betrachten, das in enger Beziehung zum Erleben und Verhalten gegenüber Tod und Sterben stehen könnte. In der Tat zählt Religiosität zu den am häufigsten untersuchten Merkmalen in der Psychologie des Todes. Im folgenden wird eine Auswahl überwiegend neuerer Befunde zum Zusammenhang von Angst vor Tod und Sterben und Religiosität referiert. Dabei handelt es sich stets um christliche Religiosität.

Religiöses Erleben als eine der bedeutenden Manifestationen der Religiosität läßt sich als Erlebensqualität umreißen, die sich auf übergeordnete Werte von höchster subjektiver Bedeutung bezieht und deren Besonderheit sich aus der gedanklichen Ausrichtung auf eine transzendente Kraft ergibt. Religiosität ist ein mehrdimensionales Konstrukt. Als empirisch fundierte Dimensionen zeichnen sich ab: *intrinsische* Religiosität, d. h. Frömmigkeit um ihrer selbst willen, versus *extrinsische* Religiosität, d. h., religiöses Verhalten wird als Mittel zur Erreichung außerreligiöser Ziele eingesetzt (ALLPORT & ROSS, 1967; siehe auch die Literaturübersicht von DONAHUE, 1985); *konsensuelle* Religiosität, bei der die Übereinstimmung mit Gleichgesinnten das Hauptmotiv ist, versus *bekennende* ("spiritual") Religiosität, die ausschließlich auf den Glauben selbst ausgerichtet ist (ALLEN & SPILKA, 1967); allgemeine Religiosität, kirchliche Kommunikation und Information, Ehe- und Sexualmoral, Glaube an Gott, öffentliche religiöse Praxis, kirchliches Wissen (BOOS-NÜNNING, 1972).

Sichtet man Untersuchungen, in denen Angst vor Tod und Sterben zu Religiosität in Beziehung gesetzt wurde, so fällt zunächst auf, daß lineare Zusammenhänge von mäßiger Höhe sind.

Korrelationskoeffizienten von mehr als | 0,40 | sind Raritäten. Weiterhin fällt auf, daß die Richtung der korrelativen Beziehungen nicht einheitlich ist. Eine Reihe von Publikationen weist eine positive Beziehung zwischen Angst vor Tod und Sterben und Religiosität aus, andere belegen eine negative Beziehung zwischen den beiden Merkmalen. Offensichtlich kann ausgeprägte Angst vor Tod und Sterben mit intensiver Gläubigkeit einhergehen. Ein Beispiel für einen derartigen Befund ist die Untersuchung von BERMAN & HAYS (1973). Anhand dieser Fragebogenskala wurde bei 300 Personen im studentischen Alter der Glaube an ein zukünftiges Leben erfaßt und mit der Angst vor dem Tod in Beziehung gesetzt. Angst vor dem Tod – bestimmt mittels ›Fear of Death Scale‹ (FDS; LESTER, 1967) – korrelierte zwar mäßig hoch, aber signifikant positiv mit dem Glauben an ein zukünftiges Leben. Personen mit starker Angst vor dem Tod äußerten also eher intensiven Glauben an ein Leben nach dem Tod, Personen mit schwacher Angst vor dem Tod zeigten auch eher schwachen Jenseitsglauben. Allerdings ergab sich kein überzufälliger Zusammenhang, wenn die Angst vor dem Tod mit der ›Death Anxiety Scale‹ (DAS; TEMPLER, 1970) operationalisiert worden war. Anknüpfend an frühere Arbeiten (TEMPLER, 1972 b; TEMPLER & DOTSON, 1970) verglichen TEMPLER & RUFF (1975) bei einer umfangreichen und heterogenen Stichprobe psychiatrischer Patienten die Mittelwerte in der ›Death Anxiety Scale‹ (DAS; TEMPLER, 1970) in Abhängigkeit von Religiosität. Patienten, für die die Aussicht eines Lebens nach dem Tod der wichtigste Aspekt ihrer Religiosität war, äußerten signifikant stärkere Angst vor dem Tod als Patienten, deren Jenseitsglaube schwächer ausgeprägt war. Als letztes Beispiel für eine positive Beziehung zwischen der Angst vor Tod und Sterben und Religiosität sei die Studie von YOUNG & DANIELS (1981) erwähnt. Die Autoren untersuchten, in welcher Weise mehrere unterschiedliche Aspekte von Religiosität in Beziehung zu Angst vor Tod und Sterben stehen. Als Vpn fungierten 312 Oberschüler. In einer multiplen Regressionsgleichung erwiesen sich folgende Variablen als bedeutsam für die Vorhersage der Angst vor Tod und Sterben: Geschlecht, intellektuelle Dimension von Religiosität, ideologische Dimension von Religiosität, Konfession, Status als "born-again" und Rasse; diese sechs Prädiktoren erklärten allerdings nur annähernd 16% der Varianz. Angst vor Tod und Sterben kovariierte positiv mit der ideologischen Dimension von Religiosität, d. h. mit „reinem" Glauben. Für die intellektuelle Dimension (d. h. Faktenwissen über kirchliche Angelegenheiten) ergab sich allerdings eine inverse Beziehung zu Angst vor Tod und Sterben.

Wie erinnerlich, wird durch einen Teil der hier einschlägigen Publikationen eine negative Beziehung zwischen Angst vor Tod und Sterben und Religiosität belegt. HOOPER & SPILKA (1970) fanden mittels Faktorenanalyse, daß schwache Angst vor Tod und Sterben in mehreren relativ eigenständigen Aspekten einherging mit ausgeprägter Religiosität bzw. daß starke Angst vor Tod und Sterben von geringer Religiosität begleitet war. In einer mit einem großen Repertoire an Meßinstrumenten untersuchten umfangreichen Stichprobe überwiegend Kranker waren Personen ohne oder mit nur geringer Angst vor dem Tod signifikant religiöser gemäß Selbstbeurteilung als Personen mit starker Angst vor dem Tod (FEIFEL & BRANSCOMB, 1973). Auch STEWART (1975) berichtet von einer studentischen Stichprobe ausnahmslos negative Zusammenhänge zwischen Angst vor dem Tod – erfaßt mit BOYARS (1964) ›Fear of Death Scale‹ – und Variablen der Religiosität. So ergaben sich folgende Produkt-Moment-Korrelationskoeffizienten: $r = -0,28$ ($p < 0,01$) für den Zusammenhang zwischen Angst vor dem Tod und Häufigkeit des Kirchenbesuchs; $r = -0,17$ ($p < 0,05$) für den Zusammenhang zwischen Angst vor dem Tod und der Häufigkeit der Bibellektüre; $r = -0,27$ ($p < 0,01$) für den Zusammenhang zwischen Angst vor dem Tod und der Häufigkeit des Gebetes; $r = -0,25$ ($p < 0,01$) für den Zusammenhang zwischen Angst vor dem Tod und der perzipierten Nähe Gottes. Dies steht in Einklang mit der negativen Korrelation von $r = -0,28$ für den Zusammenhang von Angst vor dem Tod und intrinsischer Religiosität, die KAHOE & DUNN (1975) bei einer hinsichtlich Alter und Geschlecht nicht näher gekennzeichneten Stichprobe fanden.

Soweit bisher dargelegt, stellt sich die Befundlage zum Zusammenhang von Angst vor Tod und Sterben und Religiosität äußerst widersprüchlich dar. Es gibt Befunde, die für eine positive Beziehung sprechen, und solche, die einen inversen Zusammenhang untermauern; für beide Versionen ließen sich noch weitere Belege anführen. Schließlich wurde in einigen Studien, über die hier nicht berichtet wurde, keine überzufällige Beziehung zwischen der Angst vor Tod und Sterben und Religiosität gefunden. Bei kritischer Einschätzung zeigt sich allerdings, daß jene Untersuchungen, die einen positiven Zusammenhang zwischen der Angst vor Tod und Sterben und Religiosität belegen, vergleichsweise schlecht fundiert sind. Konzeptferne Operationalisierungen des Konstrukts „Religiosität" und häufig fehlende Angaben zu Einzelheiten des methodischen Vorgehens lassen Zweifel an der Verläßlichkeit der ohnehin zum Teil widersprüchlichen Resultate aufkommen. Sowohl die Arbeiten, in denen eine negative Beziehung zwischen der Angst vor dem Tod und Religiosität gefunden wurde, als auch jene Studien, die keinen signifikanten Zusammenhang aufzeigen konnten, scheinen methodischen Anforderungen besser zu genügen. In Übereinstimmung mit theoretischen Überlegungen bezeugen diese empirischen Befunde, daß es grundsätzlich eine Kovariation von Angst vor Tod und Sterben und Religiosität geben kann und daß es sich dabei eher um eine inverse Beziehung handeln dürfte.

Es liegt nahe, zur Interpretation des bisher berichteten empirischen Kenntnisstandes auf die vielfach postulierte angstreduzierende Funktion von Religion und Religiosität zurückzugreifen. Ungeachtet der „Wahrheitsfrage", d. h. der Frage, ob es Gott tatsächlich gibt, kann Religion als ein gesellschaftliches Angebot zur Streßreduzierung, Religiosität als eine intrapsychische Strategie zur Bewältigung von Frustrationen und Angst verstanden werden (S. FREUD, 1927; THOULESS, 1971; VERGOTE, 1970). Wenn man die eher schwache Angst vor Tod und Sterben bei Personen mit intensiver Religiosität als Folge eben dieser Religiosität deutet, befindet man sich auf dem Boden eines etablierten, gleichwohl aber auch spekulativen Konzepts über die Genese und Funktion von Religion. Schließlich darf nicht übersehen werden, daß aufgrund der vorliegenden Interdependenzanalysen Aussagen über Kausalzusammenhänge nicht gerechtfertigt sind.

Die obigen Ergebnisse können nur als erste und vorläufige Orientierung betrachtet werden. Stets wurden nämlich in den angezogenen Untersuchungen eindimensionale Operationalisierungen vorgenommen. Es wurde „die" Religiosität und „die" Angst vor Tod und Sterben jeweils in globaler Weise durch eine einzige Maßzahl bestimmt, ohne der Mehrdimensionalität dieser Konstrukte Rechnung zu tragen (vgl. Abschnitt 7.1 und den Anfang dieses Abschnitts). Daher muß man die bisher berichteten Befunde als mehr oder weniger undifferenziert betrachten. Wie aber stellt sich der Zusammenhang zwischen Angst vor Tod und Sterben und Religiosität dar, wenn mindestens eines dieser Konstrukte mehrdimensional operationalisiert worden ist? Jedenfalls ist durch die dann möglichen differenzierten Aussagen ein beträchtlicher Erkenntnisgewinn zu erwarten.

WITTKOWSKI & BAUMGARTNER (1977) führten bei 60 katholischen Altenheimbewohnern (67–91 Jahre; $\bar{x}$ = 80,4) teilstandardisierte Interviews zum Themenkreis „Tod und Sterben" durch und ließen die Vpn eine verkürzte Form des Fragebogens zur Erfassung von Religiosität von BOOS-NÜNNING (1972) sowie eine deutsche Fassung von TEMPLERS (1970) ›Death Anxiety Scale‹ bearbeiten. Die inhaltsanalytische Auswertung des Interviewmaterials erfolgte in sechs a priori festgelegten Kategorien der Einstellung zu Tod und Sterben. Diese Kategorien erwiesen sich in diesem Datensatz als statistisch hinreichend unabhängig voneinander. Der faktorenanalytisch konstruierte Fragebogen zur Erfassung der Religiosität enthielt die auf Seite 99 genannten Dimensionen bzw. Skalen. Es zeigte sich, daß die (global erfaßte) Angst vor Tod und Sterben negativ mit „Glaube an Gott" (r = −0,43), mit „Kirchliche Kommunikation und Information" (Bindung an die Pfarrgemeinde, persönliche Kontakte mit Gemeindegliedern; r = −0,42) und mit „Öffentliche religiöse Praxis" (Gottesdienstbesuch, Teilnahme an Beichte und Kommunion; r = −0,27) korrelierte; alle Korrelationskoeffizienten waren auf dem 5%-Niveau signifikant. Die mit eindimensionalen Untersuchungsansätzen wiederholt gefundene negative Beziehung zwischen Angst vor Tod und Sterben und Religiosität wird hiermit durch differenzierte Resultate erhärtet.

Erwähnenswert an der Studie von WITTKOWSKI & BAUMGARTNER (1977) sind ferner unterschiedlich geartete Beziehungen, die „Emotionale Stellungnahme zum *Tod*" einerseits und „Emotionale Stellungnahme zum *Sterben*" andererseits zu den Dimensionen der Religiosität aufwiesen. „Emotionale Stellungnahme zum Tod" korrelierte mit „Allgemeine Religiosität", mit „Kirchliche Kommunikation und Information", mit „Glaube an Gott", mit „Öffentliche religiöse Praxis" und mit „Kirchliches Wissen" jeweils signifikant und *positiv*. „Emotionale Stellungnahme zum Sterben" hingegen korrelierte mit „Allgemeine Religiosität", mit „Kirchliche Kommunikation und Information" und mit „Ehe- und Sexualmoral" jeweils signifikant und *negativ*. Es hat den Anschein, daß die emotionale Bezugnahme auf den Prozeß des Sterbens in grundsätzlich anderer Weise mit einzelnen Aspekten der Religiosität kovariiert als Gedanken an den Zustand des Totseins.

Differenzierte Resultate erhielten auch SPILKA, STOUT, MINTON &

SIZEMORE (1977) bei Personen christlichen Glaubens im Alter von 17 bis 83 Jahren. In dieser Korrelationsstudie wurde sowohl das Todeserleben als auch Religiosität mehrdimensional gehandhabt. Es zeigte sich ein positiver Zusammenhang zwischen intrinsischer Religiosität und „angenehmen" Aspekten des Todes (Belohnung in einem jenseitigen Leben; $r = 0{,}37$, $p < 0{,}01$) sowie zwischen extrinsischer Religiosität und „unangenehmen" Aspekten des Todes (z. B. Einsamkeit, Schmerz; $r = 0{,}36$, $p < 0{,}01$). Eine vorab vorgenommene Analyse der Daten einer Teilstichprobe erbrachte im großen und ganzen gleiche Ergebnisse (MINTON & SPILKA, 1976). KRAFT, LITWIN & BARBER (1987) fanden bei Studenten, daß intrinsische Religiosität mit der Angst vor dem eigenen Tod und der Angst vor dem Tod anderer Menschen jeweils negativ korrelierte, wogegen extrinsische Religiosität positive Zusammenhänge mit der Angst vor dem eigenen Tod einerseits und der Angst vor fremden Tod andererseits aufwies. Man kann dies dahingehend interpretieren, daß die Angst vor dem Tod bei jenen Personen eher schwach ausgeprägt ist, für die der christliche Glaube einen zentralen Lebensinhalt darstellt.

Eine weitere gewichtige Differenzierung ergibt sich aus der Berücksichtigung von Geschlechterunterschieden. WITTKOWSKI (1988) untersuchte korrelative Beziehungen zwischen fünf Komponenten christlicher Religiosität und fünf Aspekten der Angst vor Tod und Sterben bei 93 Männern und 93 Frauen im Alter zwischen 45 und 55 Jahren. Im Unterschied zu den meisten hier einschlägigen Studien wurden zur Erfassung der einzelnen Variablen sowohl faktorenanalytisch konstruierte Fragebogenverfahren als auch halbstandardisierte Interviews eingesetzt. Die inhaltsanalytische Auswertung des Interviewmaterials erfolgte nach einer an anderer Stelle ausführlich beschriebenen Methode (WITTKOWSKI, 1987; vgl auch Abschnitt 7.2.2).

Die Tabellen 7.2 und 7.3 enthalten die Rang-Korrelationskoeffizienten der Interdependenzen der Religiositätsvariablen und der verschiedenen Dimensionen der Angst vor Tod und Sterben jeweils für die Teilstichproben der Männer und Frauen. Offensichtlich gibt es in der untersuchten Stichprobe konsistente inverse Beziehungen zwischen einzelnen Aspekten der Angst vor Tod und Sterben und den verschiedenen Dimensionen der Religiosität. Insofern bestätigen diese Ergebnisse die Befunde von FEIFEL & BRANSCOMB (1973), HOOPER & SPILKA (1970), KAHOE & DUNN (1975), STEWART (1975) und WITTKOWSKI & BAUMGARTNER (1977), über die bereits berichtet wurde.

Gleichwohl gibt es bemerkenswerte Unterschiede zwischen den Geschlechtern. Bei den *Männern* ist es die Angst vor dem Sterben und dem Tod *anderer Personen*, die mit bestimmten Aspekten der Religiosität negativ kovariiert. Bei den *Frauen* ist es die Angst vor dem *eigenen* Sterben, die mit einzelnen Komponenten der Religiosität in einer negativen Beziehung steht. Daß es sich bei diesen Geschlechterunterschieden nicht um zufällige Ergebnisse handelt, zeigen die prinzipiell ähnlichen Befunde von FLORIAN & HAR-EVEN (1983–1984). Innerhalb einer Stichprobe 17- und 18jähriger Schüler äußerten die jungen Frauen signifikant stärkere Angst vor dem Verlust der Selbstidentität und vor Selbstvernichtung als die jungen Männer; die Schüler hatten signifikant stärkere Angst vor den Konsequenzen des Todes für Familie und Freunde als ihre Mitschülerinnen. Eine interessante Ausnahme von diesem verhältnismäßig einheitlichen Bild inverser Beziehungen bildet die Variable „Ehe und Sexualmoral". Bei den *Frauen* geht die Übereinstimmung mit der römisch-katholischen Kirche in Fragen der Sexualität und der Geburtenkontrolle mit *ausgeprägter Angst* in zwei todbezogene Dimensionen einher, wogegen sich bei den *Männern schwache Ausprägung* in einem Aspekt der Angst vor Tod und Sterben zeigte. Möglicherweise kommen in diesen Geschlechterunterschieden Restriktionen und die Angst vor Bestrafung zum Ausdruck, die relativ einheitlich nur von Frauen erlebt werden.

Zum Abschluß dieses Abschnittes soll noch auf eine Besonderheit der Beziehung zwischen der Angst vor Tod und Sterben und Religiosität hingewiesen werden. In neueren Untersuchungen (z. B. DOWNEY, 1984; FLORIAN & KRAVETZ, 1983; LEMING, 1979–1980; McMORDIE, 1981; OCHSMANN, 1984) konnte gezeigt werden, daß zwischen Religiosität und der Angst vor Tod und Sterben eine kurvilineare und näherhin eine umgekehrt u-förmige Beziehung besteht. Schematisch wird dies durch Abbildung 7.2 veranschaulicht.

Wie aus der Abbildung hervorgeht, zeigen Personen mit einem mittleren Intensitätsgrad religiöser Überzeugung die stärkste Angst vor Tod und Sterben. Schwach Religiöse weisen ebenso wie stark Gläubige geringe Angst vor Tod und Sterben auf. Besonders bemerkenswert ist, daß dies auch bei Sterbenden gefunden wurde (SMITH, NEHEMKIS & CHARTER, 1983–1984). Dieser inzwischen recht gut gesicherte Befund einer umgekehrt U-förmigen Beziehung zwischen der Intensität der Religiosität und der Stärke der Angst vor Tod und Sterben könnte eine Erklärung für die generell niedrigen Korrela-

Tabelle 7.2: Rang-Korrelationskoeffizienten (KENDALLS τ) für die Beziehungen zwischen Variablen der Angst vor Tod und Sterben und der Religiosität für Männer (in den Klammern die Zahl der Beobachtungen; nach WITTKOWSKI, 1988)

	GG/F	GG/I	KKI/F	KKI/I	ESM/F	ESM/I	ÖRP/I	V/I
AAA/F	−0,14* (87)	−0,04 (87)	−0,17* (89)	−0,20** (86)	−0,12 (89)	−0,11 (86)	−0,14* (87)	−0,26** (72)
AEFTS/F	0,06 (88)	0,12 (88)	−0,03 (90)	−0,07 (87)	0,03 (90)	0,05 (87)	0,10 (88)	0,09 (72)
AET/I	0,07 (68)	0,03 (70)	−0,02 (69)	−0,14 (68)	−0,10 (70)	0,02 (68)	−0,05 (69)	0,15 (57)
AES/I	0,01 (77)	0,02 (78)	−0,03 (78)	−0,09 (77)	0,03 (79)	0,00 (77)	−0,12 (78)	−0,16 (67)
AFTS/I	−0,16* (73)	−0,11 (73)	−0,18* (73)	−0,22** (73)	−0,24** (74)	−0,11 (73)	−0,20* (73)	−0,11 (60)

* p < 0,05 (zweiseitig)
** p < 0,01 (zweiseitig)

Erläuterung der Abkürzungen in den Tabellen 7.2 und 7.3:

AAA/F   (Affektive Ablehnung und Abwehr des Todes; aus Fragebogen)
AEFTS/F (Angst vor eigenem und fremdem Tod und Sterben; aus Fragebogen)
AET/I   (Angst vor dem eigenen Tod; aus Interview und Inhaltsanalyse)
AFS/I   (Angst vor dem eigenen Sterben; aus Interview und Inhaltsanalyse)

Sterben und der Religiosität für Frauen (in den Klammern die Zahl der Beobachtungen; nach WITKOWSKI, 1968)

	GG/F	GG/I	KKI/F	KKI/I	ESM/F	ESM/I	ÖRP/I	V/I
AAA/F	0,02 (87)	−0,15* (90)	−0,17* (87)	−0,13 (89)	−0,06 (84)	−0,06 (86)	−0,02 (88)	−0,18* (76)
AEFTS/F	0,01 (88)	−0,08 (90)	−0,04 (89)	−0,04 (89)	0,02 (86)	0,16* (86)	0,00 (88)	0,06 (76)
AET/I	0,01 (78)	−0,08 (81)	−0,15 (78)	−0,05 (80)	−0,03 (76)	0,17* (77)	0,01 (79)	0,12 (67)
AES/I	−0,07 (80)	−0,12 (82)	−0,25** (80)	−0,19* (81)	−0,07 (77)	−0,07 (78)	−0,17* (80)	−0,02 (69)
AFTS/I	0,10 (79)	0,02 (82)	0,03 (79)	−0,04 (81)	0,05 (76)	0,05 (79)	0,00 (80)	−0,08 (70)

* p < 0,05 (zweiseitig)
** p < 0,01 (zweiseitig)

GG/F   (Glaube an Gott; aus Fragebogen)
GG/I   (Glaube an Gott; aus Interview und Inhaltsanalyse)
KKI/F   (Kirchliche Kommunikation und Information; aus Fragebogen)
KKI/I   (Kirchliche Kommunikation und Information; aus Interview und Inhaltsanalyse)
ESM/F   (Ehe- und Sexualmoral; aus Fragebogen)
ESM/I   (Ehe- und Sexualmoral; aus Interview und Inhaltsanalyse)
ÖRP/I   (Öffentliche religiöse Praxis; aus Interview und Inhaltsanalyse)
V/I   (Religiöse Versprechungen; aus Interview und Inhaltsanalyse)

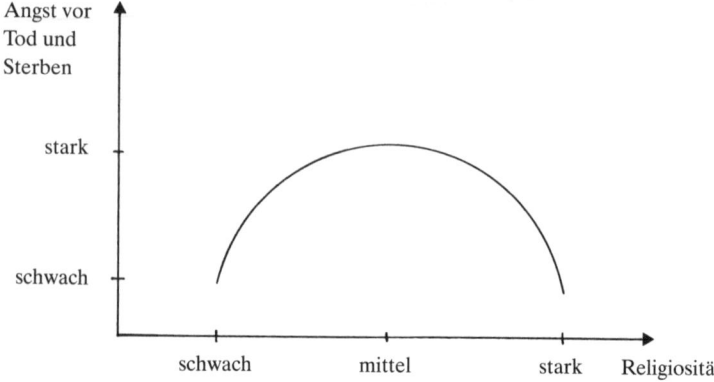

Abbildung 7.2: Beziehung zwischen Religiosität und Angst vor Tod und Sterben (schematisch).

tionskoeffizienten sein, die immer wieder für den Zusammenhang zwischen den beiden Variablen gefunden wurden bzw. werden.

Die Angst vor dem Tod ist für viele Menschen ein zentraler Bestandteil ihres Lebens. Die Ausführungen dieses Abschnitts über die Art und Weise, in der Angst vor Tod und Sterben und Religiosität zueinander in Beziehung stehen, unterstreichen die Notwendigkeit differenzierter Erkenntnisse in diesem Teilbereich der Psychologie des Todes. Offenkundig werden pauschale Aussagen über „den" Zusammenhang zwischen Angst vor Tod und Sterben und Frömmigkeit der Realität nicht gerecht. Mit Blick auf die Betreuung Sterbender bedeutet die Verfügbarkeit gesicherter und differenzierter psychologischer Erkenntnisse, die Individualität des einzelnen besser berücksichtigen zu können. Um diesem Ziel näherzukommen gilt es, den gegenwärtigen Kenntnisstand durch angewandte Grundlagenforschung auszuweiten und zu vertiefen.

8. ABWEHRSTRATEGIEN BEI DER BEGEGNUNG MIT ODER BEIM GEDANKEN AN TOD UND STERBEN

Das Konzept des Abwehrmechanismus entstammt der klassischen Psychoanalyse (siehe A. Freud, 1946; S. Freud, 1896, 1926) und kommt auch heute überwiegend in klinisch-therapeutischem Kontext zum Tragen. Unter Abwehrstrategien versteht man unbewußte psychodynamische Prozesse, deren Aufgabe darin besteht, die Funktionsfähigkeit des Individuums bei der Bewältigung der verschiedensten alltäglichen Anforderungen (z. B. im Beruf und in der Familie) zu sichern. Generell wird die Funktionsfähigkeit einer Person in erster Linie durch überstarke Angst beeinträchtigt. Aus zahlreichen experimentellen Untersuchungen ist bekannt, daß zwischen dem Erregungsniveau des Organismus (als Ausdruck von Angst) und seinem Leistungsverhalten eine umgekehrt U-förmige Beziehung besteht: Die besten Leistungen werden bei einem mittleren Erregungsniveau erzielt, wogegen ein geringer (z. B. Langeweile, Desinteresse) und besonders ein sehr hoher Grad der Erregung mit schlechten Leistungen einhergeht. Überaus starke Angst kann menschliches Verhalten desorganisieren (z. B. Sprechstörungen hervorrufen). Diese Hinweise mögen ausreichen, um plausibel zu machen, daß die vornehmliche Aufgabe von Abwehrstrategien in der Angstreduktion und damit indirekt in der Aufrechterhaltung der Anpassungsfähigkeit des Individuums zu sehen ist (vgl. z. B. Laughlin, 1970, S. 4; Ullmann & Krasner, 1969, S. 151; Wolman, 1968, S. 144 ff.). Insofern ist auch verständlich, daß Abwehrstrategien nicht ausschließlich im Kontext neurotischer Fehlhaltungen gesehen werden müssen, sondern daß sie auch ein Merkmal des normalen bzw. psychisch gesunden Individuums sind.

Abwehrstrategien sind immer dann zu erwarten, wenn eine Person mit einem für sie bedrohlichen Ereignis oder Sachverhalt konfrontiert wird. Die Begleiterscheinungen von Sterben und Tod stehen im Verdacht, für die meisten Menschen bedrohliche Sachverhalte zu sein. Daher ist die Erwartung naheliegend, daß als Reaktion auf die Begegnung mit oder beim Gedanken an Tod und Sterben Abwehrstrategien wirksam werden. In der Tat liegen hauptsächlich aus den

60er Jahren zahlreiche Untersuchungen vor, die – mehr oder weniger deutlich von psychoanalytischem Gedankengut beeinflußt – über Verdrängung, Negation, Rationalisierung und Projektion als Reaktionsformen auf die Konfrontation mit der Todesthematik berichten. Diese Studien sind bei WITTKOWSKI (1978, S. 122–146) ausführlich referiert. Ergänzend ist anzumerken, daß die untersuchten Stichproben meist klein und heterogen sind; sie umfassen sowohl junge „normale" (in der Regel Studenten) als auch alte Menschen, berücksichtigen gleichermaßen somatisch Kranke wie psychiatrisch Auffällige. Es ist daher vielfach kaum möglich anzugeben, auf welche Art von Personen sich die Beobachtung einer bestimmten Abwehrstrategie bezieht. In vielen der hier einschlägigen Studien werden qualitative Aussagen aufgrund von klinischen Beobachtungen und Kasuistiken gemacht. Dabei ist eine zuverlässige Unterscheidung zwischen verschiedenen Erscheinungsformen psychischer Abwehrstrategien (z. B. zwischen Verdrängung und Negation) meist nicht möglich, so daß es nach wie vor an differenzierten Erkenntnissen über Abwehrmaßnahmen bei der Begegnung mit oder beim Gedanken an Tod und Sterben fehlt. Die einzige Aussage, die nach dem vorliegenden Befundmaterial vertretbar erscheint, ist die, daß bei der Konfrontation mit der Todesthematik wahrscheinlich *irgendwelche* Abwehrstrategien bei *irgendwelchen* Personen wirksam werden. Welche Abwehrstrategien mit welcher Häufigkeit auftreten und ob es bei der Begegnung mit Tod und Sterben Unterschiede zwischen Personengruppen in der Präferenz für bestimmte Abwehrmaßnahmen gibt, ist noch unklar.

Wie bereits angedeutet, hat man sich Abwehrstrategien als psychische Vorgänge vorzustellen, die der betreffenden Person nicht bewußt sind. Dies impliziert die allgemeine Vorstellung von zwei Ebenen des psychischen Geschehens: einer bewußten, der sprachlichen Mitteilung zugänglichen Ebene und einer nicht bewußten und daher sprachlich auch nicht mitteilbaren Ebene. Experimentelle Untersuchungen zu Verdrängung und Negation sind typischerweise so angelegt, daß beide Ebenen erfaßt werden. So erhebt man auf der bewußten Ebene Selbstberichtdaten (z. B. durch einen Fragebogen), wogegen die unbewußte Ebene beispielsweise durch die Messung der Reaktionszeiten auf tachistoskopisch dargebotene Reize angezielt wird. Wenn sich nun zwischen den Registrierungen auf diesen beiden Ebenen eine Diskrepanz etwa derart zeigt, daß die Vpn im Selbstbericht keine Angst angeben, sich aber gleichzeitig auf der unbewußten Ebene Hinweise für starke emotionale Erregung findet, so wird dies als Ausdruck einer Abwehrstrategie interpretiert. So ließen ROSENHEIM & MUCHNIK (1984–1985) ihre studentischen Vpn zur Erfassung der Angst vor dem Tod einen Fragebogen bearbeiten (bewußte Ebene), ermittelten die Reaktionszeiten in einem Wortassoziationstest (vorbewußte Ebene) und führten ein projektives Verfahren durch (unbewußte Ebene). Außerdem wurde für jede Vp bestimmt, ob und gegebenenfalls in welcher Ausprägung sie das Persönlichkeitsmerkmal „Abwehr vs. Zuwendung" (Repression – Sensitization) aufwies. Es zeigte sich, daß auf der bewußten Ebene die Zuwender stärkere Angst vor dem Tod äußerten als die Abwehrer; auf der vorbewußten und der unbewußten Ebene zeigten dagegen die Abwehrer stärkere Angst vor dem Tod als die Zuwender. In Einklang damit fanden HANDAL, PEAL, NAPOLI & AUSTRIN (1984–1985) bei Studenten mittlere bis hohe positive Korrelationen zwischen bewußt geäußerter Angst vor dem Tod und „Abwehr vs. Zuwendung": die Tendenz zur Zuwendung ging mit stärkerer Angst vor dem Tod einher.

Zwei weitere Untersuchungen mögen die Erfassung von Abwehrstrategien bei der Begegnung mit oder beim Gedanken an Tod und Sterben beispielhaft illustrieren. KIMSEY, ROBERTS & LOGAN (1972) verglichen die Bewohner eines Altenpflegeheims mit einer Stichprobe gesunder, nicht institutionalisierter alter Menschen (Altersmittel: 71,6 Jahre). Die Vpn beantworteten direkte und indirekte Fragen zu Sterben und Tod, und sie erzählten je eine Geschichte zu vier Tafeln des ›Thematischen Apperzeptionstests‹ (TAT). Durch die Evozierung dieser Phantasieproduktionen zielten die Autoren eine weniger bewußte und rational schwächer kontrollierte Ebene an. Bei der Befragung, d. h. auf der Ebene des Selbstberichts, äußerten sich die Vpn beider Stichproben eher zuversichtlich und gelassen und bekundeten keine Angst vor Tod und Sterben. In den Phantasiegeschichten ergab sich zwischen den Bewohnern des Altenpflegeheims und den Nicht-Institutionalisierten kein Unterschied in der Häufigkeit der Erwähnung des Todes, eines Lebens nach dem Tod und negativer Affekte. Aber es fanden sich bei den Bewohnern des Altenpflegeheims signifikant mehr Hinweise auf Negation als bei der Gruppe der nicht institutionalisierten Alten. Man kann dieses Ergebnis so interpretieren, daß die Gruppe der gesundheitlich beeinträchtigten Alten mehr Grund zur Besorgnis über ihr näherrückendes Lebensende hatte und daß zur Abwehr diesbezüglicher Ängste Negation wirksam war, die sich allerdings nur auf einer weniger bewußten Ebene äußerte. Man muß bei dieser Interpretation jedoch berücksichtigen, wie Negation bei der Auswertung der TAT-Geschichten operationalisiert wurde. Da drei der verwendeten TAT-Tafeln erfahrungsgemäß häufig todbezogene Themen bei Vpn hervorrufen, sahen KIMSEY et al. (1972) Negation dann als gegeben an, wenn nicht mindestens einmal pro Geschichte der Tod, ein Leben nach dem Tod oder diesbezüglicher negativer Affekt vorkamen.

Eine der wenigen neueren Untersuchungen zur Negation der Todesthematik stammt von WESTMAN, CANTER & BOITOS (1984). Die Autorinnen gingen von der plausiblen Annahme aus, daß Menschen mit Blick auf die eigene Person stärkere Angst vor Tod und Sterben haben als mit Blick auf „die" Menschen im allgemeinen. Wenn nun eine Person mit Blick auf sich selbst *weniger* Angst vor Tod und Sterben äußert als mit Blick auf Menschen im allgemeinen, könne dies als ein Indiz für Negation gewertet werden. Eine Stichprobe von 225 Studenten und eine zweite Stichprobe von 71 Altenheimbewohnern bearbeitete 12 Likert-Items, von denen sich 6 Items auf den Tod und 6 Items auf das Sterben bezogen; ferner war die eine Hälfte der Items so formuliert, daß sie sich auf die Vp selbst bezogen, während die andere Hälfte der Items allgemein gehalten war. In beiden Stichproben war der Tod im allgemeinen mit weniger Besorgnis ("death concern") behaftet als der auf die eigene Person bezogene Tod. Es fanden sich keine Anhaltspunkte für eine Negation der Angst vor dem *Tod*. Dagegen wurde bei den Studenten Negation der Angst vor dem *Sterben* gefunden.

Die empirische Untersuchung von Abwehrstrategien bei der Konfrontation mit der Todesthematik beinhaltet vielfach eine grundsätzliche Problematik, die sich auch in der Studie von KIMSEY et al. (1972) zeigt. Unausgesprochen liegt derartigen Untersuchungen meist die Annahme zugrunde, daß die Begegnung mit Sterben und Tod wie auch die gedankliche Beschäftigung mit der eigenen Endlichkeit ohne aktuelle Stimulation zwangsläufig und für jeden Menschen angstbesetzt ist. Bestreiten nun Vpn in einer entsprechenden experimentellen Situation, Angst zu haben, oder äußern sie spontan keine Angst vor Tod und Sterben, führt dies zu dem Schluß, daß eine Abwehrstrategie (z. B. Verdrängung, Negation) wirksam war. Offensichtlich wird bei einem derartigen Untersuchungskonzept die Möglichkeit, daß eine Person *nicht* mit Angst auf die Begegnung mit Sterben und Tod reagiert, gar nicht in Betracht gezogen.

In der Fachliteratur wird häufig nicht mit der notwendigen Deutlichkeit zwischen Verdrängung und Unterdrückung unterschieden. Während erstere einen unbewußten psychodynamischen Vorgang bezeichnet, der bewirkt, daß für eine Person ein bestimmtes Ereignis (z. B. eine frühkindliche Traumatisierung) gar nicht bewußtseinsfähig ist, meint Unterdrückung das dem Betroffenen durchaus bewußte Beiseiteschieben unlustbetonter Gedanken. So mag ein Prüfungskandidat den unangenehmen Gedanken an die bevorstehende Prüfung unterdrücken, indem er sich mit anderen Eindrücken ablenkt. Ein derartiger Vorgang ist prinzipiell bewußtseinsfähig, d. h., Personen können retrospektiv darüber berichten. In seiner Arbeit über „psychische Belastungen des Krankenpflegepersonals" schildert KLOCKENBUSCH (1986, S. 80 f.), wie Helfer Gefühle der Beklemmung und Bedrohung unterdrücken, indem sie auf Station in geschäftige Betriebsamkeit verfallen oder nach Dienstschluß das „Abschalten" durch Alkohol befördern. Diese und andere Erscheinungsformen der Streßbearbeitung wurden in der Thanatopsychologie bisher zu Unrecht kaum beachtet. Geht man nämlich davon aus, daß einer Person ihre Streßbearbeitungsmaßnahmen so weit bewußt sind, daß sie diese sprachlich mitteilen kann, so können durch die Berücksichtigung von Streßbearbeitungsstrategien jene gravierenden konzeptionellen und methodischen Probleme, die sich bei der Operationalisierung der „klassischen" Abwehrmechanismen zwangsläufig stellen, umgangen werden.

9. AKZEPTIEREN VON TOD UND STERBEN

Bisher war in diesem Buch hauptsächlich von einer einzigen Qualität des kognitiven und emotionalen Umgangs mit der Todesthematik die Rede: von der Bedrohlichkeit todbezogener Stimuli und davon, daß sie Angst hervorrufen. Diese Darstellung ist jedoch unvollständig. Denn es ist nicht nur theoretisch denkbar, sondern kann auch empirisch belegt werden, daß Menschen sowohl die Perspektive der eigenen Endlichkeit als auch aktuelle Begegnungen mit Sterben und Tod in einer Weise erleben, die wir mit „Akzeptieren" umschreiben wollen. Nur wenn eine bejahende Haltung gegenüber Sterben und Tod in die Betrachtung einbezogen wird, ist der Merkmalsbereich des Erlebens und Verhaltens gegenüber der Todesthematik annähernd vollständig abgedeckt. Um so erstaunlicher ist, daß das Akzeptieren von Tod und Sterben bisher außerordentlich vernachlässigt wurde, so daß von einer auch nur ansatzweise systematischen Erforschung dieses Teilbereichs der Psychologie des Todes immer noch keine Rede sein kann.

Die Vorstellungen darüber, wie eine akzeptierende Haltung gegenüber Tod und Sterben im einzelnen beschaffen sei, sind keineswegs einheitlich. Sie reichen von einem pessimistisch-depressiven Sich-Fügen in die Unausweichlichkeit des nahe bevorstehenden Todes, wie MUSLIN, LEVINE & LEVINE (1974) es von zwei unheilbar an Krebs erkrankten Männern berichten, bis zu einem als positiv erlebten Herbeisehnen des Todes (MUNNICHS, 1966; SHNEIDMAN, 1966). Zwischen diesen beiden Extremen kann man eine Form des Akzeptierens einordnen, die Tod und Sterben im Sinne von MARCUSES (1965, S. 66) "ontological inversion" nicht nur als Faktum, sondern auch als Notwendigkeit anerkennt und bejaht. Vermutlich gibt es qualitative Veränderungen im Akzeptieren von Tod und Sterben in Abhängigkeit vom Alter, vom Gesundheits- bzw. Krankheitszustand, von weltanschaulichen oder religiösen Überzeugungssystemen und von anderen Merkmalen der betroffenen Personen. Sowohl pessimistisch-depressives Sich-Fügen als auch ein als positiv erlebtes Herbeisehnen des Todes dürfte bei sehr alten und/oder kranken Menschen eher anzutreffen sein als bei jungen und/oder gesunden

Personen. Gesicherte Erkenntnisse hierüber liegen aber noch nicht vor.

Der weiteren Erörterung in diesem Kapitel liegt das folgende Konzept des Akzeptierens von Tod und Sterben zugrunde: Eine Person, die Sterben und Tod akzeptiert, neigt dazu, sowohl den Sterbeprozeß mit seinen Begleiterscheinungen (vgl. Kapitel 10) als auch den Gedanken an den Tod im Sinne von Totsein und „Danach" als natürliche Bestandteile des Lebens zu betrachten und in Ruhe und Gelassenheit darüber zu sprechen. Eine solche Person vermag Tod und Sterben nicht nur als unabänderliche Gegebenheiten anzuerkennen, sondern beides aufgrund einer Einbindung in übergeordnete Sinnzusammenhänge auch als Notwendigkeit zu bejahen: Sie sieht es als etwas ganz Natürliches an, irgendwann einmal sterben zu müssen; sie ist überzeugt von der Notwendigkeit und Bedeutung des eigenen Sterbeprozesses im Rahmen ihrer eigenen Biographie und/oder einer höheren Ordnung; für sie ist der Tod – und damit auch ihr eigener Tod – Teil einer umfassenderen Ordnung, die sie bejaht; sie betrachtet das Sterben als eine Aufgabe, die vielen anderen Aufgaben im Laufe des Lebens prinzipiell vergleichbar ist und die es zu bewältigen gilt; sie ist neugierig auf das Sterben – wenn es schon sein muß – und hat den Wunsch, es bewußt zu erleben. Keinesfalls darf Akzeptieren von Sterben und Tod mit einer Disposition zur Selbsttötung verwechselt werden. Eine Person, die Sterben und Tod in dem hier skizzierten Sinne in starkem Maße akzeptiert, muß nicht suizidgefährdet sein. Solange wir nicht durch entsprechende Befunde eines Besseren belehrt werden, dürfen wir annehmen, daß dieses Konzept des Akzeptierens von Tod und Sterben die breiteste Gültigkeit besitzt, d. h. am ehesten auf Personen unterschiedlichen Alters, Gesundheitszustandes und unterschiedlicher Gläubigkeit anwendbar ist.

Von erheblicher theoretisch-wissenschaftlicher wie auch anwendungspraktischer Bedeutung ist die Frage nach der korrelativen Beziehung, in der Akzeptieren von Tod und Sterben und Angst vor Tod und Sterben zueinander stehen. *Logisch* sind beide Merkmale unabhängig voneinander, d. h., Akzeptieren von Tod und Sterben und Angst vor Tod und Sterben können prinzipiell unabhängig voneinander variieren. Damit ist gemeint, daß eine Person Sterben und Tod in hohem Maße akzeptieren kann und gleichzeitig starke Angst davor haben kann. Umgekehrt kann eine Person Sterben und Tod nur wenig bejahen und gleichzeitig auch wenig Angst davor

Tabelle 9.1: Befunde zum Zusammenhang von Akzeptieren von Tod und Sterben und Angst vor Tod und Sterben

Studie	Stichprobe(n)	Untersuchungsverfahren	Ergebnisse
BRAUN (1985)	$n_1 = 73$ Frauen $n_2 = 69$ Männer Patienten mit Multipler Sklerose und nach Schlaganfall	Deutsche Version der Multidimensional Fear of Death Scale (HOELTER, 1979) 7-Item-Skala zur Erfassung von „Akzeptieren" von WITTKOWSKI (1984)	Bei den *Frauen*: Korrelationen von $r = -0,07$ bis $r = +0,18$ zwischen „Akzeptieren" und verschiedenen Aspekten der Angst vor Tod und Sterben. – Keine Signifikanzen. – Bei den *Männern*: Korrelationen von $r = -0,29$ ($p < 0,01$) bis $r = +0,11$ zwischen „Akzeptieren" und verschiedenen Aspekten der Angst vor Tod und Sterben. –
KLUG & BOSS (1977)	$N_1 = 161$ $N_2 = 157$ Katholische Erwachsene	Death Anxiety Scale (TEMPLER, 1970) Selbstentworfene 8-Item-Skala zur Erfassung von „Akzeptieren"	Korrelationen von $r = -0,26$ in N_1 und $r = -0,21$ ($p < 0,001$) in N_2 zwischen „Akzeptieren" und Angst vor Tod und Sterben.
RAY & NAJMAN (1974)	$N = 206$ Studenten	Death Anxiety Scale (TEMPLER, 1970) Fear of Death Scale	Korrelationen von $r = -0,26$ bzw. $r = -0,24$ zwischen „Akzeptieren" und Angst vor Tod und Sterben. (Keine Angabe des Signifikanzniveaus)

		7-Item-Skala zur Erfassung von „Akzeptieren"	
WITTKOWSKI (1984)	n_1 = 93 Frauen n_2 = 93 Männer „Normale" Erwachsene im Alter von 45 bis 54 Jahren	„Todesfragebogen" von HENSLE (1977) Selbstentwickelte inhaltsanalytische Auswertungsskalen zur Erfassung von Angst vor Tod und Sterben Selbstkonstruierte 7-Item-Skala zur Erfassung von „Akzeptieren"	Bei den *Frauen*: Korrelationen von r = −0,10 bis r = +0,07 zwischen „Akzeptieren" und verschiedenen Dimensionen der Angst vor Tod und Sterben. Keine Signifikanzen. Bei den *Männern*: Korrelationen von r = −0,21 bis r = 0,00 zwischen „Akzeptieren" und verschiedenen Dimensionen der Angst vor Tod und Sterben. Keine Signifikanzen.

aufweisen. Daraus folgt, daß man – auf einer rein logischen Ebene – aus der Kenntnis einer der beiden Variablen (z. B. dem Akzeptieren von Tod und Sterben) nicht auf die Ausprägung der anderen Variablen (im vorliegenden Fall auf die Angst vor Tod und Sterben) schließen kann. Naheliegend ist aber auch die Annahme einer negativen (korrelativen) Beziehung: Wer die Todesthematik in dem oben beschriebenen Sinne zu akzeptieren vermag, hat eher geringe Angst vor Tod und Sterben; wer sie nicht zu akzeptieren vermag, hat eher starke Angst vor Tod und Sterben. Wie stellt sich nun die Beziehung zwischen Akzeptieren von Tod und Sterben und Angst vor Tod und Sterben im Licht empirischer Daten dar?

Tabelle 9.1 gibt eine Übersicht über die derzeitige Befundlage zum Zusammenhang von Akzeptieren von Tod und Sterben und Angst vor Tod und Sterben. Es bietet sich ein keineswegs einheitliches Bild. In jenen Untersuchungen, in denen Angst vor Tod und Sterben eindimensional operationalisiert wurde (KLUG & BOSS, 1977; RAY & NAJMAN, 1974), wurden übereinstimmend negative Zusammenhänge von mäßiger Höhe gefunden, die aber immerhin überzufällig sind. Danach haben Personen, die Tod und Sterben bejahen, eher wenig Angst vor Tod und Sterben; Personen, die Tod und Sterben nicht oder nur wenig akzeptieren, äußern eher starke todbezogene Angst. In jenen Studien, in denen Angst vor Tod und Sterben mehrdimensional erfaßt wurde und die außerdem eine Differenzierung nach dem Geschlecht gestatten (BRAUN, 1985; WITTKOWSKI, 1984), liegen für die *Frauen* niedrige und statistisch nicht bedeutsame Korrelationen vor; für die *Männer* wurde ein signifikanter Zusammenhang von mäßiger Höhe ($r = -0{,}29$; $p < 0{,}01$) zwischen Akzeptieren von Tod und Sterben und der „Angst vor dem Tod Nahestehender und vor deren Reaktion auf den eigenen Tod" gefunden. Bemerkenswert ist, daß sich die Befunde von BRAUN (1985) und WITTKOWSKI (1984) weitgehend dekken, obwohl im einen Fall Patienten mit Multipler Sklerose und nach einem Schlaganfall, im anderen Fall aber „normale" Erwachsene untersucht worden waren.

Offenbar kann die Frage nach der Art der Beziehung zwischen Akzeptieren von Tod und Sterben und Angst vor Tod und Sterben noch nicht schlüssig beantwortet werden. Allerdings kann man einen deutlichen positiven Zusammenhang erwartungsgemäß ausschließen. Insbesondere für Frauen scheint nach den bisherigen Befunden Akzeptieren von Tod und Sterben statistisch unabhängig zu sein von der Angst vor Tod und Sterben.

Die vorstehenden Befunde haben nicht zu unterschätzende anwendungspraktische Konsequenzen. Sie zeigen, daß eine differenzierte Perspektive notwendig ist. Ein Helfer, der von einem unheilbar Kranken Äußerungen des Akzeptierens von Tod und Sterben hört und daraus auf schwach ausgeprägte todbezogene Angst schließt, kann eine Fehleinschätzung vornehmen – und würde dies nach allem, was wir bisher wissen, mit einiger Wahrscheinlichkeit insbesondere bei Frauen tun. Ein Helfer aber, dem die differenzierten Zusammenhänge zwischen Akzeptieren von Tod und Sterben und Angst vor Tod und Sterben geläufig sind, kann sich in seinem Verhalten entsprechend differenzierter auf Patienten einstellen als ein Helfer, der von all dem nichts weiß. Daraus folgt, diese Erkenntnisse thanatopsychologischer Grundlagenforschung jenen zu vermitteln, die unmittelbar mit der Betreuung Sterbender befaßt sind. Darüber hinaus ist es notwendig, den noch sehr vorläufigen Kenntnisstand zum Zusammenhang von Akzeptieren von Tod und Sterben und todbezogener Angst durch weitere Untersuchungen zu vertiefen, in denen verschiedenartige Stichproben und Erhebungsinstrumente eingesetzt werden und in denen der Mehrdimensionalität nicht nur der Angst vor Tod und Sterben, sondern auch des Konstrukts „Akzeptieren von Tod und Sterben" Rechnung getragen wird.

Überträgt man nämlich die in Kapitel 2 im Anschluß an COLLETT & LESTER (1969) vorgenommene Systematisierung verschiedener relativ eigenständiger Aspekte des Erlebens und Verhaltens gegenüber Tod und Sterben auch auf das Akzeptieren der Todesthematik, so ergibt sich die in Abbildung 9.1 dargestellte Vierdimensionalität.

	Bezug auf	
	die eigene Person	andere(n) Menschen
Sterben	1 Akzeptieren des eigenen Sterbens	2 Akzeptieren des Sterbens anderer Menschen
Tod	3 Akzeptieren des eigenen Todes	4 Akzeptieren des Todes anderer Menschen

Abbildung 9.1: Vier Aspekte des Akzeptierens von Tod und Sterben.

Wie Abbildung 9.1 zeigt, ist es theoretisch denkbar, daß eine Person mit Blick auf die Todesthematik einen Aspekt, mehrere oder alle von vier Aspekten bejaht: Sie kann (1) den Prozeß ihres eigenen Sterbens, (2) des Sterbens anderer Menschen, (3) ihren eigenen Tod und (4) den Tod anderer Menschen akzeptieren. Es ist allerdings noch ungewiß, ob sich diese theoretisch naheliegende Mehrdimensionalität des Konstrukts „Akzeptieren von Tod und Sterben" empirisch bestätigen läßt.

Eine ganz anders geartete mehrdimensionale Struktur von Akzeptieren von Tod und Sterben schlagen GESSER, WONG & REKER (1987–1988) vor. Ihr Konzept nimmt auf die am Anfang dieses Kapitels erwähnten Vorstellungen vom Akzeptieren der Todesthematik Bezug (siehe Seite 106). Aufgrund sachlogischer Überlegungen und empirischer Beobachtungen unterscheiden die Autoren drei Arten des Akzeptierens von Tod und Sterben. *Annäherungsorientiertes Akzeptieren* betrachtet den Tod als Übergang zu einem anderen, glücklicheren Leben. Bei *vermeidungsorientiertem Akzeptieren* wird der Tod als Ausweg aus einem Dasein voller Kummer und Schmerzen gesehen. *Neutrales Akzeptieren* umschreibt in etwa die in diesem Kapitel schwerpunktmäßig behandelte Form des Akzeptierens von Tod und Sterben: Der Tod wird weder begrüßt noch gefürchtet, sondern schlichtweg als Realität akzeptiert. Im Zuge der Konstruktion ihres ›Death Attitude Profile‹ konnten GESSER et al. (1987–1988) diese drei Komponenten des Akzeptierens mittels Faktorenanalyse identifizieren.

In welcher Weise stehen nun verschiedene psychische Merkmale in einer Beziehung zu Akzeptieren von Tod und Sterben? Die Tabellen 9.2 und 9.3 bieten eine Übersicht über Korrelationen, die ein verhältnismäßig breites Spektrum von (Persönlichkeits-)Merkmalen mit dem Akzeptieren der Todesthematik aufweist (WITTKOWSKI, 1984). Dabei wurde „Akzeptieren von Tod und Sterben" global bzw. eindimensional durch eine Fragebogenskala erfaßt. Die Daten beziehen sich auf Erwachsene im mittleren Lebensalter (45–55 Jahre). Die in Tabelle 9.2 zusammengestellten Merkmale wurden durch Fragebogenverfahren oder – im Falle der Tönung der Zukunftsperspektive – durch Eindrucksdifferentiale operationalisiert. Die Merkmale der Tabelle 9.3 wurden durch Interviews und inhaltsanalytische Auswertung (siehe WITTKOWSKI, 1987) erfaßt. Dieser zweifache methodische Zugang verspricht vergleichsweise gut begründete Resultate.

Wie die Tabellen 9.2 und 9.3 zeigen, steht von zahlreichen relativ

Tabelle 9.2: Produkt-Moment-Korrelationen für Zusammenhänge zwischen Akzeptieren von Tod und Sterben und diversen (Persönlichkeits-) Merkmalen. (Anzahl der Beobachtungen in Klammern.) Daten aus WITTKOWSKI (1984)

Merkmal	Korrelationskoeffizienten für	
	Frauen	Männer
Glaube an Gott	0,23* (83)	0,23* (80)
Kirchliche Kommunikation und Information	0,03 (84)	0,14 (82)
Ehe- und Sexualmoral	−0,07 (82)	0,03 (82)
Selbstwertgefühl	−0,01 (86)	−0,05 (82)
Lebenszufriedenheit	0,01 (85)	−0,32** (81)
Tönung der Zukunftsperspektive I	0,03 (82)	0,07 (82)
Tönung der Zukunftsperspektive II	0,00 (83)	0,12 (81)
Emotionale Labilität	0,19 (85)	0,28* (81)

* $p < 0,05$ (zweiseitig)
** $p < 0,01$ (zweiseitig)

eigenständigen Dimensionen der *Religiosität* nur die ideologische Dimension („Glaube an Gott") in einer bedeutsamen und positiven Beziehung zu Akzeptieren von Tod und Sterben. Personen im mittleren Lebensalter, die in starkem Maße an Gott glaubten, neigten eher zu einer bejahenden Haltung gegenüber Tod und Sterben; Personen, die sich als schwach religiös schilderten, ließen eher fehlendes oder schwach ausgeprägtes Akzeptieren erkennen. Ein ganz ähnliches Resultat fand BRAUN (1985) an einer deutschen Stichprobe, die teils aus Patienten mit Multipler Sklerose und teils aus Patienten nach einem Schlaganfall bestand. Auch SWENSON (1961) berichtet, daß sich

Tabelle 9.3: Rang-Korrelationen (KENDALLS τ) für Zusammenhänge zwischen Akzeptieren von Tod und Sterben und diversen (Persönlichkeits-) Merkmalen. (Anzahl der Beobachtungen in Klammern.)
Daten aus WITTKOWSKI (1984)

Merkmal	Korrelationskoeffizienten für	
	Frauen	Männer
Glaube an Gott	0,12 (86)	0,16* (80)
Kirchliche Kommunikation und Information	0,01 (85)	0,05 (79)
Öffentliche religiöse Praxis	0,11 (84)	0,01 (80)
Ehe- und Sexualmoral	−0,04 (82)	−0,08 (80)
Religiöse Versprechungen	0,05 (73)	0,04 (67)
Selbstwertgefühl	−0,11 (85)	0,10 (82)
Gegenwartsbezogene Lebenszufriedenheit	0,01 (86)	0,01 (82)
Vergangenheitsbezogene Lebenszufriedenheit	0,07 (86)	−0,05 (81)
Ausdehnung der Zukunftsperspektive	−0,08 (86)	−0,18* (82)
Tönung der Zukunftsperspektive	−0,08 (85)	−0,01 (82)

* $p < 0,05$ (zweiseitig)

bei älteren Personen ein überzufälliger und positiver Zusammenhang zwischen Religiosität (u. a. selbstberichteten religiösen Aktivitäten) und einem freudigen, annäherungsorientierten Akzeptieren der eigenen Endlichkeit zeigt. Schließlich beobachtete auch MUNNICHS (1966) bei einer Zufallsstichprobe von Personen im Alter über 70 Jahren eine bejahende Haltung gegenüber der Endlichkeit des

Daseins häufiger bei jenen Personen, die religiöses Engagement bekundeten. *Selbstwertgefühl* und die emotionale *Tönung der Zukunftsperspektive* korrelieren nach unseren Befunden weder bei Frauen noch bei Männern bedeutsam mit dem Akzeptieren von Tod und Sterben (vgl. Tabellen 9.2 und 9.3). Die Unterscheidung einer gegenwartsbezogenen und einer vergangenheitsbezogenen Komponente von *Lebenszufriedenheit* und ihre Erfassung durch Interview und Inhaltsanalyse ergab, daß beide Aspekte statistisch unabhängig von einer akzeptierenden Haltung gegenüber der Todesthematik sind (vgl. Tabelle 9.3). Im Gegensatz dazu weist die mit WIENDIECKS (1970) Fragebogenverfahren bestimmte Lebenszufriedenheit bei den Männern eine verhältnismäßig hohe negative Korrelation mit Akzeptieren von Tod und Sterben auf, wogegen bei den Frauen keinerlei Zusammenhang besteht (vgl. Tabelle 9.2). Demnach äußern sich Männer im mittleren Lebensalter, die sich in ihren gegenwärtigen Lebensumständen wohl fühlen, eher weniger im Sinne des Akzeptierens der Todesthematik. Dieses Ergebnis steht im Gegensatz zu sämtlichen vergleichbaren Befunden. So erhielten FLINT, GAYTON & OZMON (1983) bei älteren Menschen Korrelationen für den Zusammenhang zwischen Lebenszufriedenheit und Akzeptieren von Tod und Sterben von $r = 0{,}31$ ($p < 0{,}05$) für Männer und $r = 0{,}39$ ($p < 0{,}01$) für Frauen. Beim Versuch der Konstruktvalidierung ihres ›Death Attitude Profile‹ (vgl. S. 112) fanden GESSER et al. (1987–1988) eine Korrelation von $r = 0{,}21$ ($p < 0{,}01$) für den Zusammenhang zwischen subjektivem Wohlbefinden und (neutralem) Akzeptieren von Tod und Sterben. Dies steht in Einklang mit den Erkenntnissen, die MUNNICHS (1966) aus Interviews und Verhaltensbeobachtungen an älteren Menschen gewann. Jene Betagten, die sich in ihren Lebensumständen wohl fühlten, äußerten häufiger eine bejahende Haltung mit Blick auf die Endlichkeit ihres Daseins. Wie Tabelle 9.2 zeigt, korreliert *emotionale Labilität* (Skala N des ›Freiburger Persönlichkeitsinventars‹; FAHRENBERG, SELG & HAMPEL, 1978) positiv und mäßig hoch mit einer akzeptierenden Haltung gegenüber der Todesthematik; signifikant ist dieser Zusammenhang allerdings nur für die männliche Teilstichprobe. BRAUN (1985) fand positive Korrelationen zwischen emotionaler Labilität und Akzeptieren von Tod und Sterben in vergleichbarer Höhe für Männer und Frauen. Es hat daher den Anschein, als gehe eine vorwiegend depressive Stimmungslage, Empfindsamkeit und Verletzbarkeit, Sorgen und Schuldgefühle Hand in Hand mit einer bejahenden, die Tatsache der Endlichkeit des Daseins wie auch den Sterbeprozeß als unabänderlich und notwendig akzeptierenden Gelassenheit.

Abschließend sei der Zusammenhang zwischen chronologischem *Alter* und Akzeptieren von Tod und Sterben erwähnt. Munnichs (1966) beobachtete innerhalb einer Stichprobe älterer Menschen, daß eine bejahende Haltung gegenüber Tod und Sterben bei den älteren Personen häufiger war als bei den (relativ) jungen Menschen. Auch Braun (1985) und Gesser et al. (1987–1988) fanden übereinstimmend, daß innerhalb eines großen Altersbereichs (neutrales) Akzeptieren von Tod und Sterben eher mit höherem Lebensalter einhergeht. Während sich der Arbeit von Gesser et al. (1987–1988) keine Aussagen über Geschlechtsunterschiede entnehmen lassen, gilt der positive Zusammenhang zwischen Alter und Akzeptieren von Tod und Sterben, den Braun (1985) bei somatisch Kranken erhielt, nur für Männer.

10. DIE PSYCHISCHE VERFASSUNG UNHEILBAR KRANKER UND STERBENDER

10.1 Begriffsklärung

Obwohl sich Medizin und Theologie seit langem und die Psychologie seit geraumer Zeit mit unheilbar Kranken und Sterbenden beschäftigen, wurde der Gegenstand dieser Beschäftigung, eben der Sterbende, kaum jemals explizit definiert. Da aber Begriffe aus der vorwissenschaftlichen Alltagssprache oft mehrdeutig und unscharf sind und damit zu Mißverständnissen Anlaß geben, bedürfen sie für den Gebrauch auf einer fachwissenschaftlichen Ebene der Eingrenzung und Präzisierung. Dabei sollte man berücksichtigen, daß Definitionsversuche keine unumstößlichen Wahrheiten beinhalten, sondern daß sie der Richtungsweisung dienen und insofern pragmatisch nützlich sind.

Die Frage, welche Merkmale einen Sterbenden kennzeichnen und vom Nicht-Moribunden unterscheiden, ist weitgehend identisch mit der Frage nach dem Beginn des Sterbeprozesses. KASTENBAUM (1977, S. 153 ff.) nennt folgende vier Bedingungen als Kennzeichen für den Beginn des Sterbeprozesses: (1) Das Erkennen der Fakten durch den Arzt; (2) die Mitteilung der erkannten Fakten an den betroffenen Patienten; (3) das Erkennen und Akzeptieren der Mitteilung durch den Patienten; (4) die Unmöglichkeit, das Leben des Patienten zu erhalten. Versucht man, die begriffliche Kennzeichnung des Sterbenden nicht ausschließlich auf Patienten (Kranke und/oder Unfallopfer) zu beziehen, sondern sie möglichst weit zu fassen, so kann man folgendes sagen: Aus psychologischer Sicht ist ein Mensch dann als Sterbender zu bezeichnen, wenn er objektiv vom Tod bedroht ist *und* sich dieser Todesbedrohung so weit bewußt ist, daß sie sein Erleben und Verhalten bestimmt. In ähnlicher Weise umschreibt BROMLEY (1974, S. 269) den Beginn der terminalen Phase im hohen Alter.

Diese Definition ist breit genug, um folgende Ursachen einer irreparablen Schädigung vitaler Körperfunktionen zu berücksichtigen: Schädigung des Organismus durch Infektion (z. B. Schwächung des Immunsystems durch Ansteckung mit dem HIV-Virus) oder durch spontane endogene Verursacher (z. B. maligne Tumoren); Schädigung des Organismus durch äußere Gewalteinwirkung, sei es Unfall, Fremdaggression oder Selbstaggression; vitale Beeinträchtigungen organismischer Systeme, die im hohen Alter ohne erkennbare Ursache in einem nicht näher bestimmbaren Zeitraum vor Eintritt des Todes einsetzen („tertiäres Altern"; vgl. BUSSE, 1969; BIRREN & CUNNINGHAM, 1985). Mit anderen Worten: Kranke, Opfer von Unfällen und Gewaltverbrechen, Opfer von Suizidversuchen und Hochbetagte – sie alle sind im Sinne unserer aus der Sicht der Psychologie vorgenommenen Begriffsbestimmung Sterbende, wenn vitale organismische Funktionen irreversibel beeinträchtigt sind, dies objektiv festgestellt wurde *und* der Betroffene um seinen Zustand weiß. Die Definition berücksichtigt aber auch die Möglichkeit, daß ein Mensch vom Tod bedroht ist, ohne daß bei ihm eine irreparable organismische Schädigung besteht (z. B. ein zum Tode Verurteilter). Ebenso wollen wir eine Person, die – bei vollkommener organismischer Gesundheit – zur Selbsttötung entschlossen ist und die entsprechenden Vorbereitungen trifft, als Sterbenden betrachten.

Für unsere Definition des Sterbenden ist die *objektive Todesbedrohung* bzw. speziell mit Blick auf Kranke der *somatische Befund* und seine offizielle Feststellung als Conditio sine qua non anzusehen. Ein wesentliches Merkmal des sterbenden Patienten, das sich aus dem somatischen Befund ergibt, ist der progrediente Verlauf seiner gesundheitlichen Schädigung, d. h., der Betroffene hat nach menschlichem Ermessen keine Chance der gesundheitlichen Wiederherstellung. Vielmehr ist mit an Sicherheit grenzender Wahrscheinlichkeit damit zu rechnen, daß er innerhalb eines wenigstens ungefähr bestimmbaren Zeitraumes sterben wird. Die Länge dieses Zeitraumes bleibt dabei offen; sie kann zwischen wenigen Tagen und mehreren Jahren schwanken.

Eine weitere Bedingung, die den Sterbenden aus psychologischer Sicht kennzeichnet, ist seine *subjektive Gewißheit*, sterben zu müssen. "Whatever the underlying organic situation might be, it is on the level of thoughts, feelings, interpersonal communications, and actions that the onset of the dying process usually defines itself" (KASTENBAUM, 1977, S. 156). Beides – objektive Todesbedrohung und subjektives Bedrohtheitserleben – müssen zusammenkommen, damit wir einen Menschen als Sterbenden bezeichnen können. Die subjektive Überzeugungsgewißheit allein ist nicht ausreichend. Es scheint beispielsweise sinnvoll, einen Schizophrenen mit der Wahnvorstellung, bald an einer bestimmten Krankheit zu sterben, nicht als Sterbenden (sondern als Psychotiker) zu bezeichnen. Andererseits verweist der Umstand, daß das subjektive Bedrohtheitserleben ein unverzichtbarer Bestandteil unserer Definition des Sterbenden ist, auf den aus sozialwissenschaftlicher Sicht wichtigen Aspekt der Rollenhaftigkeit des Sterbens. Es dürfte nämlich zweckmäßig sein, das Verhalten eines Sterbenden (auch) als soziale Rolle zu sehen, das auf Erwartungen anderer eingeht und seinerseits Erwartungen weckt. Da ein Mensch in aller Regel nicht in völliger Isolation stirbt, ist dies ein wichtiger Aspekt: Ärzte, Schwestern und Pfleger, aber auch die Angehörigen sind Rollenpartner des Sterbenden.

10.2 Psycho-soziale Bedürfnisse Sterbender

Unheilbare Krankheiten unterscheiden sich mindestens in dreifacher Hinsicht von heilbaren Krankheiten. Ein objektives Unterscheidungsmerkmal ist der *unaufhaltsame Verlauf der Krankheit*. Die Krankheit schreitet fort, die Symptome treten immer deutlicher hervor. Ist bei vergleichsweise harmlosen Erkrankungen ein Höhepunkt und danach ein allmähliches Abklingen der Beschwerden die Regel, so gibt es bei unheilbaren Krankheiten nur eine – manchmal in Schüben erfolgende – Steigerung der physischen und psychischen Beeinträchtigungen. Je nachdem, wie gut der Patient über seine Diagnose und Prognose informiert ist, ist ihm dies mehr oder weniger bewußt. Im Unterschied zu vergleichsweise harmlos Erkrankten kann der unheilbar Kranke sein Leiden nicht im Bewußtsein der vorhersehbaren Genesung, gewissermaßen als „Preis" für seine in absehbarer Zeit wiederhergestellte Gesundheit, ertragen. Als Folge des progredienten Krankheitsverlaufs unterliegen unheilbar Kranke in aller Regel *besonders starken physischen und psychischen Belastungen*. Mindestens in ihrem Endstadium sind unheilbare Krankheiten (z. B. Krebs, AIDS) mit sehr viel stärkeren Beeinträchtigungen verbunden als andere Erkrankungen. Während zahlreiche Krankheiten auf einzelne Organe und Körperregionen beschränkt bleiben, führt eine unheilbare Krankheit in ihrem Endstadium zum Verfall des gesamten Organismus. Eine weitere Konsequenz des fortschreitenden Krankheitsverlaufs besteht darin, daß *die dem Betroffenen verbleibende Lebensspanne verkürzt* ist. Anders als seinem nicht unheilbar kranken Mitpatienten ist dem Sterbenden und seinen Angehörigen mehr oder weniger deutlich bewußt, daß die ihm noch zur Verfügung stehende Zeit knapp und daher kostbar ist.

Vor dem Hintergrund dieser spezifischen Rahmenbedingungen unheilbarer Krankheiten wird die Situation Sterbender im Krankenhaus unter psychischem und unter sozialem (d. h. die Interaktionen mit anderen Personen betreffendem) Aspekt in ihren Grundzügen dargestellt, und es werden die wichtigsten psycho-sozialen Bedürfnisse Sterbender herausgearbeitet. Dabei wird auf klinische Erfahrungen und teilnehmende Beobachtungen von Praktikern wie GARFIELD (1978 a) und QUINT BENOLIEL (1978) zurückgegriffen. Möglichkeiten, diese Bedürfnisse in möglichst angemessener Weise zu befriedigen, werden in Kapitel 12 erörtert.

Eine tödliche Krankheit ist für den Betroffenen mindestens im fortgeschrittenen Stadium mit erheblichen körperlichen Beeinträchtigungen verbunden. So sind die Bewegungsmöglichkeiten oft stark eingeschränkt, der Sterbende kann beispielsweise weder selbständig Nahrung zu sich nehmen noch schreiben oder telefonieren. Bei manchen Erkrankungen ist die Kontrolle über die Ausscheidungsvorgänge nicht mehr möglich. Das äußere Erscheinungsbild kann sich (z. B. durch Haarausfall nach Chemotherapie) zum Unvorteilhaften verändern. Diese exemplarischen Schlaglichter mögen ausreichen, um die subjektiv erlebten Auswirkungen unheilbarer Krankheiten zu begründen. Sterbende befinden sich meist in einem ausgeprägten Abhängigkeitsverhältnis von Helfern und Angehörigen. Ihre Beteiligung an Entscheidungen, welche den Rest ihres Lebens (d. h. ihr Sterben) betreffen, ist abhängig vom Wohlwollen anderer Menschen. Dies und die Tatsache, daß sie selbst bei banalen alltäglichen Verrichtungen auf fremde Hilfe angewiesen sind, kann von Sterbenden als nachhaltiger Statusverlust erlebt werden. Gerade die Abhängigkeit von Helfern bei der Körperpflege macht augenfällig, wie sehr ein erwachsener Patient wieder in die Rolle des Kleinkindes geraten kann. Das von manchen Schwestern und Pflegern vermutlich gut gemeinte Duzen kann dazu beitragen, die Selbstwahrnehmung des Patienten als hilfloses Kind zu fördern. Ein auch objektiv mit Statusverlust einhergehender Rollenwechsel ist dann gegeben, wenn der Betroffene seine Berufstätigkeit aufgeben und die Rolle des Kranken übernehmen muß; mancher mag den Wechsel vom Vorgesetzten zum unmündigen Weisungsempfänger als Degradierung empfinden.

Aus all dem ergibt sich für den Sterbenden ein Verlust an Autonomie und Selbstbestimmung und letztlich eine Beeinträchtigung seines Selbstwertgefühls. Die *Stärkung des Selbstwertgefühls* ist daher ein herausragendes psycho-soziales Bedürfnis Sterbender. In unmittelbarem Zusammenhang damit steht das Bedürfnis nach Respektierung der persönlichen Würde und Werthaftigkeit. In dem Maße, in dem die Geschehnisse in der eigenen Umgebung vom Sterbenden nicht gesteuert werden können, entsteht das Bedürfnis nach Situationskontrolle. Schließlich ist das Bedürfnis nach Kommunikation und Interaktion mit anderen Menschen zu nennen, denn im Umgang mit anderen Menschen liegt eine wichtige Möglichkeit zur Stärkung des Selbstwertgefühls.

Irreparable körperliche Schädigungen durch Krankheit oder Unfall verursachen meist Schmerzen. Es ist dabei von geringer Bedeutung, ob diese Schmerzen unmittelbare Folge der Krankheit oder Verletzung sind oder ob sie aufgrund der medizinischen Behandlung auftreten. Akademische Diskussionen über Physiologie und Psychologie des Schmerzes mit Bedacht außer acht gelassen, liegt der hohe Stellenwert des Schmerzerlebnisses im vorliegenden Kontext darin, daß es von einer bestimmten Intensität und Dauer an die Aufmerksamkeit des Betroffenen vollkommen auf sich zieht. Das Erleben starken Schmerzes kann die kognitive Funktionsfähigkeit erheblich einschränken, die Artikulation des gewohnten Verhaltensrepertoires verhindern und letztlich zum Verlust jeglicher Kontrolle und damit Anpassungsfähigkeit (z. B. im zwischenmenschlichen Bereich) führen. Ein unter starken Schmerzen leidender Sterbender ist daher den Menschen in seiner Umgebung weitgehend hilflos ausgeliefert. Es ist wohl kein Zufall, daß sich die Angst vor Schmerzen während des eigenen Sterbeprozesses in mehreren Untersuchungen als eine der größten Sorgen der Befragten erwies (DIGGORY & ROTHMAN, 1961; KALISH & REYNOLDS, 1976; SHNEIDMAN, 1971). Von daher ist das wichtigste Bedürfnis Sterbender das *Bedürfnis nach Schmerzfreiheit*. Wegen der bereits angesprochenen Abhängigkeit des Sterbenden vom medizinischen Personal kann sich im Zuge der Verabreichung schmerzlindernder Mittel das Bedürfnis nach Situationskontrolle und Selbstbestimmung auch und besonders hinsichtlich der Schmerzbekämpfung einstellen.

Mit fortschreitendem Krankheitsverlauf und im Bewußtsein der wenigen noch verbleibenden Zeit stellt sich bei Moribunden vielfach der Wunsch ein, bisher Unerledigtes zu einem Abschluß zu bringen. Dabei kann es sich um die Regelung finanzieller Angelegenheiten ebenso handeln wie um die Bereinigung von Konflikten in den Beziehungen zu anderen Menschen. In jedem Fall benötigt der Sterbende häufige Kontakte zu Angehörigen und Freunden, die für ihn Besorgungen erledigen.

Zusammenfassend ergeben sich folgende psycho-sozialen Bedürfnisse Sterbender (vgl. Heller, 1980; Kalish, 1981, S. 178–183; Schulz, 1978, S. 76 ff.): Freiheit von Schmerzen, Bewahrung der Würde und des Gefühls persönlicher Werthaftigkeit, Kommunikation und Interaktion mit wichtigen Bezugspersonen sowie deren Zuwendung. Diese Bedürfnisse sind nicht zwangsläufig bei jedem Sterbenden in gleicher Intensität ausgeprägt; vielmehr sind interindividuelle Unterschiede in der Gewichtung der genannten Bedürfnisse wahrscheinlich. Es kann auch vorkommen, daß ein Sterbender aufgrund seines sich verschlechternden Zustandes jegliches Interesse an sich selbst und seiner Umgebung verliert und bedürfnislos erscheint. Gleichwohl sollte man stets mit der Möglichkeit rechnen, daß ein Sterbender die erwähnten psycho-sozialen Bedürfnisse besitzt.

10.3 Phasenartige Verläufe des Sterbevorgangs

Erkenntnisse über die Befindlichkeit Sterbender und insbesondere über die mit der Annäherung an den Tod erfolgenden Stimmungsschwankungen lassen sich den Phasen-Lehren des Sterbens entnehmen. Die im folgenden näher darzustellenden phasenartigen Verläufe des Sterbeprozesses beruhen hauptsächlich auf klinischen Erfahrungen. Im Rahmen therapeutisch-seelsorgerischer Gespräche haben die betreffenden Autoren immer wieder ähnliche Beobachtungen gemacht, die sie dann zu einem bestimmten Prozeßgeschehen verdichtet und auf alle Sterbenden im Sinne einer allgemeingültigen Regelhaftigkeit generalisiert haben. Zur angemessenen Einschätzung sogenannter Phasen-Lehren des Sterbens ist es wichtig, sich vor Augen zu halten, daß die mitgeteilten Erkenntnisse ausschließlich auf dem subjektiven Eindruck eines einzigen noch dazu in ein Gespräch mit dem Sterbenden involvierten Beobachters basieren. Offenbar wurde gar nicht der Versuch unternommen, durch den Einsatz geeigneter Erhebungs- und Analyseverfahren (z. B. Stimmungswortinventare, Inhaltsanalysen von Interviewmaterial, Fremdbeobachtungen) Daten zu gewinnen, deren Dignität wenigstens ein Minimum an statistischen Operationen zuläßt.

10.3.1 Die Phasen-Lehre von Kübler-Ross

Die Psychiaterin Elisabeth Kübler-Ross verfügt seit Jahrzehnten über umfangreiche Erfahrungen im Umgang mit Sterbenden, die sie in entsprechenden Seminaren an Betreuer weitergibt. Kübler-Ross (1969; deutsch 1973) schildert fünf Phasen des Sterbeprozesses, die sich aus Gesprächen mit mehr als 200 Sterbenden herauskristallisierten.

Die erste Phase ist gekennzeichnet durch *Nichtwahrhabenwollen und Isolierung*. Der Betroffene bestreitet die Tatsache des bevorstehenden Todes, und er lehnt Informationen, welche diese Tatsache erhärten, schlichtweg ab. In dieser Phase am Beginn des Sterbeprozesses ist die typische Reaktion auf die Mitteilung einer bösartigen oder gar unheilbaren Erkrankung: „Ich doch nicht, das ist ja gar nicht möglich" (Kübler-Ross, 1973, S. 16). So äußert der Patient etwa die Vermutung, Röntgenaufnahmen oder Laborbefunde seien vertauscht worden. „Mit solchem gequälten Nichtwahrhabenwollen reagiert ein Patient besonders dann, wenn er unvermittelt und zu früh durch jemanden informiert wird, der ihn und seine Aufnahmebereitschaft nicht wirklich kennt. ... Fast alle Patienten versuchen, die Krankheit vor sich selbst abzuleugnen, und nicht nur im ersten Augenblick, sondern auch später immer wieder einmal" (Kübler-Ross, 1973, S. 16). Das Verleugnen hat eine wichtige Funktion: Es schützt den Betroffenen vor der überwältigenden Erkenntnis, in absehbarer Zeit sterben zu müssen; es trägt damit zur Bewahrung der psychischen Funktionsfähigkeit des Betroffenen bei und verschafft ihm die Zeit, andere, weniger radikale Strategien der psychischen Abwehr einzusetzen. Im Laufe der ersten Phase des Sterbeprozesses treten Ausweichen und Verleugnen dann auch immer wieder für kurze Zeit in den Hintergrund.

In der zweiten Phase herrschen *Zorn und Auflehnung* vor. Der Betroffene hadert mit seinem Schicksal und zeigt aggressives Verhalten gegenüber Gesunden. Er ist wütend darüber, daß ihm all das Schöne, das das Leben bietet, genommen wird, während es anderen erhalten bleibt. Aus der Einsicht, vom Schicksal ungerecht behandelt worden zu sein, erwachsen Zorn, Wut und Neid. So kommt es zu Kritik und Nörgeleien an allen Personen in der Umgebung des Kranken. Aus diesem Verhalten läßt sich erschließen, daß der Betroffene seinen bedrohlichen Zustand wenigstens vorübergehend erkennt und ernst nimmt und somit die Haltung des Nichtwahrhabenwollens aufgegeben hat.

Charakteristisch für die dritte Phase, die vergleichsweise kurz ist, ist das *Verhandeln mit dem Schicksal*. Die lebensbedrohende Perspektive wird nun nicht mehr grundsätzlich bestritten. Der Betroffene versucht vielmehr, unter den gegebenen Umständen das Beste zu erreichen. So strebt er an, durch Wohlverhalten (z. B. Spenden; das Versprechen, bestimmte Fehler abzulegen) einen Aufschub des Krankheitsverlaufs zu bewirken. Er hegt die Hoffnung, für Wohlverhalten – etwa gegenüber Gott als „Handelspartner" – mit Freiheit von Schmerzen und einem Aufschub des Unvermeidlichen belohnt zu werden.

In der vierten Phase dominiert *Depression*. Durch körperliche Symptome, medizinisch-diagnostische Untersuchungen und durch Behandlungsmaßnahmen sind der eigene Zustand und die fatale Zukunftsperspektive immer unabweisbarer geworden. Vielfach wird Depression durch einen verschlechterten Gesundheitszustand begünstigt. KÜBLER-ROSS (1969) unterscheidet zwei Ursachen von Depression bei Sterbenden: *Reaktiv* entsteht Depression, wenn der Sterbende sich die Konsequenz seiner Erkrankung und seines Todes für seine Angehörigen vor Augen hält. Die Krankheit und der zu erwartende Ausfall einer Erwerbsperson bedeuten erhebliche Belastungen für die Familie in materieller Hinsicht. Dies kann Schuldgefühle beim Moribunden auslösen. Über diese reaktiv bedingte Depression vermag der Sterbende zu sprechen. *Prospektiv* entsteht Depression wegen des bevorstehenden Abschieds von der Welt. Häufig findet eine antizipierende Trauer statt, die sehr still erfolgt und anderen kaum mitgeteilt wird.

Die fünfte und letzte Phase ist gekennzeichnet von *Zustimmung*. Der Sterbende sieht seinem Ende mit mehr oder weniger ruhiger Erwartung entgegen. Er ist müde, meist körperlich sehr geschwächt und hat das Bedürfnis, oft und in kurzen Intervallen zu dösen und zu schlafen. Diese Phase der Einwilligung ist nicht mit einem glücklichen Zustand gleichzusetzen; sie ist vielmehr nahezu frei von Gefühlen. Der Schmerz scheint vergangen, der Kampf scheint vorbei, nun kommt die Zeit der „letzten Ruhe vor der langen Reise" (KÜBLER-ROSS, 1973, S. 78). Es herrscht ein Desinteresse an den Vorgängen in der Umgebung, und ein Rückzug von der Außenwelt findet statt. Die beschriebenen Phasen werden von allen Sterbenden durchlebt. Sie dauern unterschiedlich lange und können einander überlagern. In jeder Phase ist ein Rest von Hoffnung, z. B. auf ein Heilung bringendes Medikament, enthalten.

10.3.2 Die Phasen-Lehre von PATTISON

E. Mansell PATTISON ist Professor für Psychiatrie, menschliches Verhalten, Sozialwissenschaft und soziale Ökologie. Nach seinen Beobachtungen läßt sich der Sterbeprozeß – von ihm als "living-dying interval" bezeichnet – in drei große Abschnitte gliedern. Wenn der Betroffene die Diagnose einer irreparablen und lebensbedrohlichen gesundheitlichen Schädigung erfahren hat, beginnt der *Abschnitt der akuten Krise*. Während dieses Abschnitts nehmen Angst und Verzweiflung kontinuierlich zu, bis sie gegen Ende der Phase den Höhepunkt erreichen. Dabei werden verschiedene intrapsychische Strategien der Angstreduktion wirksam, und es kann auch zu pathologischen Reaktionsformen kommen. Es folgt ein unter Umständen langandauernder zweiter Abschnitt, den PATTISON (1977; siehe auch PATTISON, 1978) als *"chronic living-dying phase"* bezeichnet und der eine Art Sterbephase innerhalb des gesamten Sterbeprozesses darstellt. Dieser Abschnitt ist durch konkret benennbare Ängste und Sorgen gekennzeichnet. Der Sterbende setzt sich mit seiner Angst vor dem Unbekannten, vor Einsamkeit, vor dem Verlust der Angehörigen und Freunde, vor der Vernichtung seines Körpers und seiner gesamten Identität, vor dem Verlust der Selbstkontrolle, vor Schmerzen und vor Abhängigkeit von anderen auseinander. Im Verlauf dieser zweiten Phase nimmt die Intensität von Angst und Verzweiflung stetig ab. Als letzter folgt der *terminale Abschnitt* mit physischer und psychischer Erschöpfung. Ein Anzeichen für den Beginn dieses Abschnitts ist die stärker werdende Tendenz zum Rückzug in sich selbst, die sich in zunehmendem Desinteresse an der Außenwelt zeigt. Ein weiteres Indiz für die terminale Phase kann die Veränderung der Qualität auf Hoffnung sein. Hatte der Sterbende lange Zeit das Eintreten einer spontanen Heilung oder die Entdeckung eines hilfebringenden Medikaments erwartet, so ist an die Stelle der Erwartung nun der Wunsch getreten. Die terminale Phase verläuft vielfach so, daß zunächst der soziale Tod (die Trennung des Sterbenden von seinen Angehörigen), dann der psychische Tod (Rückzug in bzw. auf sich selbst), danach der biologische Tod (Verlust des Bewußtseins) und schließlich der physiologische Tod (Stillstand der Herz-, Lungen- und Gehirnfunktionen) eintritt.

Pattison (1977, S. 47) führt aus, der Abschnitt der akuten Krise und jener der Auseinandersetzung mit Ängsten vor Tod und Sterben beanspruche deshalb sämtliche psychischen Kräfte des Sterbenden, weil bisher erprobte Bewältigungsstrategien nicht anwendbar seien. Diese Begründung ist nicht ohne weiteres einsichtig. Selbstverständlich ist die Mitteilung, an einer unheilbaren Krankheit zu leiden, für den Betroffenen eine neuartige und schockierende Erfahrung, die mit keiner früheren Erfahrung vergleichbar ist. Allerdings trifft das Merkmal des Neuartigen und Schockierenden auf die meisten sogenannten kritischen Lebensereignisse zu (siehe Filipp, 1981). Die Geburt eines Kindes, schwere Unfälle, unerwartete Krankheiten, Arbeitslosigkeit – sie alle sind für den Betroffenen neuartige und einmalige Erfahrungen. Gleichwohl werden die meisten Menschen die psychischen Belastungen, die mit derartigen Ereignissen verknüpft sind, mit Bewältigungsstrategien zu mindern versuchen, die sich bereits in anderen belastenden Situationen bewährt haben. Es ist daher sinnvoll, den Sterbeprozeß als einen Lebensabschnitt zu betrachten, der hinsichtlich seiner psychischen Bearbeitungs- und Bewältigungsformen mit anderen krisenhaften Zeiten im Laufe eines Menschenlebens grundsätzlich vergleichbar ist.

10.3.3 Die Phasen-Lehre von Weisman

Der Psychiater Avery D. Weisman führte in den Jahren 1962 bis 1965 Interviews mit mehr als 350 Patienten durch. Sein umfangreiches klinisches Material faßte er in dem 1972 erschienenen Buch ›On Dying and Denying – A Psychiatric Study of Terminality‹ zusammen.

Die Stichprobe setzte sich aus Patienten mit Krebserkrankungen, aus alten Menschen mit diversen Krankheiten, aus Infarktpatienten, aus Patienten vor und nach lebensgefährlichen Operationen und aus psychiatrischen Patienten zusammen, die sich offensichtlich häufig Gedanken über den Tod machten. In die Untersuchung nicht einbezogen wurden Kinder, Jugendliche und depressive Patienten. Im Rahmen einer "psychotherapeutic consultation" verhielt sich der Interviewer nicht nur als Rezipient von Informationen, sondern er machte selbst auch Erklärungs- und Deutungsvorschläge ("participatory interview").

WEISMAN (1972 a, S. 98–121) unterscheidet drei Stadien oder Phasen, die ein unheilbar Kranker (z. B. ein Krebspatient) bei der Annäherung an seinen Tod durchlebt. Stets wird die Aussicht des baldigen Todes teils negiert und teils akzeptiert. Die Anteile von Negation und Akzeptieren sind je nach Phase verschieden. *Phase I* bezeichnet den Zeitraum vom ersten Gewahrwerden beunruhigender Symptome bis zur Diagnosestellung. In dieser Phase, d. h. also bevor die infauste Prognose bekannt ist, herrscht die Tendenz zur Negation der Symptome vor, und der Betroffene neigt zu Selbsttäuschung (z. B. er sei eine Ausnahme, bei ihm sei alles anders). Die Abklärung des Verdachtes durch Aufsuchen eines Arztes wird immer wieder hinausgeschoben. Währenddessen steigt die Empfindsamkeit gegenüber jeder Information, die auch nur im entferntesten an lebensbedrohliche Krankheiten erinnert. *Phase II* dauert von den ersten Reaktionen des Betroffenen auf die Mitteilung seiner Diagnose bis zum Beginn der terminalen Phase mit körperlichem und psychischem Verfall. In dieser Phase findet die medizinische Behandlung statt. Dominierte in Phase I eindeutig die Negation, so ist Phase II durch Fluktuation von Negation und Akzeptieren gekennzeichnet. WEISMAN (1972 a, S. 65 f.) hat für die psychische Verfassung von Menschen in dieser Phase den Begriff des „Halbwissens" ("middle knowledge") geprägt: In einer Art ungewisser Gewißheit ist die Erkenntnis, an einer tödlichen Krankheit zu leiden, zwar grundsätzlich vorhanden, sie kann jedoch (noch) nicht offen ausgesprochen und eingestanden werden. Letzteres ist gegen Ende der Phase II besser möglich, und es kommt auch eher zum Akzeptieren des eigenen Sterben-Müssens. *Phase III* beginnt, wenn die medizinische Behandlung von den Ärzten als sinnlos erachtet und eingestellt wird. In dieser terminalen Phase setzen unübersehbarer Verfall und zunehmende Erschöpfung ein. Infolgedessen schränkt sich der Lebensraum des Sterbenden immer mehr ein, und mit der Zunahme von Beschwerden findet ein Verlust von Kontrolle und Autonomie statt. Phase III dauert bis zum Eintritt des Todes.

10.3.4 Anmerkungen zu den Phasen-Lehren des Sterbens

Die dargestellten Phasen-Lehren haben primär heuristischen Wert. Sie dienen der vorläufigen Orientierung in einem derzeit noch kaum strukturierten Feld und sind insofern am angemessensten als

Hypothesen zu verstehen. Gerade dieser unbestreitbare Nutzen der Phasen-Lehren des Sterbens kann aber auch als eine nicht gering zu veranschlagende Gefahr gesehen werden. Viele in der Betreuung unheilbar Kranker und Sterbender tätige Menschen werden sich mit diesen Phasen-Lehren vertraut machen. Manchem Helfer wird es aber in Unkenntnis des methodischen Hintergrundes nicht möglich sein, den Stellenwert der dort gemachten Aussagen richtig einzuschätzen. Es besteht vielmehr die Gefahr, daß die einzelnen Phasen des Sterbeprozesses nicht zuletzt wegen ihrer Anschaulichkeit und Plausibilität als gesicherte Fakten aufgefaßt und im Umgang mit dem Patienten in mehr oder weniger rigider – wenngleich gut gemeinter Weise – angewendet werden. GARFIELD (1978a) berichtet von offensichtlich verzweifelten Schwestern, die darüber sprachen, der Patient müsse zum Fortschreiten von Phase 3 („Verhandeln") nach Phase 4 („Depression") veranlaßt werden, weil sich sein Zustand so rapide verschlechtere, daß ihm möglicherweise keine Zeit mehr bleibe, um Phase 5 („Akzeptieren") zu erreichen. An diesem Beispiel wird deutlich, wie Phasen-Lehren des Sterbens in bester Absicht mißverstanden werden können.

Es kann daher nicht eindringlich genug betont werden, daß die empirische Grundlage der referierten Phasen-Lehren noch unzureichend ist. "To date, no research or systematic clinical observation has verified any preprogrammed set of stages in the dying process; that is, researchers and practitioners have not yet empirically identified any set of linear, unidirectional, and invariant stages" (GARFIELD, 1978a, S. 103).

Generell fehlt eine differentielle Perspektive: die Möglichkeit, daß Personen mit unterschiedlichen Merkmalen auch verschiedenartige Sterbeprozesse durchleben, tritt zugunsten eines uniformen Sterbeverlaufs in den Hintergrund. So werden Persönlichkeitsmerkmale des Moribunden, seine Religiosität, seine Lebenserfahrungen, sein individueller Krankheitsverlauf und seine familiären Verhältnisse – um nur einige Merkmale zu nennen – nicht berücksichtigt (GARFIELD, 1978a; KASTENBAUM & COSTA, 1977; LEHR & SCHUSTER, 1976; SCHULZ & ADERMAN, 1974). Wie bei allen Phasen-Lehren – man vergleiche die traditionelle Entwicklungspsychologie des Kindes- und Jugendalters – besteht darüber hinaus die Schwierigkeit, die einzelnen Phasen hinreichend genau voneinander abzugrenzen. SCHULZ (1978, S. 71) weist zu Recht darauf hin, daß die fälschliche Zuordnung eines Sterbenden zu einer Phase negative Konsequenzen für ihn haben kann; daraus leitet sich die Forderung nach eindeutiger Identifizierbarkeit der Phasen ab. Mit Blick auf die Phasen-Lehre von KÜBLER-ROSS (1969) stellt SCHULZ (1978, S. 71) fest: "Clearly, the stages have little predictive value and perhaps little practical value if one cannot easily specify the stage an individual is in and the stage that is to follow." Diese wenig vorteilhafte Einschätzung der derzeit vorliegenden Phasen-Lehren des Sterbens ist eine Folge des klinischen Vorgehens, anhand dessen sie erarbeitet wurden.

Die berechtigte Kritik an den Phasen-Lehren des Sterbens richtet sich gegen einen für alle Menschen gleichartigen, uniformen und unidirektionalen Ablauf des Erlebens und Verhaltens. Sieht man von diesem Kritikpunkt ab, so bieten die Phasen-Lehren des Sterbens wertvolle Anhaltspunkte dafür, welche Reaktionsformen bei der Auseinandersetzung mit dem nahe bevorstehenden Tod auftreten *können*. *Negation* ist demnach eine herausragende psychische Begleiterscheinung des Sterbeprozesses. Die Phasen-Lehren bieten Anhaltspunkte dafür, daß sich ein Sterbender allmählich immer bedrohlichere Aspekte seiner Situation eingesteht; die Wahrheit wird gewissermaßen nur in bekömmlichen Portionen zur Kenntnis genommen. Negation bzw. Verleugnung hat daher die wichtige Funktion, die psychische Funktionsfähigkeit im Angesicht einer vitalen Bedrohung aufrechtzuhalten. Mit anderen Worten: Für einen Sterbenden kann Negation eine sinnvolle Anpassungsstrategie sein. Eine im Prinzip ähnlich sinnvolle Anpassungsstrategie kann die *Ärgerreaktion* sein. Es ist wichtig zu erkennen, daß Wut und Zorn eines Sterbenden keine bösartigen Verhaltensweisen sind, die sich wahllos (und ungerecht) ein Ziel (z. B. eine Schwester oder einen Pfleger) suchen, sondern Ausdruck der emotionalen Belastung des Betroffenen. Indem er wütend ist, mag der Sterbende sich wenigstens vorübergehend als aktiv Handelnder (und nicht ausschließlich als passiv Erduldender) fühlen. Wie die Phasen-Lehren des Sterbens gezeigt haben, ist *Depression* eine mit Unterbrechungen vorhandene Stimmungslage des Sterbenden. Sie kann zum einen durch Begleiterscheinungen des Krankheitsverlaufs bestimmt sein und zum anderen aus einer antizipierenden Trauer über den Verlust des Lebens resultieren. Schließlich weisen die Phasen-Lehren des Sterbens auch auf die Möglichkeit hin, daß der Moribunde seinen nahe bevorstehenden Tod *akzeptiert*. Nach den Beobachtungen von GARFIELD (1978 a) herrschte bei 5 bis 10 Prozent der Krebspatienten, die sich im Krankenhaus aufhielten, eine Haltung vor, die den eigenen Tod grundsätzlich bejahte; bei unheilbar Kranken, die sich entschlossen hatten, zu Hause zu sterben, lag der Prozentsatz des Akzeptierens des eigenen Todes zwischen 15 und 20. In Einklang mit den Ausführungen in Kapitel 9 ist mit Akzeptieren hier nicht Resignation und ein deprimiertes Sich-Fügen in ein unvermeidliches Schicksal gemeint, sondern eine Gelassenheit, die ihre Grundlage in der Überzeugung hat, daß es mit dem nahenden Ende des eigenen Lebens schon seine Richtigkeit habe.

Negation, Wut und Zorn, Depression, Akzeptieren – dies sind mögliche Reaktionen auf die Bedrohung durch eine unheilbare Krankheit. An dieser Bedrohung kann man nun zwei Aspekte unterscheiden: den Verlust des Lebens und den Verlust der körperlichen Unversehrtheit (z. B. durch eine Operation). Die Arbeiten von VINEY (1983, 1984–1985) geben hierüber und über andere todbezogene Besorgnisse Schwerkranker Auskunft. Untersucht wurden 496 Personen mit schweren und oft schmerzhaften Krankheiten oder Verletzungen durch Unfälle, von denen der größte Teil chronisch herzkrank war; eine entsprechende Anzahl Gesunder diente als Kontrollgruppe. Alle Vpn nahmen an einem Interview teil. Die Auswertung des Interviewmaterials erfolgte anhand der Skalen von GOTTSCHALK et al. (1969; vgl. auch GOTTSCHALK & GLESER, 1969; GOTTSCHALK, 1979) sowie mittels anderer, von der Autorin selbst entwickelter Auswertungsskalen. Beim Vergleich der beiden Gruppen stellte sich heraus, daß sich die Kranken signifikant häufiger mit dem Tod beschäftigten als die Gesunden. Auch fühlten sich die Kranken überzufällig stärker bedroht als die Gesunden, und zwar sowohl durch den Verlust des Lebens als auch durch den Verlust der körperlichen Unversehrtheit. Innerhalb der Gruppe der Kranken richteten sich Besorgnisse stärker auf den Verlust der körperlichen Unversehrtheit als auf den Verlust des Lebens. Kranke, denen eine Operation bevorstand, beschäftigten sich nach eigenem Bekunden intensiver mit dem Tod als Kranke ohne die Aussicht einer nahen Operation. Patienten, die sich im Krankenhaus aufhielten, dachten signifikant häufiger an den Tod als Kranke, die zu Hause waren. Diese Resultate unterstreichen, daß sich ernsthaft erkrankte Personen häufig und intensiv mit Fragen von Tod und Sterben beschäftigen. Die Befunde VINEYS (1983; 1984–1985) zeigen aber auch, daß die Möglichkeit der körperlichen Verletzung (ohne unmittelbare Todesfolge) als mindestens ebenso starke Bedrohung erlebt werden kann wie die Aussicht des eigenen Todes.

Noch weitergehende Aufschlüsse über einige der genannten Reaktionen auf den nahenden eigenen Tod bietet die Untersuchung von VINEY & WESTBROOK (1986–1987). Als mögliche psychische Reaktionen auf eine chronische Krankheit faßten die Autorinnen ein weites Spektrum von Erlebens- und Verhaltensweisen ins Auge: Unsicherheit, Angst vor dem Tod und Angst vor dem Verlust der körperlichen Unversehrtheit; direkt und indirekt geäußerter Zorn, Depression, Hilflosigkeit; Kompetenz und Soziabilität. Es ist zu begrüßen, daß ein breiter Zugang gewählt wurde, der nicht ausschließlich negative bzw. unlustbetonte Reaktionsweisen berücksichtigte, sondern auch positive Merkmale einschloß. Mittels Interview wurden 29 chronisch Kranke (14 Männer, 15 Frauen) im Alter von 21 bis 70 und mehr Jahren untersucht, die innerhalb von vier Monaten nach dem Interview starben. Als Kontrollgruppe diente die gleiche Zahl chronisch Kranker, die innerhalb von sieben Monaten nach dem Interview nicht gestorben waren. Eine weitere Kontrollgruppe bestand aus nicht chronisch Kranken. Alle Teilstichproben waren hinsichtlich Alter, Geschlecht, Ausbildungsniveau, Familienstand und Art der Krankheit parallelisiert. Das Interviewmaterial wurde mittels inhaltsanalytischer Skalen ausgewertet. Die kurz vor ihrem eigenen Tod stehenden chronisch Kranken zeigten weniger Unsicherheit und äußerten direkt weniger Zorn als die Vpn der beiden anderen Gruppen; aber sie zeigten mehr Depression als jede der beiden anderen Gruppen. Die unmittelbar vom Tod bedrohten chronisch Kranken äußerten einerseits mehr positive Erlebens- und Verhaltensweisen (Kompetenz, Soziabilität) und zeigten andererseits weniger indirekt ausgedrückten Zorn als die chronisch Kranken der Kontrollgruppe. Schuldgefühle und Angst vor körperlicher Verletzung waren bei den chronisch Kranken mit nur noch kurzer Lebensdauer stärker als bei den chronisch Kranken ohne akute Todesbedrohung und bei diesen wiederum stärker als bei den nicht chronisch Kranken. Als allgemeine Erkenntnis ist der Studie von VINEY & WESTBROOK (1986–1987) zu entnehmen, daß sich die anhand klinischer Beobachtungen intuitiv erschlossenen psychischen Reaktionsformen auf eine lebensbedrohliche Krankheit in methodisch anspruchsvolleren Untersuchungen abbilden lassen. Dies eröffnet den Weg zu besser gesicherten Erkenntnissen über das Erleben und Verhalten Sterbender.

Gibt es Menschen, welche die Belastung des eigenen Sterbens besser bewältigen als andere? Und wenn es sie geben sollte, durch welche Merkmale zeichnen sich diese Menschen aus? Dies führt zu der makaber anmutenden, weil mehrdeutigen Frage des „erfolgreichen Sterbens". Wäre es tatsächlich so, daß einige Menschen mit den Begleiterscheinungen einer schweren körperlichen Schädigung und der Aussicht ihres relativ nahe bevorstehenden Todes besser fertig werden als andere, so wäre dies auch für das Verhalten von Helfern von Bedeutung. Welches Erleben und Verhalten kann aber mit Blick auf das Sterben eines Menschen als „erfolgreich" gelten? In der Gerontopsychologie werden folgende Merkmale als Indikatoren für „erfolgreiches Altern" angesehen: Subjektives Wohlbefinden und hohe Lebenszufriedenheit, überwiegend positiv getönte Stimmungslage sowie innere Ausgeglichenheit (Thomae, 1984). Wer im höheren und hohen Lebensalter diese Merkmale in ausgeprägtem Maße aufweist, dem ist offensichtlich die Anpassung an die biologischen, sozialen und psychologischen Begleiterscheinungen des Älterwerdens und Altseins geglückt. Nun ist eine direkte Übertragung dieser Kriterien des erfolgreichen Alterns auf das Sterben wenig sinnvoll. Wir schlagen daher vor, die Kennzeichen erfolgreichen Alterns in abgeschwächter Form auf das Sterben anzuwenden und von einem erfolgreichen Sterben dann zu sprechen, wenn ein Sterbender überwiegend Gelassenheit zeigt und die Fähigkeit, aus seiner Situation das den Umständen entsprechend Beste zu machen. Beispielsweise könnte er seine Gedanken darauf richten, wie die Rahmenbedingungen seines Sterbens für sich selbst und seine Angehörigen gestaltet werden sollten, um es für alle Beteiligten so erträglich wie möglich zu machen. So gesehen stellt das Sterben zwar einen besonders belastenden Lebensabschnitt dar, es unterscheidet sich aber nicht grundsätzlich von anderen „kritischen" Lebensereignissen, wie z. B. einem schweren Unfall, der Geburt eines schwerbehinderten Kindes, dem Tod eines Partners o. ä.

Auf der Suche nach Merkmalen, welche für interindividuelle Unterschiede im Erleben und Verhalten während des Sterbeprozesses verantwortlich sein könnten, fallen die Persönlichkeitsdimensionen „Introversion – Extraversion" und „Neurotizismus" ins Auge (siehe Amelang & Bartussek, 1985, S. 291–317). Es handelt sich um die varianzstärksten und am häufigsten in Faktorenanalysen replizierten Persönlichkeitskonstrukte. Wie Forschungen zur Psychologie der seelischen Gesundheit (vgl. zusammenfassend Becker, 1982) gezeigt haben, geht Neurotizismus bzw. emotionale Labilität mit negativem Affekt, Mißbefinden und schlechter Anpassungsfähigkeit an belastende Situationen einher, wogegen Extraversion mit positivem Affekt, subjektivem Wohlbefinden und erfolgreicher Anpassung positiv kovariiert. Es liegt daher nahe anzunehmen, daß Personen mit hohen Neurotizismuswerten einerseits und mit hohen Introversionswerten andererseits weniger „erfolgreich" in dem oben beschriebenen Sinne sterben werden als emotional stabile oder extravertierte Personen. Befunde der Baltimore Longitudinal Study (Costa & McCrae, 1977–1978; Costa, McCrae & Arenberg, 1980; zusammenfassend Costa, McCrae & Arenberg, 1983) haben überzeugend die Stabilität derartiger grundlegender Persönlichkeitsmerkmale über weite Zeitspannen des Erwachsenenalters aufgezeigt. Dies begründet die Annahme, daß das Erleben des eigenen Sterbens prinzipiell ähnlich verläuft wie das Erleben anderer stark belastender Erfahrungen im Verlauf des Lebens. In vereinfachender Weise könnte man daher sagen: Wer im Laufe seines Lebens subjektiv bedrohliche Ereignisse mit relativ großer Gelassenheit erlebt hat, der wird wahrscheinlich auch aus seinem Sterben das den Umständen entsprechend Beste machen können. Wer hingegen angesichts sogenannter kritischer Lebensereignisse wiederholt verzweifelte, der wird auch sein Sterben weniger gut bewältigen können. Shneidmans (1978) Behauptung, ein Mensch sterbe so, wie er gelebt habe, erhält aufgrund dieser Überlegungen den Status einer begründeten Hypothese. Empirische Belege dafür berichtet Schneider (1984).

10.4 Erleben und Verhalten sterbenskranker Kinder

Die Art und Weise, wie sich unheilbar kranke Kinder angesichts der Bedrohung ihres Lebens durch eine unheilbare Krankheit verhalten, ist von erheblichem Interesse sowohl in wissenschaftlicher als auch in praktischer Hinsicht. Aus akademischer Sicht stellt sich beispielsweise die Frage, ob sterbenskranke Kinder früher und damit schneller als gesunde oder vergleichsweise harmlos erkrankte Kinder ein erwachsenengemäßes Todeskonzept entwickeln. Mit anderen Worten: Könnte es sein, daß die Entwicklung des Todeskonzepts insgesamt oder in bestimmten Subkonzepten von der (Organismus-)Variablen „lebensbedrohliche Krankheit" beeinflußt wird? Für die praktischen Belange der Betreuung unheilbar kranker Kinder ist von zentraler Bedeutung, von welchem Alter bzw. kognitiven Entwicklungsstand an Kinder Angst vor Sterben und Tod erleben können. Eine auf die Verständnismöglichkeiten und psycho-sozialen

Bedürfnisse sterbender Kinder abgestimmte Betreuung setzt daher Ergebnisse der Grundlagenforschung sowohl zur Entwicklung des Todeskonzepts beim gesunden Kind (vgl. Kapitel 6) als auch solche über Erleben und Verhalten schwerstkranker Kinder voraus. Literaturübersichten zu dieser Thematik bieten LARBIG (1974), LONETTO (1980, S. 169–178), NEUMÄRKER (1980) und SPINETTA (1974).

Es besteht weitgehend Übereinstimmung darüber, daß unheilbar kranke Kinder unter 5 Jahren in Ausnahmefällen Angst vor dem Tod erleben können, daß aber die Mehrzahl der sterbenskranken Kinder dieses Alters Ängste erleben, die sich auf Trennung, Einsamkeit und andere Aspekte ihrer Hospitalisierung beziehen (SPINETTA, 1974; STAMBROOK & PARKER, 1987). Dies steht auch in Einklang mit jenen Aussagen, die in Kapitel 6 über die Entwicklung emotionaler Aspekte des Todeskonzepts gesunder Kinder gemacht wurden. Im Altersbereich von 6 bis 10 Jahren besteht dann mehr und mehr die Möglichkeit, daß die Kinder die Ernsthaftigkeit und Bedrohlichkeit ihrer Erkrankung erfassen und auch Angst vor ihrem eigenen Tod erleben. Sofern ihnen noch keine konzeptionell elaborierten Vorstellungen über den eigenen Tod verfügbar sind, dürfte den unheilbar kranken Kindern in diesem Alter aber mindestens bewußt sein, daß etwas sehr Ernstes und Gefährliches mit bzw. in ihnen geschieht.

BLUEBOND-LANGNER (1977, 1978) führte über einen Zeitraum von neun Monaten teilnehmende Beobachtungen und Interviews bei 32 Kindern im Alter von 3 bis 9 Jahren durch. Alle Kinder waren unheilbar an Leukämie erkrankt, und die Untersuchungen fanden daher im Krankenhaus statt. Im Umgang mit den Kindern verwendete die Untersucherin eine Variante der Spieltherapie, die es den kleinen Vpn gestattete, ihr Erleben zu äußern, ohne auf gezielte Fragen antworten zu müssen. Ergänzende Informationen über die Kinder stammten aus informellen Interviews mit Eltern und Betreuern sowie aus den Behandlungsunterlagen. Eine formalisierte Auswertung der so gewonnenen Informationen erfolgte nicht.

Ausgangspunkt der Studie war die Frage, wie unheilbar kranke Kinder herausfinden, daß sie im Begriff sind zu sterben, obwohl ihnen dies niemand sagt. Eine weitere Frage war, wie sterbende Kinder ihr Wissen über ihren Zustand vor ihren Eltern und dem Klinikpersonal verheimlichen. Die von BLUEBOND-LANGNER (1977, 1978) untersuchten Kinder waren über ihre Umgebung ausgezeichnet informiert. So kannten sie die bauliche und personelle Struktur des Krankenhauses, die Funktionen der verschiedenen Räume sowie die Aufgabenteilung innerhalb des medizinischen Personals. Detaillierte Kenntnisse besaßen sie auch über ihre Krankheit, die Behandlungsmethoden, den Krankheitsverlauf sowie über ihre Prognose. Die Tatsache, daß sie so umfangreiche Kenntnisse erwerben konnten, ist um so bemerkenswerter, als die Kinder von ihren Eltern und dem Klinikpersonal nicht unterrichtet worden waren.

Der *Erwerb von Kenntnissen über ihre Krankheit* (Leukämie) erfolgte in fünf Phasen, von denen eine jede neue und bedeutsame Informationen erbrachte. Zunächst lernten die Kinder, daß es sich bei ihrer Krankheit um eine schwerwiegende Erkrankung handelte. In dieser *ersten Phase* lernten sie auch die Namen von Medikamenten und deren Nebenwirkungen. Im Laufe der *zweiten Phase* wußten die kindlichen Patienten, welches Medikament wann und wofür verabreicht wird. Am Ende der *dritten Phase* wußten die Kinder über den Zweck bestimmter Handlungsmethoden Bescheid. Sie hatten gelernt, welche Symptome welche Therapiemaßnahmen zur Folge hatten. Aber sie betrachteten jede Behandlung noch als ein einmaliges Ereignis. Erst in der *vierten Phase* vermochten sie Behandlungsmaßnahmen und Symptome in einer weiteren Perspektive zu sehen. Die Kinder hatten nun eine Vorstellung vom gesamten Krankheitsprozeß, nämlich daß es sich um eine Serie von Besserungen und Verschlechterungen handelte bzw. daß man immer wieder in der gleichen Weise erkranken kann. In der *fünften Phase* wurde den Kindern bewußt, daß dieser Wechsel von Abschnitten relativ guten und schlechten Befindens für sie mit dem Tod enden würde. Sie erkannten, daß die Zahl und Wirksamkeit der Medikamte nachläßt. Die im Verlauf dieser fünf Phasen erworbenen Informationen sind nach Ansicht der Untersucherin kumulativ, d. h., die Kenntnisse einer vorhergehenden Phase sind notwendig zur Interpretation der Informationen in der nächstfolgenden Phase.

Parallel zu dem in fünf Phasen verlaufenden Erwerb von Kenntnissen über die eigene Krankheit vollzogen sich nach den Beobachtungen von BLUEBOND-LANGNER (1977, 1978) *Veränderungen des Selbstkonzepts*. Unter Selbstkonzept, Selbstschema oder Selbstbild versteht man die Gesamtheit der Merkmale, über die eine Person zu ihrer Selbstbeschreibung verfügt (z. B. musikalisch, Brillenträger, Briefmarkensammler). In der *ersten Phase* betrachteten sich die Kinder als ernsthaft erkrankt. Dieses gegenüber dem bisherigen Status des Gesunden veränderte Selbstkonzept zeigte sich daran, daß die Kinder Veränderungen an ihrem Körper und insbesondere Operationswunden bereitwillig und wiederholt zeigten und die Reaktion der Erwachsenen genau beobachteten. Die Erfahrung, daß der gesundheitliche Zustand sich zum Beispiel als Folge von Medikamenten verbesserte, führte zur *zweiten Phase*. Hier betrachteten die Kinder sich als zwar ernsthaft krank, jedoch auf dem Wege der Besserung. Auch suchten die Kinder Bestätigung für ihre Überzeugung, daß die Medikamente ihnen Besserung bringen würden. Mit dem ersten Rückfall begann der Zyklus von Besserung und Verschlechterung. In der *dritten Phase* gaben die Kinder die Vorstellung, einmal vollständig geheilt zu werden, auf. Sie erkannten vielmehr, daß sie in Zukunft immer krank sein würden, hielten aber eine wenigstens partielle Besserung für möglich und wahrscheinlich. Mit jedem weiteren Rückfall und jeder neuerlichen Krankheitserfahrung wuchsen bei den Kindern die Zweifel, daß sie geheilt werden könnten. In der *vierten Phase* sahen sich die Kinder selbst als Kinder, die in Zukunft immer schwer krank sein werden bzw. für die keine Möglichkeit einer grundsätzlichen Besserung besteht. Voraussetzung für den Übergang zur *fünften und letzten Phase* war, daß die Kinder vom Tod eines Schicksalsgenossen erfahren hatten. Sie erkannten nun, daß der Wechsel von Besserung und Verschlechterung nicht ad infinitum andauern kann, sondern daß an seinem Ende der Tod steht. In dieser Phase verstanden die Kinder, daß sie mit den anderen unheilbar kranken Kindern nicht nur bestimmte Erfahrungen gemeinsam haben, sondern auch die Prognose. Das Selbstbild des Sterbenden zeigte sich besonders in den spielerischen Phantasien der moribunden Kinder: darin vermieden sie die Zukunft und äußerten gleichzeitig Ungeduld und Besorgnis über Zeitverschwendung.

BLUEBOND-LANGNER (1977, 1978) ist der Überzeugung, daß das Fortschreiten von einer Phase zur folgenden an bestimmte Ereignisse gebunden ist. Beispielsweise sind wiederholte Klinikbesuche und Gespräche mit anderen leukämiekranken Kindern die Voraussetzung für den Eintritt in Phase 2; das wiederholte Erleben von Besserung und Verschlechterung des eigenen Zustands ist die Bedingung für den Übergang in Phase 3; die Kenntnis vom Tod eines anderen leukämiekranken Kindes ist die Voraussetzung für das Erreichen der Phase 5. Diese Ereignisse waren in der relativ uniformen Umgebung eines Krankenhauses für alle Kinder in etwa gleicher Weise gegeben. Treten die entsprechenden Ereignisse nicht zum „richtigen" Zeitpunkt ein, schreitet das Kind nicht in die nächste Phase fort. Auch werden Phasen nicht übersprungen; wenn ein Kind in Phase 2 erfuhr, daß ein anderes Kind gestorben war, trat es nicht in Phase 5 ein. Nach BLUEBOND-LANGNER (1977, 1978) ist ein Ereignis nur auf der Basis einschlägiger kumulierter Vorerfahrungen wirksam.

WAECHTER (1971) untersuchte 64 Kinder im Alter zwischen 6 und 10 Jahren. Die Stichproben bestanden aus folgenden Gruppen, die hinsichtlich zahlreicher Merkmale parallelisiert worden waren: (1) Unheilbar kranke Kinder; (2) chronisch, jedoch nicht lebensbedrohlich erkrankte Kinder; (3) Kinder mit vergleichsweise harmlosen Krankheiten von kurzer Dauer; (4) gesunde, nicht hospitalisierte Kinder. Die Vpn der ersten drei Gruppen befanden sich im Krankenhaus, als sie untersucht wurden. Jedem Kind wurden acht mehrdeutige Bilder vorgelegt mit der Aufforderung, zu jedem Bild eine Geschichte zu erzählen. Zusätzlich wurden die Eltern befragt, um Faktoren zu erfassen, welche die Qualität und Intensität der Beschäftigung mit der Todesthematik beeinflussen könnten. Verglichen mit den anderen Gruppen enthielten die Geschichten der unheilbar kranken Kinder mehr todbezogene Themen (als Besorgnisse hinsichtlich Trennung und Verstümmelung) und mehr Hinweise auf eine Bedrohung der körperlichen Unversehrtheit. WAECHTER (1971) kam zu dem Schluß, daß sterbenskranke Kinder im Alter von 6 bis 10 Jahren sich gedanklich intensiv mit dem Tod beschäftigen und stärkere Angst vor dem Tod haben als ihre Altersgenossen mit „nur" chronischen Krankheiten. Diese Untersuchung verweist auf die Möglichkeit, daß 6- bis 10jährige mit einer infausten Prognose sich nicht nur ihres bevorstehenden Todes bewußt sind, sondern dieses Bewußtsein auch artikulieren können. Zu ganz ähnlichen Resultaten gelangten SPINETTA, RIGLER & KARON (1973).

Eine Fortführung der Untersuchung WAECHTERS (1971) erfolgte durch SPINETTA, RIGLER & KARON (1974). Ziel dieser Studie war, eventuell vorhandene Gefühle des Verlassenseins bei unheilbar kranken Kindern festzustellen. Als Maß für erlebte Isolation benutzten die Autoren die Distanz zwischen dem Kind und wichtigen Personen seiner Umgebung, wie sie in einer Spielsituation zum Ausdruck kam. In der Altersspanne von 6 bis 10 Jahren wurden 25 Kinder mit der Diagnose Leukämie und 25 Kinder mit einer chronischen, aber nicht lebensbedrohlichen Krankheit (z. B. Diabetes, Asthma) untersucht. Die an Leukämie erkrankten Kinder waren über ihre Diagnosen bzw. Prognosen nicht informiert worden. Hinsichtlich Häufigkeit und Intensität der Klinikerfahrungen, Alter, Geschlecht und weiteren Merkmalen waren die beiden Gruppen weitgehend vergleichbar.

Die Kinder wurden an das Modell eines Krankenhauszimmers geführt, in dessen Bett ein (Puppen-)Kind lag. Unter Hinweis auf den Freund, der sehr krank sei, wurden sie gebeten, eine Geschichte zu erfinden. Eingebettet in ihre Geschichte sollten sie vier Figuren (Arzt, Schwester, Vater, Mutter) in dem Modell-Zimmer so plazieren, wie es der Position dieser Personen *üblicherweise* entspreche. Danach wurden die Vpn aufgefordert, die Puppen dort zu plazieren, wo sie sie *am liebsten* hätten. Die Entfernung der plazierten Figuren vom (Puppen-)Kind im Bett wurde als Distanzmaß verwendet. Bei ihrem ersten Klinikaufenthalt wurden unter der Bedingung „üblicherweise" sowohl die Schwesternfigur als auch die Mutterfigur von den leukämiekranken Kindern in signifikant größerem Abstand vom Puppen-Kind plaziert als von den chronisch kranken Kindern. Bei nachfolgenden Aufenthalten wurden unter der Bedingung „üblicherweise" von den Kindern beider Gruppen die Schwester, der Arzt und die Mutter signifikant weiter entfernt plaziert als beim ersten Aufenthalt; die Tendenz, die Figuren bei wiederholten Klinikaufenthalten weiter entfernt aufzustellen, war bei den Kindern mit lebensbedrohlicher Krankheit überzufällig stärker als bei den Kindern mit vergleichsweise harmloser chronischer Krankheit. Unter der Bedingung der bevorzugten Distanz („am liebsten") wurden Mutter und Vater von den Kindern der Leukämie-Gruppe signifikant weiter entfernt plaziert als von den chronisch kranken Kindern. Es zeigten sich keine Geschlechtsunterschiede.

Unter Bezugnahme auf Prinzipien der sozialen Lerntheorie werten SPINETTA et al. (1974) diese Resultate als Ausdruck einer zunehmenden Distanzierung des Kindes von seinen wichtigsten Bezugspersonen. Die Tendenz zum Rückzug bestand vom ersten Klinikaufenthalt an, und sie nahm mit jedem weiteren Klinikaufenthalt zu. Das vielleicht bemerkenswerteste Ergebnis dieser Untersuchung ist darin zu sehen, daß diese zunehmende Distanzierung von den sterbenskranken Kindern selbst gewünscht wurde. Die Ergebnisse anderer, meist älterer Untersuchungen bestätigen die bisher mitgeteilten Befunde. NATTERSON & KNUDSON (1960) und MORRISSEY (1963) fanden übereinstimmend Trennungsangst, Angst vor der Zerstörung des eigenen Körpers und Angst vor dem Tod bei sterbenden Kindern. Nach den Beobachtungen von EASSON (1974) besteht eine für Kinder typische Deutung des Todes darin, ihn als Bestrafung für schlechtes Verhalten zu betrachten.

Die referierten Studien belegen, daß sterbenskranke Kinder, die über ihre Prognose nicht ausdrücklich informiert worden sind, dennoch über ihre Krankheit und deren Begleitumstände sehr gut Bescheid wissen können. Dies scheint auch dann der Fall zu sein, wenn sich die Erwachsenen darum bemühen, die entsprechenden Informationen von den betroffenen Kindern fernzuhalten. So fanden BINGER, ABLIN, FEUERSTEIN, KUSHNER, ZOGER & MIKKELSEN (1969), daß leukämiekranke Kinder im Alter von vier und fünf Jahren sich der Konsequenz ihrer Krankheit und ihres bevorstehenden Todes bewußt waren, obwohl ihre Eltern sie gegen derartige Erkenntnisse abgeschirmt hatten.

Die herangezogenen Arbeiten belegen ferner, daß unheilbar kranke Kinder sich gedanklich mit Sterben und Tod beschäftigen, daß sie Angst vor Sterben und Tod haben und daß sie dazu tendieren, sich von wichtigen Bezugspersonen zurückzuziehen. Es kann demnach kaum bezweifelt werden, daß mindestens ältere Kinder über etwa acht Jahren, sofern sie lebensbedrohlich erkrankt sind, ihren bevorstehenden Tod erkennen und Angst davor haben. Ob dies auch für jüngere Kinder gilt, ist schwer zu beurteilen. In der bereits früher (vgl. Abschnitt 6.3.5) erwähnten Untersuchung von JAY et al. (1987) wurden Jungen und Mädchen im Alter von drei bis 16 Jahren, die an Leukämie oder an Tumoren erkrankt waren, mit einer vergleichbaren Gruppe gesunder Vpn hinsichtlich ihres Todeskonzepts verglichen. Im Altersbereich von drei bis sechs Jahren äußerten die lebensbedrohlich kranken Kinder das Konzept des persönlichen Todes, d. h. die Möglichkeit, selbst sterben zu können, signifikant seltener als die gesunden Kinder. Auch die Vorstellung, der Tod sei eine Strafe für begangene Sünden und für Fehlverhalten, wurde von den kranken Kindern der Altersbereiche drei bis sechs Jahre und sieben bis 12 Jahre überzufällig weniger geäußert. Insgesamt fanden sich keine Anhaltspunkte dafür, daß das Todeskonzept der krebskranken Kinder weiter fortgeschritten bzw. „reifer" war als dasjenige der gesunden Kinder.

Bei der allmählichen Annäherung an ihren Tod scheinen sich sterbende Kinder im Prinzip nicht anders zu verhalten als sterbende Erwachsene: Sie zeigen Zorn, Schuldgefühle und Verneinung. Man muß also stets mit der Möglichkeit rechnen, daß todbezogene Ängste, Wut und Schuldgefühle nicht nur offen geäußert werden, sondern sich auch in versteckter Form manifestieren (vgl. BÜRGIN, 1978). Von daher sind Zeichnungen, spielerische Gestaltungsverfahren und projektive Geschichtenproduktionen unbedingt geeignete Untersuchungsverfahren für derartige Fragestellungen.

Die wichtige Frage nach den *spezifischen* Einflüssen einer unheilbaren Krankheit auf das Erleben und Verhalten von Kindern kann nicht schlüssig beantwortet werden, weil eventuelle spezifische Effekte einer tödlichen Krankheit überlagert sind von den Auswirkungen der Hospitalisierung und des Krankseins im allgemeinen. Mit anderen Worten: Es ist nicht feststellbar, inwieweit Angst vor Einsamkeit und Tod Reaktionen auf die Bedrohung des eigenen Lebens oder aber auf die Begleiterscheinungen des Klinikaufenthaltes (z. B. Diagnose- und Therapiemaßnahmen, Schmerzen) oder auf beides sind. Immerhin muß man vorläufig damit rechnen, daß die Angst sterbenskranker Kinder mindestens teilweise durch das Verhalten der Erwachsenen und durch Prozeduren bei Diagnostik und Therapie, die ihnen unverständlich und geheimnisvoll sind, mitverursacht werden (WOLFF, 1979).

Was die Entwicklung des Todeskonzepts sterbender Kinder anbelangt, so ist die Forschung in quantitativer und qualitativer Hinsicht weit hinter der im Bereich gesunder Kinder zurück. Die Ursachen dafür dürften zum einen darin zu sehen sein, daß sterbende Kinder sehr viel schwerer als Vpn zu gewinnen sind als gesunde oder vergleichsweise harmlos erkrankte Kinder. Auch machen die Lebensumstände sterbenskranker Kinder (z. B. Nachwirkungen von Medikamenten, Klinikaufenthalt) in aller Regel Abstriche sowohl von der idealen Untersuchungsanordnung als auch von der optimalen Untersuchungsdurchführung notwendig. Zum anderen erwachsen Hindernisse für methodisch anspruchsvollere Untersuchungen aus ethischen Erwägungen. Gerade mit Blick auf die noch nicht abgeschlossene kognitive und emotionale Entwicklung von Kindern und die daraus resultierenden eingeschränkten Möglichkeiten der Bearbeitung bedrohlicher Situationen wird man beim Einsatz von Untersuchungsverfahren, welche todbezogene Sorgen und Befürchtungen induzieren könnten, besonders zurückhaltend sein.

11. DIE PSYCHISCHE SITUATION DES PFLEGEPERSONALS BEI DER BETREUUNG STERBENDER

In Kapitel 10 wurde die psychische Verfassung unheilbar Kranker und Sterbender behandelt. Von den verschiedenen Dimensionen, die wir in Kapitel 2 an dem gesamten Merkmalsbereich „Sterben und Tod" unterschieden haben, entspricht die psychische Verfassung Moribunder dem Aspekt „eigenes Sterben". Nun wird eine isolierte Betrachtung, die sich allein auf den Sterbenden richtet, den Gegebenheiten aber kaum gerecht. Tatsächlich wird ein Sterbender nur in Ausnahmefällen völlig allein und unbemerkt von anderen Menschen sein bzw. bleiben. Im Regelfall dürfte es vielmehr so sein, daß am Sterben eines Menschen drei Personengruppen unmittelbar beteiligt sind: der Sterbende selbst, Ärzte und Betreuer sowie die Angehörigen des Sterbenden. Gegenstand dieses Kapitels ist die psychische Situation von Helfern, die mit der Betreuung Sterbenskranker befaßt sind. Dabei werden die Begriffe „Pflegepersonal" und „Helfer" als Oberbegriffe verwendet, unter die Ärzte, Krankenschwestern und Pfleger subsumiert werden. Die gegenwärtige Befundlage rechtfertigt es, auf eine differenzierte Darstellung, welche die Situation von Ärzten und Schwestern gesondert behandelt, zu verzichten. Gleichwohl liegt im folgenden der Akzent stärker auf der Situation der Schwestern und Pfleger als auf derjenigen der Ärzte. Für alle Helfer handelt es sich – greift man auf unser mehrdimensionales Schema zurück – um das Sterben eines anderen Menschen („fremdes Sterben") und – daran anschließend – um den Tod eines anderen Menschen.

11.1 Rahmenbedingungen

In den wirtschaftlich und technisch hochentwickelten Ländern vollzieht sich Sterben kaum mehr in der Privatsphäre der Familie, sondern in den meisten Fällen im Krankenhaus. Neben veränderten Familienstrukturen und einem Wandel in den Wohnverhältnissen ist eine wesentliche Ursache für diese Entwicklung in den Fortschritten der Medizin und der Medizintechnik zu sehen. In früheren Zeiten bestand nur ein geringfügiger Unterschied zwischen den Behandlungsmöglichkeiten eines niedergelassenen Arztes und denen in einem Krankenhaus, wenn es sich um chronische und unheilbare Krankheiten handelte. Es war daher sinnvoll, daß Patienten mit langwierigen und lebensgefährlichen Krankheiten nach Hause gingen, um dort zu sterben. Denn die im Rahmen der Großfamilie mögliche individuelle Betreuung schien die eventuellen Nachteile einer nicht ganz optimalen medizinischen Versorgung zu überwiegen. Dies hatte zur Folge, daß Ärzte und Schwestern im Krankenhaus verhältnismäßig selten über lange Zeitspannen mit unheilbar Kranken konfrontiert waren. Im Gegensatz dazu sind heute wirkungsvolle Diagnose- und Behandlungsmöglichkeiten nur in (Groß-)Krankenhäusern vorhanden. Daher begeben sich gerade Schwerkranke mit fraglicher oder ungünstiger Prognose und einer voraussichtlich langen Verweildauer ins Krankenhaus. Sie erhoffen sich dort mit Recht am ehesten Heilung, in jedem Fall aber Linderung ihrer Beschwerden und eine Verlangsamung des Krankheitsverlaufes. Da aufgrund der Fortschritte der Medizin eine Verlangsamung des Krankheitsverlaufes in vielen Fällen möglich ist, ist die Zahl der Patienten mit langem Aufenthalt und ungünstiger Prognose heute erheblich höher als in früheren Zeiten. Waren die Betreuungsphasen früher eher kurz (der Patient starb bald, er verließ die Klinik nach rascher Genesung oder wegen einer nicht mehr beeinflußbaren Erkrankung), so überwiegen heute langfristige Betreuungsfälle auf den entsprechenden Stationen. Damit ist das Pflegepersonal in stärkerem Maße als früher vor die Aufgabe gestellt, Patienten mit mindestens ungewisser, vielfach aber auch mit ungünstiger Prognose über Wochen und Monate zu betreuen, während die Krankheit fortschreitet.

Innerhalb des medizinischen Personals haben Krankenschwestern und -pfleger insofern eine herausragende Stellung inne, als sie einerseits am häufigsten Umgang mit dem Patienten haben und andererseits aufgrund ihrer Ausbildung die besten Voraussetzungen für die Befriedigung der psycho-sozialen Bedürfnisse Sterbender mitbringen (QUINT BENOLIEL, 1978). Damit sind sie aber auch diejenige Personengruppe, die am stärksten den Belastungen unterliegt, welche der Umgang mit unheilbar Kranken und Sterbenden mit sich bringt. Es ist daher nicht verwunderlich, daß man seit geraumer Zeit der Frage nachgeht, welche psychischen Merkmale Ärzte und vor allem Schwestern aufweisen, die Sterbenskranke versorgen. An die Beantwortung dieser Frage knüpft sich die (vielfach unausgesprochene) Erwartung, eines Tages nach Art der Personalauslese die für diese anspruchsvolle und wegen des besonderen Patientengutes psychisch belastende Tätigkeit am besten geeigneten Bewerber/innen auswählen zu können. So sinnvoll diese Überlegung sowohl mit Blick auf die Patienten als auch im Interesse der Helfer selbst sein mag, so sehr dürfte sie vorerst ein Fernziel bleiben. Denn noch ist nicht hinreichend empirisch geklärt, was positive und mit Blick auf die Verfassung des Patienten funktionale Merkmale und Verhaltensweisen von Helfern sind, auf die hin eine Auswahl erfolgen könnte.

Im folgenden geht es um die vergleichsweise einfachere Frage, welche Merkmale Helfer, die unheilbar Kranke und Sterbende versorgen, tatsächlich aufweisen, wie sie ihre Tätigkeit erleben und wie sie sich den Patienten gegenüber verhalten. Grundsätzlich müssen situationsbedingte Erlebens- und Verhaltensweisen von situationsunabhängigen Persönlichkeitsmerkmalen unterschieden werden. Zahlreiche Erlebens- und Verhaltensweisen eines Helfers sind an eine konkrete Situation gebunden, wie z. B. Schuldgefühle im Anschluß an die Verschlechterung des Zustandes eines Patienten und daraus resultierende besondere Fürsorglichkeit. Derartige aktuelle Erlebens- und Verhaltensweisen können sowohl durch Selbstberichte (Fragebogen, Interview) als auch durch Verhaltensbeobachtung erfaßt werden. Die Disposition, in einer bestimmten Situation vorwiegend in einer ganz spezifischen Weise zu reagieren (z. B. aggressiv), wird in der Persönlichkeitspsychologie als überdauerndes, von den konkreten situativen Gegebenheiten weitgehend unabhängiges Persönlichkeitsmerkmal aufgefaßt (nämlich Aggressivität). Persönlichkeitsmerkmale ("traits") werden üblicherweise durch Selbstberichte (Fragebogen, Interview) operationalisiert. Für die Beantwortung der allgemeinen Frage: „Welche Merkmale, Erlebens- und Verhaltensweisen kennzeichnen Menschen, die unheilbar Kranke und Sterbende betreuen?" sind situationsabhängige Verhaltensweisen deshalb ebenso von Interesse wie überdauernde Persönlichkeitsmerkmale, weil die Auftretenswahrscheinlichkeit ersterer in gewissen Grenzen vom Ausprägungsgrad letzterer abhängt.

11.2 Situationsabhängige Erlebens- und Verhaltensweisen von Helfern

Tabelle 11.1 gibt eine Übersicht über Untersuchungen, die situationsabhängigen Erlebens- und Verhaltensweisen von Helfern bei der Betreuung Sterbender nachgegangen sind. Es handelt sich teils um deskriptiv-qualitative Studien (KLOCKENBUSCH, 1986; SCHMITZ-SCHERZER et al., 1980), teils um beschreibend-quantifizierende Arbeiten (HELLER, 1980; KINCADE, 1982–1983; G. J. NEIMEYER, BEHNKE & REISS, 1983; POPOFF & FUNKHOUSER, 1975). Erläuterungsbedürftig ist die Arbeit von G. J. NEIMEYER et al. (1983). Ihr Befund, daß Ärzte mit ausgeprägter Angst vor Tod und Sterben durch den Tod eines Patienten weniger affiziert wurden als Ärzte mit schwacher Angst vor Tod und Sterben, ist erst vor dem Hintergrund von KELLYS Theorie der persönlichen Konstrukte verständlich (vgl. die Ausführungen in Abschnitt 4.3). Im Rahmen dieser Theorie spiegelt die Angst vor dem Tod die Unfähigkeit des Individuums wider, den Tod als etwas Bedeutsames zu verstehen und in seine Vorstellungen von der Welt einzuordnen. Weil der Tod für die in diesem Sinne ängstlichen Ärzte nicht zu verstehen war, berührte sie das Ableben eines Patienten wenig; ihre Kollegen mit geringer Angst vor dem Tod, für die der Tod als bedeutsames Ereignis verstehbar war, waren dagegen vom Tod eines Patienten stärker betroffen. Es ist offensichtlich, daß diese Interpretation mit weiten Bereichen persönlichkeitspsychologischen Grundlagenwissens unvereinbar ist.

Wie aus Tabelle 11.1 zu ersehen ist, treten im Umgang mit Sterbenskranken bei Ärzten, Schwestern und Pflegern Unsicherheit, Hilflosigkeit, Konflikte und Aggressionen auf. Einzelheiten und vor allem differenzierte Informationen, die sich wegen ihrer Fülle nicht vollständig in Tabellenform darstellen lassen, bieten die Arbeiten von HELLER (1980), KINCADE (1982–1983) und POPOFF & FUNKHOUSER (1975); insbesondere die letztgenannte Befragung aus dem Jahre 1974 ist wegen ihres großen Stichprobenumfangs bemerkenswert. HELLER (1980) fand, daß das Gespräch mit einem unheilbar Kranken über seine eigene Situation von 39% der Ärzte, von 33% der Pfleger und Schwestern sowie von 19% der Helfer, Praktikanten und Schüler als unangenehm empfunden wurde. Ihr Unwohlsein bei Visiten bei Sterbenden beurteilten die Ärzte mit 4,3, die Schwestern und Pfleger mit 4,0 und die Helfer, Praktikanten und Schüler mit 3,8 auf einer Skala, die von 1 (gar nicht unwohl) bis 5 (sehr unwohl) reichte.

Tabelle 11.1: Untersuchungen zu situationsabhängigen Erlebens- und Verhaltensweisen von Helfern, die Sterbende betreuen

Autor(en)	Stichprobe(n)	Untersuchungs-verfahren	Ergebnis(se)
HELLER (1980)	N = 68 Ärzte, Schwestern, Pfleger	Fragebogen	Gespräch mit Sterbendem wurde von 39 % der Ärzte und von 33 % der Schwestern/Pfleger als unangenehm erlebt
KINCADE (1982–1983)	N = 483 Ärzte, "housestaff", Schwestern	Fragebogen	20 % der Vpn äußerten Unbehagen bei Gespräch mit Sterbenden, 48 % ohne Unbehagen
KLOCKENBUSCH (1986)	N = 30 Pflegekräfte	Interview	Unsicherheit, Hilflosigkeit, Schuldgefühle, Konflikte, Aggression
NEIMEYER et al. (1983)	N = 25 Ärzte	Fragebogen	Ärzte mit starker Angst vor Tod und Sterben wurden durch den Tod eines Patienten weniger berührt als Ärzte mit schwacher Angst vor Tod und Sterben
PEARLMAN, STOTSKY & DOMINICK (1969)	N = 68 Krankenschwestern und Schwestern-Schülerinnen	Halbstrukturiertes Interview	"Fertige" Schwestern spendeten mehr Trost und Fürsorge als Schülerinnen; Schülerinnen beachteten einen Sterbenden stärker als "fertige" Schwestern
POPOFF & FUNKHOUSER (1975)	N = 15 430 Schwestern und Pfleger	Fragebogen	47 % der Vpn erlebten Unbehagen bei Gespräch mit Sterbenden über dessen Tod, 45 % erlebten Erleichterung. – Hilflosigkeit, Aggression.
SCHMITZ-SCHERZER et al. (1980)	n_1 = 88 Seelsorger, Ärzte, Pfleger	Interview	Unsicherheit, Hilflosigkeit, Schuldgefühle
	n_2 = 181 Krankenpflegeschüler	Fragebogen	

Darüber hinaus erhielt HELLER (1980) von den Befragten folgende Angaben über ihre Gefühle beim Umgang mit einem Sterbenden: Betroffenheit berichteten 21%, Mitleid/Mitgefühl 21%, Hilflosigkeit/Versagen 20%, Trauer/Depression 12%, Erleichterung 12%, Gelassenheit 9%.

Wenn ein Sterbender auf seinen bevorstehenden Tod zu sprechen kommt, löst dies nach den Ergebnissen von POPOFF & FUNKHOUSER (1975) bei 47% der befragten Krankenschwestern und Pfleger Angst und Unwohlsein aus. Ein nahezu gleichgroßer Anteil der Befragten (45%) gab allerdings Erleichterung an. Die Art der psychischen Reaktion in einer derartigen Situation scheint u. a. davon abzuhängen, ob und wieweit die Schwester bzw. der Pfleger ihre bzw. seine eigene Endlichkeit zu akzeptieren vermag. Wer von den Befragten sich mit seiner eigenen Sterblichkeit auseinandergesetzt und eine Art Lebensphilosophie entworfen hatte, die den eigenen Tod als natürliches Geschehen einschloß, der erlebte weniger Angst und Unwohlsein, wenn er von einem Sterbenden auf dessen nahes Ende angesprochen wurde. Neben der Auseinandersetzung mit dem eigenen Sterben und Tod dürfte aber auch das Alter des Sterbenden für das Erleben und Verhalten von Helfern eine Rolle spielen. Die amerikanischen Krankenschwestern gaben an, ihnen falle der Umgang mit Sterbenden weniger schwer, wenn es sich um Neugeborene und um alte Menschen handele; besonders betroffen seien sie beim Tod von Kindern und Jugendlichen. Bemerkenswert an den Ergebnissen der Umfrage von POPOFF und FUNKHOUSER (1975) ist, daß die Sorge für einen Sterbenden von etwa der Hälfte der Befragten (53%) als gelegentlich oder fast immer befriedigend erlebt wurde. Kraft und Unterstützung hatten 70% der Befragten aus der Begegnung mit Sterbenden gewonnen. Vergegenwärtigt man sich, daß 54% der Befragten nach eigenem Bekunden eine erfolgreiche Auseinandersetzung mit ihrem eigenen Tod erreicht hatten, so unterstreicht dies die Notwendigkeit, nach grundlegenden Merkmalen zu suchen, die erfolgreiche Helfer im Umgang mit Sterbenden von weniger erfolgreichen unterschieden.

11.3 Persönlichkeitsmerkmale von Helfern

In Tabelle 11.2 sind deskriptiv-quantifizierende Untersuchungen zusammengestellt, in denen Persönlichkeitsmerkmale von Helfern erfaßt wurden, die Sterbende betreuen.

Der Befund von AMENTA (1984a), daß solche Betreuer eines Hospizes, die im Anschluß an eine Einführungszeit innerhalb eines Zeitraumes zwischen vier und elf Monaten freiwillig ausgeschieden waren, stärkere Angst vor Tod und Sterben äußerten als Betreuer, die länger im Hospiz blieben, ist in unterschiedlicher Weise interpretierbar. Zum einen kann schwache bis mittelmäßige Angst vor Tod und Sterben im Sinne einer Disposition dazu beitragen, daß die Betreuung Sterbender subjektiv erträglich bleibt und der Betreuer seinen Beruf auf Dauer ausüben kann. Für Betreuer mit einer hohen Ausgangslage hinsichtlich der Angst vor Tod und Sterben wird die tägliche Begegnung mit Sterbenden hingegen so belastend, daß sie nicht langfristig beibehalten werden kann. Zum anderen kann die schwächere Angst vor Tod und Sterben auf seiten der längerfristig im Hospiz tätigen Betreuer als Ausdruck einer Desensibilisierung angesehen werden. Aus nicht bekannten Gründen behalten diese Personen ihre Tätigkeit bei und erfahren erst nach längerer Zeit eine Abschwächung ihrer Angst vor Tod und Sterben; ihre Kollegen, die freiwillig ausgeschieden sind, waren zu kurz im Hospiz tätig, als daß die Desensibilisierung hätte wirksam werden können. Aufgrund des Untersuchungsberichtes besteht keine Möglichkeit, eine Entscheidung zugunsten einer der beiden Alternativinterpretationen zu treffen.

AMENTA (1984b) fand zwar keine Unterschiede in der Angst vor Tod und Sterben zwischen Schwestern eines Hospizes und solchen eines „normalen" Krankenhauses, jedoch verschiedene Unterschiede in anderen Persönlichkeitsmerkmalen. So erwiesen sich die Hospiz-Schwestern im 16-PF-Test (CATTELL, EBER & TATSUOKA, 1970) als signifikant selbstbewußter und durchsetzungsfähiger, unter Belastung als kühler und zweckmäßiger handelnd, als unbefangener und unkomplizierter sowie als aufgeschlossener und veränderungsbereiter als ihre Kollegen in traditionellen Krankenhäusern. Zu der Arbeit von YEAWORTH, KAPP & WINGET (1974) ist ergänzend anzumerken, daß nach Art einer Querschnittstudie zwei unabhängige Stichproben untersucht werden. Die stärkere Akzentuierung physischer Bedürfnisse von Patienten bzw. die geringe Beachtung psychologischer

Tabelle 11.2: Untersuchungen zu Persönlichkeitsmerkmalen von Helfern, die Sterbende betreuen

Autor(en)	Stichprobe(n)	Untersuchungs-verfahren	Ergebnis(se)
AMENTA (1984a)	Betreuer im Hospiz $n_1 = 18$ kurzfristig $n_2 = 24$ langfristig	Fragebogen	Bei n_1 stärkere Angst vor Tod und Sterben als bei n_2
AMENTA (1984b)	$n_1 = 36$ Schwestern im Hospiz $n_2 = 35$ Schwestern im „normalen" Krankenhaus	Fragebogen	Kein Unterschied zwischen n_1 und n_2 hinsichtlich Angst vor Tod und Sterben
DENTON & WISENBAKER (1977)	$N = 76$ Schwestern/Pfleger	Fragebogen	Wer selbst einmal vom Tod bedroht gewesen war, äußerte weniger Angst vor Tod und Sterben
FEIFEL et al. (1967)	$n_1 = 81$ Ärzte $n_2 = 38$ Medizinstudenten $n_3 = 92$ unheilbar Kranke $n_4 = 95$ Gesunde	Tiefeninterview	Bei n_1 stärkere Angst vor Tod und Sterben als bei n_3/n_4
GOW & WILLIAMS (1977)	Krankenschwestern mit Verwendung auf bzw. für Langzeit-Station ($n = 32$) Akut-Station ($n = 115$)	Fragebogen und Semantisches Differential	Keine nennenswerte Beziehung zwischen Art des Tätigkeitsfeldes und der Einstellung zu Tod und Sterben

PAULUS (1985)	$N = 183$ Krankenschwesternschülerinnen	Fragebogen	Positive Korrelation zwischen „Angst vor Tod und Sterben" und „Kontaktgestörtheit der Schwester in der Beziehung zum Patienten"
SHUSTERMAN & SECHREST (1973)	$N = 98$ Krankenschwestern	Fragebogen	Vpn mit mehr Berufserfahrung äußerten weniger Angst vor dem Tod anderer Menschen
YEAWORTH et al. (1974)	Schwesternschülerinnen $n_1 = 101$ Anfänger $n_2 = 69$ Fortgeschrittene	Fragebogen	Bei n_2 mehr offene Kommunikation und Akzeptieren von Gefühlen als bei n_1

Aspekte auf seiten der Schwesternschüler-Anfängerinnen und das stärkere Verständnis für die psychische Verfassung auf seiten der Fortgeschrittenen kann daher nicht ohne weiteres als Folge der Ausbildung und/oder der Berufspraxis gedeutet werden; allerdings verweisen die Autoren auf entsprechende Äußerungen der fortgeschrittenen Schwesternschülerinnen.

Die Untersuchung von PAULUS (1985) fällt aus dem Rahmen der deskriptiv-quantifizierenden Arbeiten. Nicht Unterschiede zwischen Personengruppen wurden eruiert, sondern es wurden „Angst vor Tod und Sterben" sowie „Häufigkeit der gedanklichen Beschäftigung mit Tod und Sterben" in Beziehung gesetzt zu Merkmalen der Pflegepersonal-Patient-Beziehung. Da die Qualität der Betreuung entscheidend von der Pflegepersonal-Patient-Beziehung bestimmt wird, handelt es sich um einen im vorliegenden Kontext zentralen Aspekt. Es ergab sich eine zwar signifikante, in ihrer Höhe aber nur mäßige positive Korrelation von $r = 0,22$ zwischen der Angst vor Tod und Sterben und der Kontaktgestörtheit der Krankenschwesternschülerinnen in der Beziehung zum Patienten. Krankenschwesternschülerinnen mit starker Angst vor Tod und Sterben schilderten sich als eher gehemmt und befangen im Umgang mit dem Patienten, ihre Kolleginnen mit schwacher Angst vor Tod und Sterben bekundeten eher Sicherheit und Unbefangenheit. Des weiteren korrelierte die Häufigkeit der gedanklichen Beschäftigung mit Tod und Sterben positiv mit dem Engagement der Schwesternschülerinnen für das psycho-soziale Wohlergehen des Patienten ($r = 0,28$; $p < 0,001$). Krankenschwesternschülerinnen, die sich gedanklich häufig mit Tod und Sterben beschäftigten, waren eher auch diejenigen, die Interesse an den Schwierigkeiten und Problemen der Patienten äußerten. Wichtig erscheint der Hinweis, daß die Pflegepersonal-Patient-Beziehung aus der Sicht des Pflegepersonals erfragt wurde. Eine wertvolle Ergänzung der Untersuchung von PAULUS (1985) würde darin bestehen, die Pflegepersonal-Patient-Beziehung aus der Sicht des Patienten zu erfassen sowie – quasi objektiv – Fremdbeurteilungen der Interaktionen zwischen Helfern und Patienten einzubeziehen. Eine vielversprechende Skala zur Fremdbeurteilung von Arzt- Patient-Interaktionen haben LIBERMAN, HANDAL, NAPOLI & AUSTRIN (1983–1984) vorgestellt. Sorgfältige Konstruktionsschritte führten zu sieben Kategorien für den Bereich der Sprache und zu drei Kategorien im Bereich der Berührung. Nach entsprechendem Auswertertraining erhielten die Autoren ansprechende Kennwerte für die Auswerterübereinstimmung sowie für die Übereinstimmung zwischen A-priori-Beurteilungen der Untersucher und den Beurteilungen trainierter Auswerter. Mit diesem Instrument ist ein wichtiger Schritt in Richtung auf brauchbare Verhaltensbeurteilungsmethoden in der Thanatopsychologie getan worden. Schließlich sei darauf aufmerksam gemacht, daß die korrelativen Beziehungen zwischen der Angst vor Tod und Sterben und einzelnen Merkmalen der Pflegepersonal-Patient-Interaktion auf einer gleichsam verborgenen Beziehung zwischen dem Persönlichkeitsmerkmal „Emotionale Labilität" bzw. „Neurotizismus" und der Angst vor Tod und Sterben beruhen können. Wie vielfach nachgewiesen (z. B. TEMPLER, 1972a; WITTKOWSKI, 1984), korreliert emotionale Labilität mit Angst vor Tod und Sterben positiv. Auch für die von PAULUS (1985) untersuchte Stichprobe trifft dies zu. Es scheint daher berechtigt, die Ursache dafür, daß Schwesternschülerinnen mit starker Angst vor Tod und Sterben über stärkere Kontaktgestörtheit im Umgang mit Patienten berichten, auf das grundlegendere Persönlichkeitsmerkmal der emotionalen Labilität zurückzuführen.

11.4 Zusammenfassung, ergänzende Befunde und Anmerkungen

Die in den Abschnitten 11.2 und 11.3 dargestellte Befundlage läßt sich wie folgt zusammenfassen: Im Umgang mit Sterbenskranken treten bei Ärzten, Schwestern und Pflegern Unsicherheit, Hilflosigkeit, Insuffizienzgefühle, Konflikte und Aggression auf. Offensichtlich wird die Betreuung Sterbender als hochgradig belastend erlebt. Der Angst vor Tod und Sterben als einem habituellen Merkmal von Helfern gilt besonderes Forschungsinteresse. Die Fragestellungen in diesem Bereich sind so unterschiedlich und die Zahl der Untersuchungen ist noch so klein, daß sich einigermaßen gesicherte Aussagen noch nicht machen lassen. Bedauerlicherweise fehlen mehrdimensionale und damit differenzierte Operationalisierungen. Gerade mit Blick auf das in der Betreuung Sterbender stehende Pflegepersonal ist die Unterscheidung von eigenem Tod, eigenem Sterben, fremdem Tod und fremdem Sterben von theoretischem wie auch anwendungspraktischem Interesse. Und wie verhält es sich mit dem Akzeptieren von Tod und Sterben bei Helfern unheilbar Kranker und Sterbender? Diese wenigen Anmerkungen zeigen, daß empirische

Arbeiten zur psychischen Verfassung des Pflegepersonals bei der Betreuung Sterbender weit hinter jenem Stand zurück sind, der in den Kapiteln 6 und 7 dargelegt wurde. Schließlich ist kritisch anzumerken, daß in den vorliegenden Untersuchungen, sofern Vergleiche von Stichproben hinsichtlich eines bestimmten Merkmals vorgenommen wurden, keinerlei Bemühungen um Parallelisierung bezüglich anderer Merkmale erkennbar sind. Dies schwächt die Aussagekraft der Ergebnisse.

Zum vertieften Verständnis der psychischen Situation von Ärzten, Schwestern und Pflegern im Umgang mit Moribunden tragen die folgenden drei Aspekte bei (PFEIFFER, 1984; vgl. auch GARFIELD, 1978a):

(1) *Das Selbstverständnis der Helfer.* Es ist weitgehend identisch mit den Erwartungen, welche Patienten und die Öffentlichkeit allgemein an die Angehörigen von Heilberufen richten. Ihre Aufgabe wird fast ausschließlich darin gesehen, Krankheiten zu heilen und Leben zu erhalten. Daß Pflegekräfte sich diese Aufgabenstellung (dankenswerterweise!) mit der entsprechenden Ausschließlichkeit tatsächlich zu eigen machen, zeigen die Aussagen, die KLOCKENBUSCH (1986, S. 85) erhielt. Auch die Beobachtungen von QUINT (1967, S. 197) belegen dies: "Becoming a nurse is not an easy process, and the student encounters many identity stresses during her educational experiences. In coming to terms with some of these stresses, she internalizes a nurse image which gains gratification primarily from assignments in which she helps the patient get well. Among the students participating in this study the majority had limited opportunities to learn how to achieve satisfaction from assignments to dying patients: they developed a nurse identity primarily committed to recovery care." Dementsprechend dominieren in der Ausbildung von Medizinstudenten und Krankenschwestern naturwissenschaftliche Inhalte. Die Ausbildung ist überwiegend auf den somatischen Aspekt der Betreuung von Patienten ausgerichtet (KOCH & SCHMELING, 1982, S. 26). In dem Maße, in dem berufliche Sozialisation und daraus folgend die berufliche Identität von Helfern einseitig auf die Heilungsaufgabe abgestimmt ist, werden unheilbare Krankheiten und Tod zu Störfällen, die vom Personal als Niederlagen eigenen Handelns erlebt werden können. Eine mögliche psychische Reaktionsform ist Zorn. Von 15 430 befragten Schwestern und Pflegern gaben 47% an, im Umgang mit Sterbenden mindestens gelegentlich zornig geworden zu sein (POPOFF & FUNKHOUSER, 1975). Obwohl irrational, kann der

Patient als „Verursacher" des ärztlichen oder pflegerischen „Mißerfolgs" gesehen werden. Verärgerung kann sich auch in Vermeidung des sterbenden Patienten manifestieren (vgl. zusammenfassend SCHULZ & ADERMAN, 1976); indem man den Patienten ignoriert, bestraft man ihn gleichsam dafür, daß er einem selbst Unannehmlichkeiten (z. B. Frustration) bereitet hat. Eine weitere mögliche Reaktionsweise auf derartige berufliche Enttäuschungen besteht in der Negation des fatalen Zustandes. Während der Sterbende nur im Rahmen des unbedingt notwendigen Minimums betreut wird, werden Aktivitäten bei anderen Patienten, die nicht im Sterben liegen, verstärkt. Schließlich sind noch Resignation und Depression, auch vermengt mit Zynismus, als Reaktionsformen zu nennen. Die vorstehenden Aussagen gelten primär für Ärzte, für die Sterbebegleitung jahrhundertelang keine Aufgabe war. In den Pflegeberufen gab es dagegen eine alte Tradition der Sterbehilfe, die auf die ordensartigen Gemeinschaften zurückging. Von daher bestand bei Angehörigen von Pflegeberufen ursprünglich ein anderes Selbstverständnis. Allerdings haben die traditionellen Inhalte und Formen viel von ihrer Gültigkeit verloren, so daß sich Schwestern und Pfleger hinsichtlich eines einseitig naturwissenschaftlich-organzentrierten Krankheitsverständnisses den Ärzten angenähert haben dürften (vgl. KLOCKENBUSCH, 1986).

(2) *Der Mangel an einschlägigen Kenntnissen und Erfahrungen.* Wie QUINT (1967) für die USA und KLOCKENBUSCH (1986) für hiesige Verhältnisse gezeigt haben, spielt die Betreuung unheilbar Kranker und Sterbender in der Krankenpflegeausbildung eine untergeordnete Rolle. Geradezu von einer kontraproduktiven Wirkung der Ausbildung sprechen KOCH & SCHMELING (1982, S. 27): „In der Ausbildung zum Mediziner und in der Krankenpflege werden somit Einstellungen und Verhaltensweisen vermittelt, die einem angemessenen Umgang mit unheilbar Kranken entgegenstehen." Dieses Defizit kann nur in den seltensten Fällen durch Erfahrungen mit Sterbenden aus dem privaten Bereich kompensiert werden. Von besonderer Bedeutung ist die Fähigkeit bzw. Unfähigkeit, den Zustand eines Patienten zutreffend einzuschätzen. Unsicherheit, Hilflosigkeit und Insuffizienzgefühlen wird also weder durch die berufsbezogene Ausbildung noch durch vorberufliche Erfahrungen (latentes Lernen bzw. Imitationslernen etwa in der Kindheit) vorgebeugt. Alle verfügbaren Informationen deuten daher darauf hin, daß Helfern ein adäquates, d. h. sowohl die Verfassung des Patienten als auch das eigene Befin-

den berücksichtigendes Verhaltensrepertoire für den Umgang mit Sterbenden fehlt. Dieses Manko aber muß in vielen Fällen zu anhaltenden Erfahrungen der Überforderung und des Versagens führen.

(3) *Die emotionale Betroffenheit*. Sie zeigt sich beispielsweise in der Wiederbelebung eigener Verlusterfahrungen. Der Umgang mit unheilbar Kranken und Sterbenden kann auch als Hinweis auf die eigene Sterblichkeit oder die wichtiger Bezugspersonen verstanden werden und insofern belastend wirken. Die Interview-Partner von KLOCKENBUSCH (1986) äußerten deutlich den Wunsch nach einer Auseinandersetzung mit der Todesthematik und den damit verbundenen Ängsten. Als Belastungen wirken in der Regel auch Verschlechterungen der Stimmungslage des Patienten. Sie führen vielfach zu Schuldgefühlen, weil der Helfer die Verstimmung des Kranken auf vermeintliche eigene Versäumnisse zurückführt. Schließlich muß stets auch mit Konflikten gerechnet werden. Dem Wunsch, dem Patienten Mut zuzusprechen, mag die Befürchtung gegenüberstehen, von ihm zurückgewiesen zu werden. Oder das Bedürfnis, dem Patienten eine Bitte zu erfüllen, kollidiert mit einem Verbot des Arztes. Nach den teilnehmenden Beobachtungen von GLASER & STRAUSS (1968) verhalten sich viele Schwestern nicht aus Gleichgültigkeit betont distanziert gegenüber sterbenskranken Patienten, sondern um auf diese Weise ihre emotionale Betroffenheit nicht zu stark werden zu lassen und letztlich ihr professionelles Verhaltensrepertoire aufrechtzuerhalten. "Out of vicarious as well as direct experience, most students learn to keep themselves emotionally distanced from dying patients. In fact, all students develop a professional demeanor which they employ to a greater or lesser degree to avoid personal involvement with patients in general" (QUINT, 1967, S. 176). Dabei wird stillschweigend vorausgesetzt, daß es stets richtig und auch für den Patienten vorteilhaft sei, Haltung zu bewahren. Tatsächlich fand KLOKKENBUSCH (1986) sowohl die Auffassung, man müsse als Krankenschwester immer sicher und souverän auftreten, als auch die Ansicht, man dürfe als Krankenschwester auch Unsicherheiten zeigen.

Überblickt man den bisher referierten Kenntnisstand zur psychischen Situation des Pflegepersonals bei der Betreuung unheilbar Kranker und Sterbender, so fällt ein Mangel an Differenzierung auf. Die Aussagen beziehen sich auf „die" Ärzte und „die" Schwestern, gerade so, als ob es keine Unterschiede zwischen Menschen gäbe. Ferner wird die Betreuungssituation als einheitlich und in ihren Grundzügen stets gleichartig betrachtet. Beides dürfte den tatsächlichen Gegebenheiten kaum entsprechen. Ein gewichtiger Beitrag zu einer differenzierten Einschätzung der psychischen Situation von Helfern bei der Betreuung Sterbender ist im Konzept des „Bewußtheits-Kontextes" zu sehen, das GLASER & STRAUSS (1965; deutsch 1974) eingeführt haben.

Im Rahmen einer umfangreichen Feldstudie führten die beiden Soziologen in sechs Krankenhäusern im Großraum San Francisco teilnehmende Beobachtungen und Interviews auf folgenden Stationen durch: Geriatrie, Onkologie, Frühgeburten, Intensivpflege, innere Krankheiten, Kinderkrankheiten, Neurochirurgie, Urologie und allgemeine Unfallstation. Pro Station schwankte die Beobachtungsdauer zwischen zwei und vier Wochen. Insgesamt wurde also eine heterogene Stichprobe von Krankenhausstationen in die Untersuchung einbezogen, was der Generalisierbarkeit der Ergebnisse zugute kommt. Aufgrund ihrer Beobachtungen gelangten die Autoren zum Konzept des Bewußtheits-Kontextes ("awareness context"), das die wechselseitigen Kenntnisse von Patient und Personal über den Gesundheitszustand des Patienten beschreiben soll. „Was jeder Interagierende über einen bestimmten Zustand des Patienten weiß, sowie sein Wissen darum, daß die anderen sich dessen bewußt sind, was er weiß ... Es ist der Kontext, in dem die Beteiligten interagieren, während sie ihn zur Kenntnis nehmen" (GLASER & STRAUSS, 1974, S. 252). Vier Arten von Bewußtheits-Kontexten werden unterschieden. Bei *geschlossenem Bewußtheits-Kontext* ist der Patient ahnungslos bezüglich seines kritischen Gesundheitszustandes und wird von Ärzten und Schwestern absichtlich in diesem Zustand belassen; die Helfer sind vielmehr bemüht, ihre Anteilnahme zu verbergen und Optimismus auszustrahlen. Im *Bewußtheits-Kontext des Argwohns* hat der Patient den Verdacht, daß er sterbenskrank ist, ohne darüber jedoch mit Ärzten oder Schwestern offen sprechen zu können. Diese zerstreuen entsprechende Befürchtungen oder zeigen ausweichendes Verhalten („Wir müssen alle eines Tages sterben, und es ist ganz gut, daß man nicht weiß, wann es soweit ist"). Im *Bewußtheits-Kontext der gegenseitigen Täuschung* wissen Patient und Helfer über den bevorstehenden Tod des Patienten Bescheid, sie gestehen sich diese Gewißheit aber nicht ein. Als ob eine heimliche Übereinkunft bestünde, wird über den bevorstehenden Tod des Kranken nicht gesprochen, obwohl er allen Beteiligten bewußt ist. Bei *offenem Bewußtheits-Kontext* kann über das nahe Ende des Kranken unverhohlen gesprochen werden.

Jeder dieser vier Bewußtheitskontexte kann überlagert sein von einer bestimmten Erwartung, welche die Helfer hinsichtlich des Todes eines Patienten haben (GLASER & STRAUSS, 1968, S. 8): (1) Es ist sicher, daß der Patient sterben wird, und der voraussichtliche Todeszeitpunkt ist bekannt. (2) Es ist sicher, daß der Patient sterben wird, der Zeitpunkt ist jedoch ungewiß. (3) Es ist ungewiß, ob der Patient sterben wird, aber zu einem bekannten Zeitpunkt wird Gewißheit hergestellt sein. (4) Sowohl die Frage des Sterbenmüssens als auch diejenige des Zeitpunktes, zu dem Gewißheit herrschen wird, sind unklar.

Welche Schlußfolgerungen lassen sich nun aus diesen Erkenntnissen und Überlegungen für die psychische Verfassung von Helfern, die Sterbenskranke betreuen, ziehen? Art und Intensität der psychischen Belastung von Ärzten und Pflegekräften sowie ihr manifestes Verhalten im Umgang mit Patienten ist abhängig von Bewußtheits-Kontexten, von Erwartungshaltungen, von Persönlichkeitsmerkmalen sowie von den Wechselwirkungen zwischen diesen Merkmalen. Für einen Helfer mit starker Angst vor dem Sterben anderer Menschen wird ein Verhalten im Sinne eines geschlossenen Bewußtheits-Kontextes eine zweckmäßige Strategie sein, seine Haltung zu bewahren und seiner Arbeit nachzugehen. Für einen anderen Helfer, dem Gespräche über Tod und Sterben auch mit einem Betroffenen wenig ausmachen, werden die Bewußtheits-Kontexte der Geschlossenheit, des Argwohns und der gegenseitigen Täuschung eher belastend sein; denn er ist gezwungen, gegen seinen Willen und ohne Not eine Täuschung des Patienten durchzuführen. Einem solchen Helfer (mit geringer Angst vor dem Sterben anderer) wäre es angenehmer, Anteilnahme zeigen zu können, über den Tod zu sprechen und sich unbefangen zu benehmen. Wenn ein geschlossener Bewußtheits-Kontext auf Weisung des Arztes zustande kommt, sind es besonders Schwestern, die frustriert sind und den Patienten meiden, um ihre Haltung zu wahren, obwohl sie ihm lieber Gesellschaft leisten würden.

Die Befunde und Überlegungen dieses Kapitels münden in vier allgemeine Schlußfolgerungen. (1) Nicht alle Helfer erleben die Betreuung Sterbender als ausschließlich oder überwiegend stark belastend. Nach den vorliegenden Erkenntnissen gibt es Personen, denen der Umgang mit Sterbenden verhältnismäßig leicht fällt bzw. die ihm auch positive Aspekte abgewinnen können. Warum dies so ist, ist derzeit noch unbekannt. Es sollte daher ein vorrangiges Anliegen der

Grundlagenforschung sein, die Ursachen für interindividuelle Unterschiede im Erleben und Verhalten von Helfern bei der Betreuung Sterbender aufzudecken. (2) Ausbildungsveranstaltungen über Tod und Sterben haben u. a. das Ziel, Helfern den Umgang mit Sterbenden zu erleichtern (vgl. Kapitel 12). Die Effizienz derartiger Veranstaltungen könnte erhöht werden, wenn die unterschiedlichen psychischen Voraussetzungen der Teilnehmer berücksichtigt würden. Wären also die unter Punkt (1) angemahnten Grundlagenkenntnisse vorhanden, könnten Seminare über Tod und Sterben differenzierter als bisher auf die Möglichkeiten und Bedürfnisse der Teilnehmer (Helfer) abgestimmt werden. (3) Die Erlebens- und Verhaltensweisen, die Helfer während der Betreuung Sterbender zeigen, sind den Reaktionen der Sterbenden bei der Anpassung an die Erkenntnis ihres näherrückenden Todes sehr ähnlich. Bei Helfern und Sterbenden finden sich zeitweise Negation, Zorn, Depression und Akzeptieren. Da Helfer und Sterbender Rollenpartner sind, verdienen die Konstellationen, in denen die psychischen Reaktionsformen des Sterbenden und des Helfers im Verlauf des Sterbeprozesses auftreten, Beachtung. Zorn auf seiten des Sterbenden und gleichzeitig Zorn auf seiten des Helfers – wirkt diese Konstellation so, daß sich die jeweiligen Befindlichkeiten wechselseitig intensivieren? Verstärkt die depressive Stimmungslage des Helfers die ohnehin schon vorhandene Depression des Sterbenden? Die bisher vorherrschende isolierte Betrachtung von Sterbendem einerseits und Helfer andererseits sollte daher um die Analyse eines dyadischen Prozeßgeschehens ergänzt werden. Auch dies ist eine Aufgabe angewandter Grundlagenforschung. (4) Es steht außer Frage, daß die Betreuung Sterbender für viele Helfer außerordentlich belastend ist. Daraus ergibt sich die Forderung, auch den Helfern Hilfestellung anzubieten. Es kann nicht angehen, daß Helfer einerseits den psycho-sozialen Bedürfnissen Sterbender Rechnung tragen, daß aber andererseits ihre eigenen aus dieser Tätigkeit herrührenden psycho-sozialen Bedürfnisse unbefriedigt bleiben. In der amerikanischen Fachliteratur wird die Forderung nach "backup social support sytems" für Helfer schon seit geraumer Zeit erhoben (GARFIELD, 1978a; QUINT BENOLIEL, 1978; WASS & MYERS, 1982).

12. DIE PSYCHO-SOZIALE BETREUUNG UNHEILBAR KRANKER UND STERBENDER

In den beiden vorangegangenen Kapiteln wurde die psychische Situation von zwei der drei Personengruppen untersucht, die von Sterben und Tod am stärksten betroffen sind: diejenige der unheilbar Kranken und Sterbenden einerseits und diejenige des Pflegepersonals andererseits. Dabei wurde in gleichsam isolierender Betrachtung die Darstellung von der Frage geleitet, welche gesicherten Erkenntnisse über das Erleben und Verhalten Sterbender und ihrer Betreuer vorliegen ungeachtet der Art und Weise, wie Helfer mit Sterbenden umgehen. In welcher Weise aber werden Sterbende von professionellen Betreuern während ihres letzten Lebensabschnitts begleitet? In welcher Weise können und sollten sie begleitet werden? Das vorliegende Kapitel ist der Ort, mehr oder weniger planvolle Maßnahmen der Betreuung Moribunder zu behandeln und damit anwendungspraktische Fragen der Thanatopsychologie zu berühren. Umfassende Einführungen in Fragen der psycho-sozialen Betreuung unheilbar Kranker und Sterbender bieten die Sammelwerke von ENGELKE, SCHMOLL & WOLFF (1979), GARFIELD (1978 a), PEARSON (1969) und SCHOENBERG, CARR, PERETZ & KUTSCHER (1972). Ergänzende Hinweise sind dem Sammelreferat von WASS & MYERS (1982) zu entnehmen. Eine Bibliographie mit insgesamt 350 Titeln, die in den ›Psychological Abstracts‹ der Jahre 1975 und folgende unter den Schlagwörtern "Hospice", "Terminal Care" und "Terminal Cancer" zu finden sind, bietet die Arbeit von BERGE (1985).

Generell gilt, daß in den Sozialwissenschaften zwischen der sogenannten Grundlagenforschung und der praktischen Umsetzung ihrer Ergebnisse eine enge Verschränkung bestehen sollte. Erfolge und Mißerfolge in der Praxis können die auf einer praxisfernen akademischen Ebene gewonnenen Erkenntnisse bestätigen bzw. widerlegen. Die sogenannte Grundlagenforschung ist daher auf die Anwendung ihrer Resultate als Prüfstein angewiesen wie umgekehrt in der praktischen Arbeit Erkenntnisse der sogenannten Grundlagenforschung benötigt werden. Ein Beispiel für die Verschränkung von Grundlagenforschung und Anwendung ist der Bereich der Psychotherapie.

Insofern ist die strikte Unterscheidung von psychologischer Grundlagenforschung und angewandter Psychologie, sofern sie mehr ist als nur die Akzentuierung eines vorübergehend eingenommenen Standpunktes, in vielen Bereichen der Psychologie artifiziell. Vielmehr dürfte es sinnvoll sein, von angewandter Grundlagenforschung zu sprechen (und sie entsprechend zu betreiben).

Das erste und hervorstechendste Praxisfeld der Thanatopsychologie ist die Sterbehilfe. Um ihre Qualität zu verbessern und um die Tätigkeit professioneller Sterbebegleiter erträglicher und gleichzeitig effizienter zu gestalten, wurden Ausbildungsprogramme für den Umgang mit unheilbar Kranken und Sterbenden entwickelt. Beides, Sterbehilfe und die sie unterstützenden Ausbildungsveranstaltungen, sollte in dem oben skizzierten Sinne als angewandte Grundlagenforschung im Bereich der Psychologie des Todes verstanden werden. Dies setzt freilich wechselseitige Durchlässigkeit zwischen der Ebene der mehr akademischen Erkenntnisgewinnung und der Ebene der mehr praktischen Tätigkeit voraus. Mit anderen Worten: Findet eine Umsetzung grundlegender Erkenntnisse in der Praxis tatsächlich statt und wirken die Erfahrungen der Praxis korrigierend auf die akademische Ebene zurück? Unter dieser Leitfrage stehen der zweite und dritte Abschnitt dieses Kapitels. Zunächst aber ist der Frage nachzugehen, was unter Sterbehilfe zu verstehen ist.

12.1 Allgemeine Kennzeichnung von Sterbehilfe

Die psycho-soziale Hilfeleistung für Sterbende wird mit den Begriffen „Sterbehilfe", „Sterbebegleitung", „Sterbebeistand" und „Orthothanasie" umschrieben. Sterbehilfe ist keine Verhaltenstechnik im Sinne einer eng umschriebenen Methode, sondern sie beinhaltet einige übergreifende Verhaltensmerkmale von Helfern, die aus einem auf Ganzheitlichkeit und Wertbezug orientierten Menschenbild resultieren. Sterbebeistand bezeichnet nach Ansicht der meisten hier einschlägigen Autoren einen Umgangsstil, der die Individualität und Werthaftigkeit des Menschen in der Endphase seines Lebens zu bewahren bzw. zu fördern versucht. Diese in der Tradition der Humanistischen Psychologie stehende Haltung bedeutet, dem Moribunden bei der Auseinandersetzung mit der Aussicht seines bevorstehenden Todes in einer Weise Hilfestellung zu geben, die auf seine individuellen Bedürfnisse und Möglichkeiten abgestimmt ist. Im Idealfall wird der Sterbende dabei unterstützt, sich in seiner ganz persönlichen Art und Weise mit seinem Sterben und der Aussicht seines Todes zu arrangieren (Aronson, 1965; Eissler, 1978, S. 213, 233; Feifel, 1977b; Rest, 1979, S. 19; Schmoll, 1979; Sporken, 1977, S. 240 ff.).

Die hier zusammengetragenen und verdichteten programmatischen Vorstellungen von Sterbebeistand sind mehr oder weniger unausgesprochen vom Menschenbild der Humanistischen Psychologie (Bühler & Allen, 1974; Maslow, 1973; Rogers, 1979; vgl. auch Hinte & Runge, 1988, sowie Quitmann, 1985) beeinflußt. Das Gedankengut der Humanistischen Psychologie basiert im wesentlichen auf der Integration von europäischer Existenzphilosophie, Phänomenologie und Gestaltpsychologie. Anders als in einer mechanistischreduktionistischen Verhaltenspsychologie wird der Mensch als unteilbares Ganzes gesehen, das nach Selbstverwirklichung bzw. Selbstaktualisierung strebt. Es ist offensichtlich, daß diese Idee der Sterbehilfe im Gegensatz zum naturwissenschaftlichen Wissenschaftsverständnis der Schulmedizin steht.

Die soeben dargestellten Vorstellungen von Sterbebeistand sind unverkennbar von philosophisch-anthropologischen Überzeugungen geprägt. Ohne grundsätzlich verändert zu werden, erhält das Konzept des Sterbebeistandes eine Begründung in der Sache und gleichzeitig konkretere Handlungsanweisungen, wenn es auf die in Abschnitt 10.2 erläuterten psycho-sozialen Bedürfnisse Sterbender bezogen bzw. aus diesen hergeleitet wird.

Folgende Zielvorgaben kennzeichnen demnach psychologische Sterbehilfe im einzelnen.

(1) *Bewahrung der Kompetenz des Sterbenden.* Aus psychologischer Sicht besteht die wichtigste Aufgabe des Sterbebeistandes darin, den Sterbenden im Rahmen seiner Möglichkeiten an allen Entscheidungen zu beteiligen, die seine verbleibende Lebenszeit und die Begleitumstände seines Sterbens betreffen – vorausgesetzt natürlich, daß er dies wünscht (Garfield, 1978a; Quint Benoliel, 1978; Schmale & Patterson, 1978). Dies schließt auch Entscheidungen über lebensverlängernde Maßnahmen und über Möglichkeiten der Schmerzbekämpfung ein. Die Linderung von Schmerzen hat herausragende Bedeutung, weil Schmerzfreiheit eine wesentliche Voraussetzung dafür ist, daß der Sterbende seine letzten Wochen und Tage in Würde und – den Umständen entsprechend – in freier Selbstbestimmung verbringt. In den Verhaltensrichtlinien der American Nurses' Asso-

ciation von 1968 wird mit Blick auf unheilbar Kranke und Sterbende ausdrücklich festgestellt, daß der Betreuer alles nur irgend Mögliche tun sollte, um den Sterbenden in die Lage zu versetzen, die ihm verbleibende Zeit mit einem Höchstmaß an Bequemlichkeit, Würde sowie Freiheit von Angst und Schmerzen zu verleben (American Nurses' Association, 1968; zit. nach QUINT BENOLIEL, 1972, S. 149). Nun haben schmerzstillende Substanzen (z. B. Morphine, Diamorphine, Heroin, LSD) auch mehr oder weniger stark veränderte Bewußtseinszustände zur Folge, die nicht jeder Sterbende hinnehmen möchte. Der Sterbende sollte entscheiden können, ob und gegebenenfalls bis zu welcher Intensität er Schmerzen in Kauf nehmen will, um sein Sterben mit klarem Bewußtsein erleben zu können. Letztlich wird es für den Arzt darum gehen, in Abstimmung mit dem Sterbenden einen für diesen erträglichen Kompromiß zwischen Schmerzempfinden und Bewußtseinstrübung zu finden.

Wenn der Sterbende an Entscheidungen über die ihm verbleibende Zeit beteiligt wird, bedeutet dies, ihm trotz physischer Beeinträchtigungen und trotz eines Abhängigkeitsverhältnisses gegenüber seinen Helfern Kontrolle über sein Leben bzw. Sterben zu ermöglichen, ihn somit als Person zu respektieren und damit indirekt auch sein Selbstwertgefühl zu stärken. Dies setzt voraus, daß der Sterbende – sofern er Informationsbedürfnis zu erkennen gibt – ehrlich und umfassend darüber unterrichtet wird, was mit ihm und um ihn herum geschieht. Dabei ist offene und vollständige Unterrichtung nicht mit schonungsloser Konfrontation mit der Krankheit oder Schädigung zu verwechseln. Die kontrovers diskutierte „Wahrheitsfrage", d. h. die Frage, ob ein unheilbar Kranker umfassend über seinen Zustand aufgeklärt werden sollte (vgl. HUPPMANN & WERNER, 1982; SCHULZ & ADERMAN, 1976), verliert viel von ihrer Brisanz, wenn Helfer das „Wie" und „Wann" der Mitteilung sowie das Verhalten des Betroffenen beachten. Helfer können dem Sterbenden Mitteilungen über seine Diagnose und Prognose mehr oder weniger verschlüsselt, d. h. in Symbolen und Allegorien, machen. Sie können diese Mitteilung ferner in kleinere Einheiten zerlegen und auf einen längeren Zeitraum verteilen. Ob er überhaupt weitere Informationen haben möchte und gegebenenfalls wie rasch, bestimmt der Sterbende. Unter Berücksichtigung dieser Einschränkungen und Spezifizierungen dürfte es richtiger sein, einen unheilbar Kranken von seiner Diagnose und Prognose in Kenntnis zu setzen, als sie ihm vorzuenthalten. Denn nur ein hinreichend informierter Sterbender kann über sein Geschick selbst bestimmen. Ohnehin spricht vieles dafür, daß Sterbende auch ohne förmliche Aufklärung wissen, wie es um sie steht. Von den 15 430 Krankenschwestern und Pflegern, die in den USA an einer landesweiten Umfrage teilgenommen hatten, gaben 62 % an, daß nach ihren Erfahrungen die Hälfte oder mehr Patienten gewußt hatten, daß sie sterben würden, auch wenn die Ärzte entsprechende Mitteilungen abgelehnt hatten (POPOFF & FUNKHOUSER, 1975).

(2) *Artikulation von Emotionen durch den Sterbenden.* Im Rahmen psychologischen Sterbebeistandes sollte der Sterbende Gelegenheit haben, die vielfältigen, zuweilen heftigen und widersprüchlichen emotionalen Reaktionen auf seinen nahe bevorstehenden Tod in Gegenwart fürsorglicher Betreuer in der ihm gemäßen Weise zu äußern. Der Sterbende sollte seine Gefühle nicht deshalb stark kontrollieren müssen, weil er glaubt, die Helfer vor emotionalen Belastungen bewahren zu müssen (QUINT BENOLIEL, 1978).

(3) *Einbeziehung des personalen Umfeldes des Sterbenden.* Zu den Aufgaben psychologischer Sterbehilfe zählt auch, den Prozeß des „sozialen Sterbens" und den meist darauf folgenden „sozialen Tod" zu verhindern. Mit sozialem Sterben ist gemeint, daß die Interaktionen eines Menschen mit wichtigen Bezugspersonen schrittweise immer weniger werden. Der soziale Tod ist eingetreten, wenn ein tatsächlich (noch) lebender Mensch mit Bezugspersonen nicht (mehr) kommuniziert und seine Angehörigen, Freunde und Bekannte sich ihm gegenüber so verhalten, als lebe er nicht (mehr) (KASTENBAUM, 1969; KASTENBAUM & AISENBERG, 1972, S. 476; LEHR & SCHUSTER, 1976). Beispielsweise wäre ein Inhaftierter, der von seinen Verwandten völlig ignoriert würde, als sozial tot zu bezeichnen. Für die psycho-soziale Betreuung Sterbender bedeutet dies, daß die Helfer die Angehörigen der Moribunden über deren Zustand und Prognose informieren und auf sie einwirken, den Kontakt zum Sterbenden nicht abreißen zu lassen (GARFIELD, 1978a).

(4) *Kontinuität der Beziehung zwischen dem Sterbenden und dem Helfer.* Sichere und vertrauensvolle Führung von seiten der Helfer ist für Sterbende deshalb besonders wichtig, weil sie sich in der Regel aufgrund ihrer schlechten gesundheitlichen Verfassung in einem Abhängigkeitsverhältnis von ihren Betreuern befinden (vgl. Abschnitt 10.2). Ein wesentliches Moment, das zur Herstellung und Aufrechterhaltung einer vertrauensvollen Beziehung zwischen Patient und Helfer beiträgt, ist die Kontinuität des Kontakts. Der Ster-

bende braucht eine Bezugsperson, die sich ihm während eines längeren Zeitraums regelmäßig widmet. Nur im Rahmen einer länger andauernden Beziehung zum Sterbenden hat der Betreuer die Möglichkeit, etwas über das Leben des Moribunden zu erfahren, über seine Vorlieben und Abneigungen, seine Weltanschauung und seine Problemlösungsstrategien. Nur aufgrund dieser Kenntnisse aber vermag ein Betreuer dazu beizutragen, daß ein Mensch in der für ihn eigentümlichen, individuellen Weise die letzte Zeit seines Lebens zubringt. Wegen des hohen Involviertheitsgrades auf seiten der Betreuer ist dieser Aspekt des Sterbebeistandes sehr anspruchsvoll und psychisch belastend. Die im nächsten Abschnitt zu behandelnden Ausbildungsveranstaltungen für Helfer versuchen, dem Rechnung zu tragen.

Sterbebegleitung in dem hier umrissenen Sinne weist weitgehende Gemeinsamkeiten mit dem auf, was im Bereich der Krankenpflege allgemein, d. h. ohne spezielle Bezugnahme auf Sterbende, als Pflege und Betreuung definiert wird (HENDERSON, 1964; zit. nach QUINT BENOLIEL, 1972, S. 148). Krankenschwester und Krankenpfleger haben danach die Aufgabe, das Individuum bei der Ausführung jener Aktivitäten zu unterstützen, die zur Aufrechterhaltung seiner Gesundheit, zur Wiederherstellung seiner Gesundheit oder – falls beides nicht mehr möglich ist – zu einem friedlichen Sterben vom Betroffenen selbst entfaltet werden würden, wenn er dazu in der Lage wäre. Dies entspricht in etwa dem Konzept der "comfort care" (SCHMALE & PATTERSON, 1978): Die Lebensumstände des Sterbenden sollten so gestaltet werden, daß sie ihm ein Höchstmaß an Annehmlichkeiten bieten. Entscheidend ist, daß der Sterbende definiert, was „Annehmlichkeit" für ihn bedeutet. Die Vorstellungen von Annehmlichkeit in diesem Zusammenhang können von Person zu Person sehr unterschiedlich sein. Auch sind im Verlauf des Sterbeprozesses verschiedene Formen von Annehmlichkeit denkbar. Im Rahmen einer guten psycho-sozialen Betreuung ist also der Sterbende das Maß aller Dinge. Dies hebt auch WEISMAN (1972 b, S. 172) hervor: "An appropriate death, if such things exist, is, after all, not an ideal death. Rather, an appropriate death is one that a person might choose, had he a choice." Sterbebegleitung kann beginnen, wenn die medizinischen Maßnahmen zur Besserung der Krankheit oder gesundheitlichen Schädigung keinen Erfolg mehr versprechen (SAUNDERS, 1978). Mit anderen Worten: Sterbebeistand beginnt frühestens zu dem Zeitpunkt, von dem an ein Mensch als Sterbender im Sinne der in

Kapitel 10 gegebenen Definition zu bezeichnen ist. Sterbehilfe sollte allerdings nicht erst dann begonnen werden, wenn krankheitsbedingte Abbauprozesse weit fortgeschritten sind.

Abschließend sei darauf hingewiesen, daß Sterbebeistand sich in sehr unterschiedlicher Weise vollziehen kann. Folgende Faktoren sind daran beteiligt (QUINT BENOLIEL, 1972): (1) Das Krankheitsstadium, in dem sich der Betroffene befindet (früh, mittel, spät); (2) die Art der Hilfestellung, die der Sterbende am dringendsten benötigt (z. B. Schmerzlinderung, emotionale Unterstützung); (3) der verfügbare Zeitaufwand auf seiten der Helfer; (4) der Kontext der Betreuung (z. B. zu Hause oder in einer Institution). Aus diesen wenigen Rahmenbedingungen der Sterbehilfe, bei denen psychologische Aspekte noch gar nicht berücksichtigt sind, ergeben sich je nach Konfiguration sehr unterschiedliche Typen des Sterbebeistandes. So wird Sterbebeistand im Frühstadium einer unheilbaren Krankheit, während sich der Betroffene noch zu Hause aufhält und primär emotionale Unterstützung benötigt, anders beschaffen sein als die Betreuung eines im Krankenhaus liegenden Patienten im Spätstadium, der sowohl körperliche Versorgung als auch emotionale Unterstützung benötigt, jedoch nur noch bedingt ansprechbar ist. Betreuer auf derartige grundsätzliche Unterschiede in der Qualität der Sterbehilfe aufmerksam zu machen ist u. a. Aufgabe von Ausbildungsveranstaltungen für den Umgang mit unheilbar Kranken und Sterbenden.

12.2 Unterrichtsveranstaltungen für den Umgang mit unheilbar Kranken und Sterbenden

Seit etwa Mitte der 60er Jahre gibt es in den USA Seminare über die Todesthematik, die dort unter der wenig treffenden Bezeichnung "death education programs" firmieren. Sie haben sich rasch vermehrt. Im Jahre 1974 wurden in den USA auf verschiedenen Ausbildungsebenen (Elementary School, High School, College, berufliche Weiterbildung, Erwachsenenbildung) mehr als 1200 Kurse über Tod und Sterben abgehalten (LEVITON, 1977). Die Zahl derartiger Veranstaltungen ist deshalb so groß, weil sie nicht nur für professionelle Helfer bestimmt sind, sondern auch Schülern, Studenten und Erwachsenen die Möglichkeit persönlicher Bereicherung bieten. Bei der zuletzt genannten Zielgruppe regen die Kurse Gedanken darüber an, welchen Stellenwert der Teilnehmer dem Tod in seinem Leben einräumen möchte, und sie bieten Strukturen an, die dem einzelnen eine Integration des Todes in den eigenen Lebensentwurf ermöglichen sollen (KURLYCHEK, 1977). Da eine vergleichbare Entwicklung in Europa nicht zu beobachten ist, werden Unterrichtsveranstaltungen zur Todesthematik, die in die Lehrpläne und Veranstaltungsangebote der öffentlichen Schulen und Universitäten sowie in die Erwachsenenbildung der USA Eingang gefunden haben, hier nicht weiter behandelt. Die folgenden Ausführungen beziehen sich vielmehr nur auf Unterrichtsangebote für professionelle Helfer im medizinischen Bereich.

Wie in Kapitel 11 ausführlich dargelegt, ist der Umgang mit unheilbar Kranken und Sterbenden für viele Helfer mit erheblichen psychischen Belastungen verbunden. Gleichzeitig ist die Situation des Sterbenden nicht zuletzt deshalb unbefriedigend, weil seine Wünsche nach Kommunikation und Zuwendung von den Betreuern in der Regel nur unzureichend berücksichtigt werden. Neben strukturellen Merkmalen der jeweiligen Institutionen (z. B. Dienstpläne in Krankenhäusern, Aufteilung von Verantwortlichkeitsbereichen) ist eine Ursache dafür in der unzureichenden Vorbereitung von Angehörigen des medizinischen Bereichs auf den Umgang mit Moribunden zu sehen (vgl. SCHMELING & KOCH, 1984; SCHOENBERG & CARR, 1972). Unterrichtsveranstaltungen für den Umgang mit unheilbar Kranken und Sterbenden stellen den Versuch dar, Betreuer besser auf ihre schwierige Tätigkeit vorzubereiten und damit die Qualität der Betreuung und letztlich die Lebensumstände des Sterbenden zu verbessern.

Aus einer Umfrage von LISTON (1975) geht hervor, daß an 41 medizinischen Ausbildungsstätten der USA Trainingsprogramme für den Umgang mit unheilbar Kranken und ihren Familien durchgeführt wurden. Ähnliche Unterrichtsveranstaltungen wurden in zahlreichen Krankenpflegeschulen angeboten. Veränderungen in Art und Zahl von Unterrichtsveranstaltungen für den Umgang mit Sterbenden während des Zeitraums von 1975 bis 1985 untersuchte DICKINSON (1985) anhand einer Umfrage, in die alle medizinischen Ausbildungseinrichtungen der USA einbezogen wurden. Der Versand der Fragebogen erfolgte in den Jahren 1975, 1980 und 1985; die Rücklaufquote war mit Werten zwischen 90% und 96% erfreulich hoch. Es zeigte sich eine leichte Zunahme bei planmäßig durchgeführten Kursen, während die Zahl sporadischer Kurse im Untersuchungszeitraum keine nennenswerte Veränderung aufwies. Bemerkenswert sind die Veränderungen in der fachlichen Zugehörigkeit der Lehrkräfte. So ging der Anteil der Ärzte (ohne Psychiater), die als Ausbilder fungierten, von 85% in 1975 auf 58% in 1985 zurück. Auch die Zahl der als Lehrkräfte tätigen Theologen, Psychologen und Soziologen nahm ab. Dagegen erhöhte sich der Anteil der Krankenschwestern und Sozialarbeiter. In Ansätzen gibt es bereits Dokumentationen der Lehrmittel, die in Seminaren über Tod und Sterben eingesetzt werden können. DUKE (1975) bietet eine Auflistung von 80 Filmen und Tonbändern aus Kursen für Krankenschwestern. In der Bibliographie von SIMPSON (1979, S. 225–232) finden sich 42 Unterrichtsmaterialien, überwiegend Filme, Tonbandcassetten und Schallplatten. All dies kann als Indiz dafür gewertet werden, daß in den USA Unterrichtsveranstaltungen über den Umgang mit unheilbar Kranken und Sterbenden fester Bestandteil der Ausbildung von Ärzten, Krankenschwestern, Krankengymnasten und Pflegern geworden sind.

Die wichtigsten globalen Zielsetzungen, mit denen Unterrichtsveranstaltungen für den Umgang mit unheilbar Kranken und Sterbenden durchgeführt werden, sind: (1) Die Teilnehmer sollen zur Reflexion darüber angeregt werden, welchen Stellenwert der Tod und die Endlichkeit des Daseins in ihrem eigenen Leben besitzt. (2) Abbau von Unsicherheit und Angst im Umgang mit Sterbenden und Hinterbliebenen. (3) Einsicht in die Erscheinungsformen und Funktionen der Trauer. (4) Verbesserung der Interaktion und Kommunikation zwischen Sterbenden bzw. Trauernden und Betreuer (KOCH & SCHMELING, 1979; KURLYCHEK, 1977; LEVITON, 1977). Diese „Lernziele" sind offensichtlich nicht unabhängig voneinander, sondern bauen z. T. aufeinander auf. Eine grundlegende, meist stillschweigend eingebrachte Annahme ist die, daß die Auseinandersetzung mit den eigenen Emotionen bezüglich Tod und Sterben eine entscheidende Voraussetzung dafür sei, daß eine Person ohne übermäßige Angst oder andere heftige emotionale Reaktionen (z. B. Ekel) mit einem Sterbenden umzugehen vermag (vgl. WASS & MYERS, 1982). Weiterhin wird angenommen, daß Gelassenheit (nicht Gleichgültigkeit!) im Umgang mit Moribunden eine offene, von Abwehrstrategien weitgehend freie Kommunikation und Interaktion zwischen Helfer und Sterbendem begünstige.

Ein differenzierter Katalog von Lernzielen für ein Ausbildungsprogramm „Umgang mit Sterbenden" wurde von Koch & Schmeling (1979; 1982) vorgestellt. Die Autoren benennen drei übergreifende Lernziele (Koch & Schmeling, 1982, S. 67):

- Kognitive Lernziele
Durch den Unterricht soll „das Wissen um die Probleme unheilbar Kranker, um den Umgang mit diesen Patienten und um Ansätze zur Verbesserung ihrer psychosozialen Versorgung auf gesellschaftlicher, institutioneller und persönlicher Ebene erweitert werden".
- Affektiv-soziale Lernziele
Aufgrund des Ausbildungsprogramms sollen „die individuell ablaufenden Gefühlsprozesse beim unheilbar Kranken sowie bei den mit ihm konfrontierten Personal nachempfunden und verdeutlicht werden".
- Erwerb von Fertigkeiten
Der Unterricht soll Fertigkeiten vermitteln, „die zum Umgang mit unheilbar Kranken und zur offenen Kommunikation qualifizieren".

Bezüglich ausführlicher Begründungen dieser Lernziele wird auf Koch & Schmeling (1982, S. 70–80) verwiesen. Anzumerken ist, daß sich der Begriff der „offenen Kommunikation" in den obigen Lernzielen auf die Aufklärung des Patienten über seinen Zustand und somit auf die sog. „Wahrheitsfrage" bezieht. Dies ist nicht gleichzusetzen mit dem Konzept des „offenen Bewußtheits-Kontextes" von Glaser & Strauss (1965; vgl. auch die Ausführungen in Kapitel 11), welches auf das unbefangene Gespräch über alle den bedrohlichen Zustand des Alten oder Kranken betreffenden Fragen abhebt.

Die Inhalte von Unterrichtsveranstaltungen für den Umgang mit unheilbar Kranken und Sterbenden sind auf die bereits erwähnten allgemeinen bzw. übergreifenden Lernziele abgestimmt. Im Rahmen des *Kenntniserwerbs* werden u. a. verschiedene Todeskonzepte, das Verhalten des Menschen gegenüber Tod und Sterben, Toten und Suizid im Lauf der Geschichte, Leiden und Trauer, Beerdigungszeremonielle, der Verlauf unheilbarer Krankheiten, die Auswirkungen eines Todesfalls auf die Familie, die Betreuung Sterbender in Hospizen behandelt. Dies geschieht durch Vorträge der Instruktoren bzw. durch Referate, durch Selbststudium der Teilnehmer und besonders durch Lehrfilme mit anschließenden Gruppendiskussionen (z. B. Glass & Knott, 1984). *Affektiv-soziale Lernziele* werden angestrebt, indem den Teilnehmern in Selbsterfahrungsgruppen und Sensitivity-Trainings sowie durch Imaginationstechniken der Einfluß vor Augen geführt wird, welchen überstarke eigene Emotionen auf das eigene Verhalten gegenüber dem Sterbenden ausüben können. Auch Psychodrama wird als Unterrichtsmethode eingesetzt (z. B. ENGELKE, 1979). Der *Erwerb von Fertigkeiten* erstreckt sich in erster Linie auf ein Gesprächsverhalten im Sinne der Gesprächspsychotherapie (vgl. TAUSCH & TAUSCH, 1979). Dieses Lernziel versucht man durch Rollenspiel (z. B. BARTON & CROWDER, 1975) und Supervision des Gesprächsverhaltens zu erreichen. Einen gerafften Überblick über Unterrichtsveranstaltungen für den Umgang mit unheilbar Kranken und Sterbenden geben KOCH & SCHMELING (1982, S. 81–84).

Zur Illustration sei exemplarisch eine Unterrichtsveranstaltung für den Umgang mit unheilbar Kranken und Sterbenden detaillierter vorgestellt. An dem Kurs von LEVITON (1969, 1971) haben Studenten, Krankenschwestern-Schülerinnen und Polizei-Offiziere teilgenommen. Ausgehend von der Überzeugung, daß alle Wörter im Zusammenhang mit der Todesthematik einem Tabu unterliegen, ist die Veranstaltung hierarchisch aufgebaut. Die behandelten Themen sind zunächst unpersönlich und sachlich und berühren erst allmählich mehr persönliche und emotionale Aspekte. In der ersten Hälfte des Seminars wird das einschlägige Vokabular, werden Definitionen und Taxonomien erörtert. Es folgen psychologische Aspekte des Todes, anthropologische Perspektiven, soziale Faktoren mit Bezug zu Sterben und Tod, rechtlich-historische Aspekte der Todesthematik sowie religiöse Auffassungen vom Tod. Es wird erwartet, daß die Teilnehmer im Laufe der ersten Hälfte der Veranstaltung mit der Sprache der Todesthematik vertraut werden und Barrieren soweit abbauen, um nun rational und ohne übermäßige Erregung darüber diskutieren zu können. Themen der zweiten Hälfte des Kurses sind: Sterben und Tod aus entwicklungspsychologischer Sicht (von Kindern über Jugendliche und junge Erwachsene bis hin zu Menschen im mittleren Lebensalter, zu Alten und Sterbenden), Leiden und Trauer, plötzlicher Kindstod, Verwitwung, die Praktiken der Bestattungsindustrie, Interaktionen mit dem Sterbenden und seiner Familie, das Wesen des Suizids, Grundlagen der Krisenintervention, ethische Fragen mit Blick auf Euthanasie. Es werden verschiedene Texte gelesen und einschlägige Filme gezeigt.

Der Verlauf und die Qualität einer Unterrichtsveranstaltung für den Umgang mit unheilbar Kranken und Sterbenden wird nicht nur durch ihren Inhalt bestimmt, sondern ist auch abhängig vom Ausbilder und von den Teilnehmern. Über Fähigkeiten und Eigenschaften, die Instruktoren derartiger Veranstaltungen tatsächlich aufweisen, ist nichts bekannt. Als Voraussetzungen für eine erfolgreiche Tätigkeit werden genannt (Koch & Schmeling, 1982, S. 120; Leviton, 1977): Der Kursleiter sollte sich mit seinen eigenen Gefühlen gegenüber Sterben und Tod auseinandergesetzt haben und die Todesthematik in seinen Lebensentwurf integriert haben; er sollte selbst Erfahrungen mit Sterben und Tod im Rahmen jener Institutionen besitzen, in der die Teilnehmer arbeiten werden; er sollte über gute Kenntnisse in jenen Sachgebieten verfügen, die im Kurs behandelt werden; er sollte Unterrichtserfahrung haben und Diskussionen sowie Kleingruppenarbeit leiten können; schließlich sollte er in der Lage sein, Selbsterfahrungsgruppen durchzuführen. Die genannten Voraussetzungen auf seiten des Veranstaltungsleiters können auch als ein Anforderungsprofil aufgefaßt werden. Selbstverständlich können einzelne Anforderungen je nach den Inhalten verschiedener Kurse unterschiedlich akzentuiert sein. Wichtig für die Gewährleistung einer Mindestqualität der Unterrichtsveranstaltungen für den Umgang mit Sterben und Tod scheint die Idee sog. "cut-off-scores": ein Kursleiter sollte in jeder der als relevant erachteten Anforderungen ein Mindestmaß an Eignung aufweisen; das völlige Fehlen einer Voraussetzung ist durch hervorragende Befähigung in einer anderen Hinsicht nicht kompensierbar.

Über Kursteilnehmer ist gleichfalls wenig bekannt. Leviton (1977) berichtet folgende Motive zur Teilnahme an von ihm veranstalteten Seminaren über Tod und Sterben: Neugier; der Wunsch nach einem Abbau der Angst vor dem Tod anderer Menschen; der Wunsch nach Verbesserung der eigenen Fähigkeiten bei der beruflichen Versorgung Sterbender. Generell kann nicht ausgeschlossen werden, daß Unterrichtsveranstaltungen über den Umgang mit Sterbenden bei einzelnen Teilnehmern negative Wirkungen haben (z. B. Verstärkung von Depressionen, nachhaltige Beunruhigung, Unterstützung von Suizidtendenzen, psychopathologische Erscheinungsformen). Um dem durch den Ausschluß gefährdeter Teilnehmer vorbeugen zu können, ist die Kenntnis wichtiger Persönlichkeitsmerkmale der Teilnehmer vor Beginn der Veranstaltung notwendig (vgl. Kurlychek, 1977). Als gefährdet sind insbesondere solche Personen zu bezeichnen, die sich mit Selbsttötungsabsichten tragen und die in hohem Maße emotional labil sind. Aber auch den anderen Teilnehmern muß jederzeit Hilfestellung bei der individuellen Verarbeitung der Veranstaltungsinhalte und der begleitenden Affekte angeboten werden.

12.3 Zur Frage der Wirkung von Unterrichtsveranstaltungen über Tod und Sterben

Stellt man die Frage nach den Wirkungen, die Seminare über Tod und Sterben auf die Teilnehmer ausüben, so hat man es mit einer Fragestellung zu tun, die derjenigen in der Pädagogischen Psychologie prinzipiell vergleichbar ist. Auch dort interessiert man sich dafür, ob ein bestimmter Unterricht gar keinen Effekt, den beabsichtigten Effekt (z. B. Wissensvermehrung, verbessertes Problemlöseverhalten) oder gar unerwünschte Wirkungen hatte. In beiden Feldern – in der Unterrichtsforschung wie in der thanatopsychologischen Effizienzforschung – bedient man sich quasi-experimenteller Untersuchungsanordnungen (siehe CAMPBELL & STANLEY, 1963). Quasi-experimentelle Untersuchungspläne sind im wesentlichen dadurch gekennzeichnet, daß die Zuordnung der Untersuchungsteilnehmer zur Experimental- bzw. Kontrollgruppe nicht per Zufall erfolgt und daß nicht alle Variablen vom Untersucher kontrolliert werden können. Anders als bei einem Labor-Experiment muß der Untersucher ganze Personengruppen (Schulklassen, Lehrgänge, etc.) so nehmen, wie er sie vorfindet, und weil sich das zu beobachtende Geschehen „im wirklichen Leben" abspielt, kann die Kontrolle von Störvariablen kaum jemals realisiert werden. Die daraus resultierenden Einschränkungen hinsichtlich der Aussagekraft der Ergebnisse sind untrennbar mit dem Untersuchungsgegenstand bzw. mit der Forschungsfrage verbunden und müssen zwangsläufig in Kauf genommen werden.

In seiner nunmehr fast zehn Jahre zurückliegenden Standortbestimmung der Psychologie des Todes vermochte WITTKOWSKI (1981) nur recht pauschal und auf einer schmalen Datenbasis ruhende Aussagen zur Wirkung von Veranstaltungen über Tod und Sterben zu machen. Inzwischen hat sich die Befundlage in quantitativer und qualitativer Hinsicht nachhaltig verbessert. Tabelle 12.1 gibt eine Übersicht über Untersuchungen zur Effizienz von Kursen und Seminaren zur Todesthematik. In der Spalte „Ergebnis(se)" sind in Stichworten jene statistisch bedeutsamen Veränderungen aufgeführt, in denen sich die Experimentalgruppen von den Kontrollgruppen unterscheiden und die daher auf den Einfluß der Unterrichtsveranstaltungen über Tod und Sterben zurückgeführt werden können; auch das Fehlen überzufälliger Effekte wird mitgeteilt. Wie die Kurzbeschreibungen der Stichproben zeigen, waren es nicht ausschließlich professionelle Helfer, die an den Veranstaltungen teilnahmen. Ein direkter Vergleich der Untersuchung in Tabelle 12.1 ist wegen der Verschiedenartigkeit von Veranstaltungen und Stichproben kaum möglich. Grundsätzlich ist mit einer Wechselwirkung zwischen Stichprobe und Veranstaltung zu rechnen: Ein und dasselbe Seminar kann bei der Teilnehmergruppe A eine andere Wirkung haben als bei der Teilnehmergruppe B. Umgekehrt können unterschiedliche Veranstaltungen bei Teilnehmern, die sich (als Gruppe) in grundlegenden (Persönlichkeits-)Merkmalen unterscheiden, zu verschiedenartigen Effekten führen. Angesichts dieser Sachlage ist es um so bemerkenswerter, daß die in Tabelle 12.1 zusammengestellten Untersuchungen ein recht einheitliches Bild abgeben. Als Folge von Veranstaltungen über Tod und Sterben nimmt bei den Teilnehmern die Angst vor Tod und Sterben eher ab, eine Intensivierung der Angst vor Tod und Sterben wird jedenfalls nicht bewirkt. In jenen Untersuchungen, in denen keine Veränderung der Angst vor Tod und Sterben nach dem Besuch einer entsprechenden Veranstaltung gefunden wurde, ist nicht zu klären, ob dies auf unzureichende Reliabilität der Meßinstrumente zurückzuführen ist oder ob tatsächlich keine Veränderung in der Ausprägung der Angst vor Tod und Sterben erfolgte. Als weitere Effekte von Veranstaltungen zur Todesthematik lassen sich aufgrund der gegenwärtigen Befundlage ein verbessertes Faktenwissen zu diesem Bereich sowie eine allgemeine Sensibilisierung für todbezogene Inhalte und ein geschärftes Problembewußtsein feststellen (vgl. auch KOCH & SCHMELING, 1982, S. 102 ff.; SCHMELING & KOCH, 1984).

Zwei inhaltliche Ergänzungen zu Tabelle 12.1 sind notwendig. In der Studie von HAYSLIP & WALLING (1985–1986) ergab sich anhand eines eindimensionalen Erhebungsverfahrens (›Death Anxiety Scale‹ von TEMPLER, 1970) eine Abnahme der Angst vor Tod und Sterben im Anschluß an ein achtwöchiges Trainingsprogramm, gleichzeitig zeigte sich aber in einem mehrdimensionalen Fragebogenverfahren (›Fear of Death Scale‹ von COLLETT & LESTER, 1969) eine Zunahme der Angst vor dem Tod anderer Menschen. Offensichtlich kann ein und dasselbe Ausbildungsprogramm auf verschiedene Komponenten der Angst vor Tod und Sterben gegensätzliche Wirkung ausüben.

Tabelle 12.1: Untersuchungen zur Effizienz von Seminaren zur Todesthematik

Autor(en)	Stichprobe(n)	Veranstaltung	Ergebnis(se)
BELL (1975)	E-Gr.: n = 24 Studenten K-Gr.: n = 50 Studenten	18-Wochen-Kursus über soziale Aspekte von Tod und Sterben	Vermehrte Gedanken an Tod und verstärktes Interesse an Gesprächen über Tod. – Keine Zunahme der Angst vor dem Tod
BOHART & BERGLAND (1979)	E-Gr. I: n = 35 Studenten E-Gr. II: n = 33 Studenten K-Gr.: n = 36 Studenten	E-Gr. I: In-vivo-Desensibilisierung E-Gr. II: Desensibilisierung u. "symbolic modeling" K-Gr.: ohne Behandlung	Keine Veränderungen, weder in globaler Angst vor Tod und Sterben noch in den einzelnen Komponenten nach COLLETT & LESTER (1969)
BUGEN (1980–1981)	E-Gr.: n = 24 Studenten K-Gr.: n = 30 Studenten	3-Wochen-Seminar mit 15 Unterrichtseinheiten über Tod und Sterben	Verbesserte Coping-Strategien bezüglich Tod und Sterben
FLEMING & BROWN (1983)	N = 130 Krankenschwestern	10 einstündige Sitzungen über Tod und Sterben	Vermehrte Beachtung der Stimmungslage von Patienten
GLASS & KNOTT (1984)	E-Gr.: n = 323 Schüler K-Gr.: n = 152 Schüler	10 einstündige Sitzungen über Tod und Sterben innerhalb von 2 Wochen	Keine Veränderung der Angst vor Tod und Sterben und der Einstellung zu alten Menschen
HAYSLIP (1986–1987)	E-Gr.: n = 29 Hospiz-Freiwillige	8-Wochen-Trainingsprogramm	Abnahme der Angst vor Tod und Sterben

	K-Gr.: n = 30 Hospiz-Aushilfskräfte		Positivere Einstellung zu Abtreibung
HOELTER & EPLEY (1979)	E-Gr.: n = 17 Studenten K-Gr.: n = 17 Studenten	5-Wochen-Kursus mit tägl. 2 Std. an 4 Tagen pro Woche	Studie 1: Abnahme der Angst vor dem Sterben anderer
LEVITON & FRETZ (1978–1979)	Studie 1: E-Gr.: n = 17 Studenten K-Gr.: n = 17 Studenten Studie 2: E-Gr.: n = 87 Studenten K-Gr.: n = 87 Studenten	E-Gruppen: Seminar über Tod und Sterben K-Gruppen: Seminar über Sexualität bzw. Psychologie	Studie 2: Abnahme der Angst vor dem Tod anderer und vor dem Sterben anderer
MCCLAM (1980)	N = 91 diverse „Helfer"	2tägiger Workshop mit Filmen, Gruppendiskussionen u. ä.	Keine Veränderungen, weder in globaler Angst vor Tod und Sterben noch in den einzelnen Komponenten nach COLLETT & LESTER (1969)
MCDONALD & HILGENDORF (1986)	E-Gr.: n = 79 Studenten K-Gr.: n = 100 Studenten	E-Gr.: Seminar über Tod und Sterben K-Gr.: Seminar über Psychologie	In der E-Gruppe schwächere Angst vor dem Sterben anderer als in der K-Gruppe
MILES (1980)	E-Gr.: n = 12 E/K-Gr.: n = 12 K-Gr.: n = 12 K-Gr.: n = 12 } Schwestern und Pfleger	6-Wochen-Kursus mit 2 Std. pro Woche	Abnahme sowohl der allg. Angst vor dem Tod als auch der Angst vor sterbenden Patienten

Tabelle 12.1 (Forts.)

Autor(en)	Stichprobe(n)	Veranstaltung	Ergebnis(se)
MULLINS & MERRIAM (1983)	N = 138 Schwestern	2-Tage-Trainings-programm	Zunahme des Faktenwissens über Tod und Sterben. – Keine Veränderung der Angst vor Tod und Sterben
MURRAY (1974)	N = 30 Schwestern	6 Seminar-Sitzungen à 1½ Std., jeweils im Abstand von 1 Woche	Abnahme der Angst vor Tod und Sterben 4 Wochen nach Kursende
WALDMAN & DAVIDSHOFER (1983–1984)	E-Gr.: n = 82 Studenten K-Gr.: n = 48 Studenten	3-Wochen-Symposium über Tod und Sterben	Abnahme der Angst vor Tod und Sterben
WATTS (1977)	E-Gr.: n = 39 Studenten K-Gr.: n = 40 Studenten	5 Sitzungen à 50 Minuten	Vorteilhaftere Einstellungen zu Tod und Sterben
WHITE et al. (1983–1984)	$n_1 = 8$ $n_2 = 7$ Schwestern- bzw. Pfleger-Schüler/innen $n_3 = 8$	für n_1 Desensitivierung für n_2 Entspannungstraining für n_3 keine Behandlung	Nach Desensitivierung und Entspannung Abnahme der Angst vor Tod und Sterben
WILKINSON & WILKINSON (1986–1987)	N = 41 Hospiz-Freiwillige	36-Stunden-Hospiz-Trainingsprogramm	Zunahme von Verständnis für Sterbende und verbessertes Coping bezüglich Tod und Sterben

Dieser Befund unterstreicht die Notwendigkeit mehrdimensionaler Operationalisierungen der Angst vor Tod und Sterben auch bei Evaluationsstudien. Die Arbeit von DICKINSON & PEARSON (1980–1981) ließ sich nicht in das Raster der Tabelle 12.1 einfügen und wird daher hier referiert. Die Autoren gingen der Frage nach, ob Ärzte, die während ihres Medizinstudiums offizielle Kurse über Tod und Sterben besucht hatten, sich Sterbenden gegenüber anders verhalten als ihre Kollegen, die zwar dieselben Ausbildungseinrichtungen besucht, jedoch nicht an Kursen zur Todesthematik teilgenommen hatten. Von fünf repräsentativen Ausbildungsstätten erhielten die Autoren 1093 Fragebogen, entsprechend einer Rücklaufquote von 71%. Der verwendete Fragebogen bestand aus 11 von den Autoren konzipierten Likert-Items, die sich auf Gefühle und Verhaltensweisen gegenüber Sterbenden bezogen. Es zeigte sich, daß von jenen Ärzten, die während ihrer Ausbildung einen Kurs über den Umgang mit Sterbenden absolviert hatten, die Behandlung eines Sterbenden signifikant weniger als unangenehm beurteilt wurde als von Ärzten, die einen entsprechenden Kurs nicht besucht hatten. Auch die Mitteilung einer infausten Diagnose bzw. Prognose an den Patienten wurde von den Ärzten mit Kurserfahrung als weniger schwierig bewertet als von ihren Kollegen ohne Kurserfahrung.

Bei den meisten der in Tabelle 12.1 zusammengestellten Untersuchungen wurde in der Experimentalgruppe eine Testvorgabe vor Beginn und nach Abschluß eines Kurses durchgeführt und in einer Kontrollgruppe, die nicht an einem Kurs teilnahm, eine Testwiederholung im gleichen zeitlichen Abstand wie bei der Experimentalgruppe vorgenommen. Diese als "Pretest-Posttest Control Group Design" bezeichnete Untersuchungsanordnung bietet in Verbindung mit einer Kovarianzanalyse die Voraussetzungen für aussagekräftige Resultate. Besondere Erwähnung gebührt der Untersuchung von MULLINS & MERRIAM (1983), welcher die aufwendige Solomon-Vier-Gruppen-Anordnung (vgl. CAMPBELL & STANLEY, 1963, S. 24 ff.) zugrunde liegt und die von daher die stichhaltigsten Resultate verspricht. Im Gegensatz zu den Untersuchungsplänen und den Strategien der Datenverarbeitung sind die zur Operationalisierung der abhängigen Variablen verwendeten Verfahren in den Untersuchungen der Tabelle 12.1 oft unbefriedigend. Meist handelt es sich um Fragebogen, die von den Untersuchern ad hoc und ohne sorgfältige Testkonstruktionen entworfen wurden und für die daher auch keine Testgütekriterien mitgeteilt werden können. Eine grundsätzliche Schwäche mit Blick auf die Erhebungsverfahren ist darin zu sehen, daß eindimensionale Verfahren noch überwiegen. Wie die Arbeit von HAYSLIP & WALLING (1985–1986) zeigt, muß aber damit gerechnet werden, daß Seminare über Tod und Sterben differentielle Wirkungen bei den Teilnehmern haben. So ist es durchaus denkbar, daß z. B. die Angst vor dem eigenen Tod infolge des Veranstaltungsbesuchs nachläßt, daß aber gleichzeitig die Angst vor dem Sterben eines anderen Menschen zunimmt. Derartige differentielle Effekte können nur erfaßt werden, wenn auch entsprechend differenzierte Meßinstrumente eingesetzt werden. Die bisher immer noch verwendeten globalen bzw. eindimensionalen Verfahren verschleiern hingegen differentielle Wirkungen von Veranstaltungen über Tod und Sterben.

Der empirische Kenntnisstand zur Wirkung von Unterrichtsveranstaltungen über Tod und Sterben hat sich innerhalb der vergangenen 10 Jahre erheblich verbessert. Er kann aber noch weiter verbessert werden. Dies erfordert neben mehrdimensionalen Meßinstrumenten zur Operationalisierung der abhängigen Variablen vermehrt Nachfolgeuntersuchungen über längere Zeiträume (z. B. sechs bis 12 Monate) hinweg. Es muß damit gerechnet werden, daß Seminare zur Todesthematik mindestens bei einigen Teilnehmern Prozesse der Um- und Neubewertung in Gang setzen, die lange Zeitspannen benötigen. Die derzeit noch fehlenden Kenntnisse über Langzeitwirkungen derartiger Veranstaltungen können durch mittelfristige Nachuntersuchungen gewonnen werden. Der zu erwartende Erkenntnisgewinn dürfte den damit verbundenen Mehraufwand rechtfertigen.

Die Würdigung des gegenwärtigen Forschungsstandes zur Wirkung von Unterrichtsveranstaltungen über Tod und Sterben wäre unvollständig, würde nicht die grundsätzliche Problematik der Benennung von Effizienz-Indikatoren erörtert. In welchen Merkmalen, Erlebens- und Verhaltensweisen der Teilnehmer zeigt sich, in welcher Weise ein bestimmter Kurs zu wirken vermag? In den in Tabelle 12.1 zusammengestellten Arbeiten werden folgende Merkmale als abhängige Variablen und somit als Indikatoren für die Wirkung der Veranstaltungen verwendet: Angst vor Tod und Sterben; Häufigkeit der Gedanken an den Tod; Coping mit dem Gedanken an den Tod; Gefühle beim Umgang mit Sterbenden; Eintragungen in die Rubriken des Patientenblattes; Angst vor der Kommunikation mit anderen Menschen; Einstellung zu alten Menschen; Angst allgemein. Diese

Übersicht zeigt, daß die Auswahl der Indikatoren für die Wirkung von Veranstaltungen zur Todesthematik bisher recht einseitig auf das Erleben und Verhalten gegenüber Tod und Sterben abgestimmt war. Von ebenso großem Interesse ist jedoch, ob und gegebenenfalls welche Nebeneffekte und insbesondere welche unerwünschten Nebenwirkungen die entsprechenden Veranstaltungen haben. Im gegenwärtigen Erkundungsstadium ist es daher unbedingt notwendig, ein breites Spektrum von Erlebens- und Verhaltensmodalitäten (z. B. auch die Einstellung zum Leben) zu berücksichtigen.

Die am Anfang dieses Kapitels gestellte Frage, ob grundlegende Erkenntnisse der Psychologie des Todes in Anwendungsfeldern umgesetzt werden, kann für den Bereich der Evaluations- und Effizienzforschung bejaht werden. Die Forschungsanstrengungen der vergangenen zehn Jahre wirken sich hier bereits positiv aus. In dem Maße, in dem Merkmale wie die Angst vor Tod und Sterben und Akzeptieren von Tod und Sterben als mehrdimensionale Konstrukte zuverlässig erfaßt werden können, verbessern sich die Möglichkeiten einer differenzierten Einschätzung der Wirkungen von Unterrichtsveranstaltungen über Sterben und Tod. Man darf zuversichtlich sein, daß nüchtern betriebene psychologische Grundlagenforschung einige wichtige Voraussetzungen zu schaffen vermag, um die psycho-soziale Betreuung unheilbar Kranker und Sterbender nachhaltig zu verbessern.

LITERATUR

Albert, H. (1962): Probleme der Wissenschaftstheorie in der Sozialforschung. In: R. König (Hrsg.): Handbuch der empirischen Sozialforschung, Bd. 1, Stuttgart: Enke, 38–63.

Alexander, I., & A. M. Adlerstein (1958): Affective responses to the concept of death in a population of children and early adolescents. Journal of Genetic Psychology 93, 167–177.

– (1965): Affective responses to the concept of death in a population of children and early adolescents. In: R. Fulton (Ed.): Death and Identity, New York: Wiley & Sons, 111–123.

Allen, R. O., & B. Spilka (1967): Committed and consensual religion: A specification of religion-prejudice relationships. Journal of the Scientific Study of Religion 6, 191–206.

Allport, G. W., & J. M. Ross (1967): Personal religious orientation and prejudice. Journal of Personality and Social Psychology 5, 432–443.

Amelang, M., u. D. Bartussek (1985): Differentielle Psychologie und Persönlichkeitsforschung. Stuttgart: Kohlhammer (2. Aufl.).

Amenta, M. M. (1984 a): Death anxiety, purpose in life and duration of service in hospice volunteers. Psychological Reports 54, 979–984.

– (1984 b): Traits of hospice nurses compared with those who work in traditional settings. Journal of Clinical Psychology 40, 414–420.

American Nurses' Association (1968): Code for Nurses with Interpretative Statements, New York: American Nurses' Association.

Anthony, Sylvia (1940): The Child's Discovery of Death. London: Routledge & Kegan Paul.

– (1971): The Discovery of Death in Childhood and After. London. Allen Lane The Penguin Press.

Aronson, G. J. (1965): Treatment of the dying person. In: H. Feifel (Ed.): The Meaning of Death, New York: McGraw-Hill, 251–258.

Atwood, Virginia A. (1984): Children's concepts of death: A descriptive study. Child Study Journal 14, 11–29.

Bally, G. (1961): Einführung in die Psychoanalyse Sigmund Freuds. Reinbek: Rowohlt.

Barton, D., & M. K. Crowder (1975): The use of role playing techniques as an instructional aid in teaching about dying, death, and bereavement. Omega: Journal of Death and Dying 6, 243–250.

Becker, P. (1982): Psychologie der seelischen Gesundheit. Bd. 1: Theorien, Modelle, Diagnostik. Göttingen: Hogrefe.

Bell, B. D. (1975): The experimental manipulation of death attitudes: A preliminary investigation. Omega: Journal of Death and Dying 6, 199–205.

Berge, Janice A. (1985): Terminal care: A bibliography of the psychosocial literature. Hospice Journal 1, 51–79.

Berman, A. L., & J. E. Hays (1973): Relation between death anxiety, belief in afterlife, and locus of control. Journal of Consulting and Clinical Psychology 41, 318.

Berzonsky, M. D. (1987): A preliminary investigation of children's conceptions of life and death. Merrill-Palmer Quarterly 33, 505–513.

Bibace, R., & Mary E. Walsh (1980): Development of children's concepts of illness. Pediatrics 66, 912–917.

Bibring, E. (1963): The development and problems of the theory of the instincts. In: C. L. Stacey & M. F. De Martino (Eds.): Understanding Human Motivation, Cleveland: Allen, 578–603.

Binger, C. M., A. R. Ablin, R. C. Feuerstein, J. H. Kushner, S. Zoger & C. Mikkelsen (1969): Childhood leukemia: Emotional impact on patient and family. New England Journal of Medicine 280, 414–418.

Birren, J. E., & W. R. Cunningham (1985): Research on the psychology of aging: Principles, concepts and theory. In: J. E. Birren & K. W. Schaie (Eds.): Handbook of the Psychology of Aging, New York: Van Nostrand, 3–34.

Bluebond-Langner, Myra (1977): Meanings of death to children. In: H. Feifel (Ed.): New Meanings of Death, New York: McGraw-Hill, 47–66.

– (1978): The Private Worlds of Dying Children. Princeton, N. J.: Princeton University Press.

Bohart, J. B., & B. W. Bergland (1979): The impact of death and dying counseling groups on death anxiety in college students. Death Education 2, 381–391.

Bonsen, F. zur (1927): Zwischen Leben und Tod. Zur Psychologie der letzten Stunde. Düsseldorf: Schwan.

Boos-Nünning, Ursula (1972): Dimensionen der Religiosität. Zur Operationalisierung und Messung religiöser Einstellungen. München: Kaiser.

Bortz, J. (1984): Lehrbuch der empirischen Forschung. Berlin: Springer.

Boyar, J. I. (1964): The construction and partial validation of a scale for the measurement of the fear of death. Dissertation Abstracts 25, 2041.

Braun, S. (1985): Über die Einstellung zu Tod und Sterben bei Patienten und Gesunden. Diplomarbeit. Homburg/Saar (unveröffentl.).

Bromley, D. B. (1974): The Psychology of Human Ageing. Harmondsworth: Penguin Books (2nd Edition).

Brun, R. (1953): Über Freuds Hypothese vom Todestrieb. Psyche 7, 81–111.

Bühler, Charlotte, u. M. Allen (1974): Einführung in die Humanistische Psychologie. Stuttgart: Klett-Cotta.

Bürgin, D. (1978): Das Kind, die lebensbedrohliche Krankheit und der Tod. Bern: Huber.

Bugen, L. A. (1980–1981): Coping: Effects of death education. Omega: Journal of Death and Dying 11, 175–183.

Busse, E. W. (1969): Theories of aging. In: E. W. Busse & E. Pfeiffer (Eds.): Behavior and Adaptation in Late Life, Boston: Little, Brown & Co, 11–32.

Campbell, D. T., & J. C. Stanley (1963): Experimental and Quasi-Experimental Designs for Research. Boston: Mifflin Comp.

Candy-Gibbs, Sandra E., K. C. Sharp & C. J. Petrun (1984–1985): The effects of age, object, and cultural/religious background on children's concepts of death. Omega: Journal of Death and Dying 15, 329–346.

Cattell, R. B. (1967): The Scientific Analysis of Personality. Harmondsworth: Penguin Books.

Cattell, R. B., & I. H. Scheier (1958): The nature of anxiety: A review of thirteen multivariate analyses comprising 814 variables. Psychological Reports 4, 351–388.

– (1961): The Meaning and Measurement of Neuroticism and Anxiety. New York: Ronald Press.

Cattell, R. B., H. W. Eber & M. M. Tatsuoka (1970): Handbook for the Sixteen Personality Factor Questionnaire. Champagne, Ill.: Institute for Personality and Ability Testing.

Childers, P., & Mary Wimmer (1971): The concept of death in early childhood. Child Development 42, 1299–1301.

Collett, Lora J., & D. Lester (1969): The fear of death and the fear of dying. Journal of Psychology 72, 179–181.

Conte, H. R., M. Weiner & R. Plutchik (1982): Measuring death anxiety: Conceptual, psychometric, and factoranalytic aspects. Journal of Personality and Social Psychology 43, 775–785.

Costa, P. T., & R. R. McCrae (1977–1978): Age differences in personality structure revisited: Studies in validity, stability, and change. International Journal of Aging and Human Development 8, 261–275.

Costa, P. T., R. R. McCrae & D. Arenberg (1980): Enduring dispositions in adult males. Journal of Personality and Social Psychology 38, 793–800.

– (1983): Recent longitudinal research on personality and aging. In: K. W. Schaie (Ed.): Longitudinal Studies of Adult Psychological Development, New York: The Guilford Press, 222–265.

Cronbach, L. J. (1957): The two disciplines of scientific psychology. American Psychologist 12, 671–684.

Denton, J. A. & V. B. Wisenbaker (1977): Death experience and death anxiety among nurses and nursing students. Nursing Research 26, 61–64.

Dickinson, G. E. (1985): Changes in death education in U.S. medical schools during 1975–1985. Journal of Medical Education 60, 942–943.

Dickinson, G. E., & A. A. Pearson (1980–1981): Death education and physicians' attitudes toward dying patients. Omega: Journal of Death and Dying 11, 167–174.

Diggory, J. C., & Doreen Z. Rothman (1961): Values destroyed by death. Journal of Abnormal and Social Psychology 63, 205–210.

Donahue, M. J. (1985): Intrinsic and extrinsic religiousness: Review and meta-analysis. Journal of Personality and Social Psychology 48, 400–419.

Downey, Ann M. (1984): Relationship of religiosity to death anxiety of middle-aged males. Psychological Reports 54, 811–822.

Duke, Phyllis (1975): Media on death and dying. Omega: Journal of Death and Dying 6, 275–287.

Durlak, J. A. (1982): Using the Templer scale to assess "death anxiety": A cautionary note. Psychological Reports 50, 1257–1258.

Durlak, J. A., & R. A. Kass (1981–1982): Clarifying the measurement of death attitudes: A factor analytic evaluation of fifteen selfreport death scales. Omega: Journal of Death and Dying 12, 129–141.

Easson, W. M. (1974): Management of the dying child. Journal of Clinical Child Psychology 3, 25–27.

Edwards, A. L. (1968): Experimental Design in Psychological Research. New York: Holt, Rinehart & Winston.

Eissler, K. R. (1978): Der sterbende Patient. Zur Psychologie des Todes. Stuttgart: Frommann-Holzboog.

Endler, N. S. (1975): A person-situation interaction model for anxiety. In: Ch. D. Spielberger & I. G. Sarason (Eds.): Stress and Anxiety, Vol. 1, New York: Wiley & Sons, 145–164.

Engelke, E. (1979): Das Psychodrama in der Sterbehilfe. In: E. Engelke, H.-J. Schmoll & G. Wolff (Hrsg.): Sterbebeistand bei Kindern und Erwachsenen, Stuttgart: Enke, 64–74.

Engelke, E., H.-J. Schmoll & G. Wolff (Hrsg.) (1979): Sterbebeistand bei Kindern und Erwachsenen. Stuttgart: Enke.

Erlemeier, N. (1972): Psychologische Forschungen zum Todesproblem. Zeitschrift für Gerontologie 5, 32–49.

– (1978): Todesfurcht – Ergebnisse und Probleme. Zeitschrift für Gerontologie 11, 681–692.

Fahrenberg, J., H. Selg & R. Hampel (1978): Das Freiburger Persönlichkeitsinventar FPI. Göttingen: Hogrefe (3. Aufl.).

Farberow, N. L., & E. S. Shneidman (Eds.) (1965): The Cry for Help. New York: McGraw-Hill.

Fechner, G. T. (1836): Das Büchlein vom Leben nach dem Tode. Leipzig: Insel-Verlag.

Feifel, H. (Ed.) (1959): The Meaning of Death. New York: McGraw-Hill.

– (1977 a): New Meanings of Death. New York: McGraw-Hill.

– (1977 b): Death in contemporary America. In: H. Feifel (Ed.): New Meanings of Death, New York: McGraw-Hill, 3–12.

Feifel, H., & A. B. Branscomb (1973): Who's afraid of death? Journal of Abnormal Psychology 81, 282–288.

Feifel, H., Susan Hanson, R. Jones & L. Edwards (1967): Physicians consider death. Proceedings of the 75th Annual Convention of the American Psychological Association, 201–202.

Festinger, L. (1957): A Theory of Cognitive Dissonance. Stanford, CA.: Stanford University Press.

Filipp, Sigrun-H. (Hrsg.) (1981): Kritische Lebensereignisse. München: Urban & Schwarzenberg.

Fleming, S., & Isabel Brown (1983): The impact of a death education program for nurses in a long-term care hospital. Gerontologist 23, 192–195.

Flint, G. A., W. F. Gayton & K. L. Ozmon (1983): Relationship between life satisfaction and acceptance of death by elderly persons. Psychological Reports 53, 290.

Florian, V. (1985): Children's concepts of death: An empirical study of a cognitive and environmental approach. Death Studies 9, 133–141.

Florian, V., & D. Har-Even (1983–1984): Fear of personal death: The effects of sex and religious belief. Omega: Journal of Death and Dying 14, 83–91.

Florian, V., & S. Kravetz (1983): Fear of personal death: Attribution, structure, and relation to religious belief. Journal of Personality and Social Psychology 44, 600–607.

Freud, Anna (1946): Das Ich und die Abwehrmechanismen. London: Imago.

Freud, S. (1896): Weitere Bemerkungen über die Abwehr-Neuropsychosen. In: Anna Freud, E. Bibring, W. Hoffer, E. Kris & O. Isakower (Hrsg.) (1952): Sigmund Freud, Gesammelte Werke, Bd. I, London: Imago (Erstveröffentl. 1896), 379–403.

– (1911): Formulierungen über die zwei Prinzipien des psychischen Geschehens. In: A. a. O., Bd. VIII, 1943, 230–238 (Erstveröffentl. 1911).

– (1914): Zur Einführung des Narzißmus. In: A. a. O., Bd. X, 1946, 137–170 (Erstveröffentl. 1914).

– (1920): Jenseits des Lustprinzips. In: A. a. O., Bd. XIII, 1940, 1–69 (Erstveröffentl. 1920).

– (1923): Das Ich und das Es. In: A. a. O., Bd. XIII, 1940, 235–289 (Erstveröffentl. 1923).

– (1926): Hemmung, Symptom und Angst. In: A. a. O., Bd. XIV, 1948, 111–205 (Erstveröffentl. 1926).

– (1927): Die Zukunft einer Illusion. In: A. a. O., Bd. XIV, 1948, 323–380.

– (1930): Das Unbehagen in der Kultur. In: A. a. O., Bd. XIV, 1948, 419–506 (Erstveröffentl. 1930).

– (1933): Warum Krieg? In: A. a. O., Bd. XVI, 1950, 11–27 (Erstveröffentl. 1933).

– (1938): Abriß der Psychoanalyse. In: A. a. O., Bd. XVII, 1941, 63–138 (Erstveröffentl. 1938).

Fulton, R. (Ed.) (1965): Death and Identity. New York: Wiley.
Garfield, Ch. A. (1978 a): Elements of psychosocial oncology: Doctor- patient relationships in terminal illness. In: Ch. A. Garfield (Ed.): Psychosocial Care of the Dying Patient, New York: McGraw-Hill, 102–118.
Garfield, Ch. A. (Ed.) (1978 b): Psychosocial Care of the Dying Patient. New York: McGraw-Hill.
Gartley, W., & Marion Bernasconi (1967): The concept of death in children. Journal of Genetic Psychology 110, 71–85.
Gesser, Gina P., T. P. Wong & G. T. Reker (1987–1988): Death attitudes across the life-span: The development and validation of the Death Attitude Profile (DAP). Omega: Journal of Death and Dying 18, 113–128.
Gilliland, J. C., & D. I. Templer (1985–1986): Relationship of Death Anxiety Scale factors to subjective states. Omega: Journal of Death and Dying 16, 155–167.
Glaser, B. G., & A. L. Strauss (1965): Awareness of Dying. Chicago: Aldine.
– (1968): Time for Dying. Chicago: Aldine.
– (1974): Interaktion mit Sterbenden. Göttingen: Vandenhoeck & Ruprecht.
Glass, J. C., & Elizabeth S. Knott (1984): Effectiveness of a lesson series on death and dying in changing adolescents' death anxiety and attitudes toward older adults. Death Education 8, 299–313.
Gottschalk, L. A. (Ed.) (1979): The Content Analysis of Verbal Behavior. Further Studies. New York: Spectrum Publications.
Gottschalk, L. A., & G. C. Gleser (1969): The Measurement of Psychological States from the Content Analysis of Verbal Behavior. Berkeley, CA.: University of California Press.
Gottschalk, L. A., C. N. Winget & G. C. Gleser (1969): Manual of Instructions for Using the Gottschalk-Gleser Content Analysis Scales. Anxiety, Hostility, and Social Alienation – Personal Disorganization. Berkeley, CA.: University of California Press.
Gow, Christina M., & J. I. Williams (1977): Nurses' attitudes toward death and dying: A causal interpretation. Social Science and Medicine 11, 191–198.
Groeben, N., & H. Westmeyer (1975): Kriterien psychologischer Forschung. München: Juventa.
Hall, C. S., & G. Lindzey (1970): Theories of Personality. New York: Wiley (2nd Edition).
Hall, G. S. (1915): Thanatophobia and immortality. American Journal of Psychology 26, 550–613.
Halpern, Esther, & Leslie Palic (1984): Developmental changes in death anxiety in childhood. Journal of Applied Developmental Psychology 5, 163–172.
Handal, P. J. (1969): The relationship between subjective life expectancy, death anxiety, and general anxiety. Journal of Clinical Psychology 25, 39–42.

– (1975): Relationship between the Death Anxiety Scale and repression. Journal of Clinical Psychology 31, 675–677.

Handal, P. J., R. L. Peal, J. G. Napoli & H. R. Austrin (1984–1985): The relationship between direct and indirect measures of death anxiety. Omega: Journal of Death and Dying 15, 245–262.

Hayslip, B. (1986–1987): The measurement of communication apprehension regarding the terminally ill. Omega: Journal of Death and Dying 17, 251–261.

Hayslip, B., & Mary L. Walling (1985–1986): Impact of hospice volunteer training on death anxiety and locus of control. Omega: Journal of Death and Dying 16, 243–254.

Heckhausen, H. (1980): Motivation and Handeln. Berlin: Springer.

Heller, F. (1980): Die Einstellung von Pflegepersonal und Ärzten zu sterbenden Patienten. Aachen: Medizinische Dissertation (unveröffentl.).

Henderson, Virginia (1964): The nature of nursing. American Journal of Nursing 64.

Hensle, U. (1977): Todesfurcht – Versuch einer Strukturierung und Entwicklung einer Fragebogenskala. Psychologische Beiträge 19, 545–566.

Herrmann, Th. (1979): Zur Tauglichkeit psychologischer Theorien. In: H. Albert & K. H. Stapf (Hrsg.): Theorie und Erfahrung. Beiträge zur Grundlagenproblematik der Sozialwissenschaften. Stuttgart: Klett-Cotta, 195–217.

Hilgard, E. R., R. C. Atkinson & Rita L. Atkinson (1971): Introduction to Psychology. New York: Harcourt Brace Jovanovich (5th Edition).

Hinte, W., & R. Runge (1988): Humanistische Psychologie. In: R. Asanger & G. Wenninger (Hrsg.): Handwörterbuch der Psychologie. München: Psychologie Verlagsunion, 300–306.

Hoelter, J. W. (1979): Multidimensional treatment of fear of death. Journal of Consulting and Clinical Psychology 47, 996–999.

Hoelter, J. W., & R. J. Epley (1979): Death education and death-related attitudes. Death Education 3, 67–75.

Hoffman, S. I., & S. Strauss (1985): The development of children's concepts of death. Death Studies 9, 469–482.

Hooper, T., & B. Spilka (1970): Some meanings and correlates of future time and death among college students. Omega: Journal of Death and Dying 1, 49–56.

Howe, J., & R. Ochsmann (Hrsg.) (1984): Tod – Sterben – Trauer. Bericht über die 1. Tagung zur Thanato-Psychologie vom 4.–6. November 1982 in Vechta. Frankfurt a. M.: Fachbuchhandlung für Psychologie – Verlagsabteilung.

Huppmann, G., & Angela Werner (1982): Sterben in der Institution: Psychologische Aspekte. Medizin, Mensch, Gesellschaft 7, 155–168.

Irle, M. (1975): Lehrbuch der Sozialpsychologie. Göttingen: Hogrefe.

Irle, M., & V. Möntmann (1978): Die Theorie der kognitiven Dissonanz: Ein

Resümee ihrer theoretischen Entwicklung und empirischen Ergebnisse 1957–1976. In: M. Irle & V. Möntmann (Hrsg.): Leon Festinger, Theorie der kognitiven Dissonanz, Bern: Huber, 274–365.

Jay, S. M., V. Green, S. Johnson, S. Caldwell & R. Nitschke (1987): Differences in death concepts between children with cancer and physically healthy children. Journal of Clinical Child Psychology 16, 301–306.

Jenkins, R. A., & J. C. Cavanaugh (1985–1986): Examining the relationship between the development of the concept of death and overall cognitive development. Omega: Journal of Death and Dying 16, 193–199.

Kahoe, R. D., & Rebecca Dunn (1975): The fear of death and religious attitudes and behavior. Journal for the Scientific Study of Religion 14, 379–382.

Kalish, R. A. (1981): Death, Grief and Caring Relationships. Belmont, CA.: Wadsworth.

Kalish, R. A., & D. K. Reynolds (1976): Death and Ethnicity: A Psychocultural Study. Los Angeles: University of Southern California Press.

Kane, Anne C., & J. D. Hogan (1985–1986): Death anxiety in physicians: Defensive style, medical specialty, and exposure to death. Omega: Journal of Death and Dying 16, 11–22.

Kane, Barbara (1979): Children's concepts of death. Journal of Genetic Psychology 134, 141–153.

Kastenbaum, R. (1969): Psychological death. In: L. Pearson (Ed.): Death and Dying. Current Issues in the Treatment of the Dying Person, Cleveland: The Press of Case Western Reserve University, 1–27.

– (1977): Death, Society, and Human Experience. Saint Louis, Miss.: Mosby Comp.

– (1984): Thanato-Psychologie in den Vereinigten Staaten: Vergangenheit, Gegenwart und Zukunft. In: J. Howe & R. Ochsmann (Hrsg.): Tod – Sterben – Trauer. Bericht über die erste Tagung zur Thanato-Psychologie vom 4.–6. November 1982 in Vechta, Frankfurt a. M.: Fachbuchhandlung für Psychologie – Verlagsabteilung, 14–26.

Kastenbaum, R., & Ruth Aisenberg (1972): The Psychology of Death. New York: Springer.

Kastenbaum, R., & P. T. Costa (1977): Psychological perspectives on death. Annual Review of Psychology 28, 225–249.

Kelly, G. A. (1955): The Psychology of Personal Constructs. New York: Norton.

Kimsey, L. R., J. L. Roberts & D. L. Logan (1972): Death, dying, and denial in the aged. American Journal of Psychiatry 129, 161–166.

Kincade, J. F. (1982–1983): Attitudes of physicians, house staff, and nurses on care for the terminally ill. Omega: Journal of Death and Dying 13, 333–344.

Klein, Melanie (1948): A contribution to the theory of anxiety and guilt. International Journal of Psychoanalysis 29, 114–123.

Klockenbusch, W. (1986): Die Betreuung unheilbar Kranker und Sterbender. Melsungen: Bibliomed – Medizinische Verlagsgesellschaft.

Klug, L., & M. Boss (1977): Further study of the validity of the death concern scale. Psychological Reports 40, 907–910.

Koch, U., & Ch. Schmeling (1979): Ausbildung für den Umgang mit Sterbenden. Eine Diskussion möglicher Lernziele. In: E. Engelke, H.-J. Schmoll u. G. Wolff (Hrsg.): Sterbebeistand bei Kindern und Erwachsenen, Stuttgart: Enke, 125–140.

– (1982): Betreuung von Schwer- und Todkranken. München: Urban & Schwarzenberg.

Koocher, G. P. (1973): Childhood, death, and cognitive development. Developmental Psychology 9, 369–375.

Kraft, W. A., W. J. Litwin & S. E. Barber (1987): Religious orientation and assertiveness: Relationship to death anxiety. Journal of Social Psychology 127, 93–95.

Krieger, S. R., F. R. Epting & L. M. Leitner (1974): Personal constructs, threat and attitudes toward death. Omega: Journal of Death and Dying 5, 299–310.

Kübler-Ross, Elisabeth (1969): On Death and Dying. New York: Macmillan.

– (1973): Interviews mit Sterbenden. Stuttgart: Kreuz-Verlag.

Kurlychek, R. T. (1977): Death education: Some considerations of purpose and rationale. Educational Gerontology 2, 43–50.

Landsdown, R., & G. Benjamin (1985): The development of the concept of death in children aged 5–9 years. Child 11, 13–20.

Larbig, W. (1974): Zum kindlichen Todeserleben und zur Situation des todkranken Kindes im Krankenhaus. Praxis der Kinderpsychologie und Kinderpsychiatrie 7, 245–255.

Laughlin, H. P. (1970): The Ego and its Defenses. New York: Meredith.

Laux, L., P. Glanzmann, P. Schaffner & C. D. Spielberger (1981): Das State-Trait-Angstinventar. Weinheim: Beltz Testgesellschaft.

Lehr, Ursula, u. M. Schuster (1976): Euthanasie in der Gerontologie: Die Vorbereitung auf das Lebensende – psychologische Aspekte. Ärztliche Praxis 28, 1528–1532.

Leming, M. R. (1979–1980): Religion and death: A test of Homan's thesis. Omega: Journal of Death and Dying 10, 347–364.

Lepp, I. (1968): Death and its Mysteries. New York: Macmillan.

Lester, D. (1967): Experimental and correlational studies of the fear of death. Psychological Bulletin 67, 27–36.

Leviton, D. (1969). Education for death. Journal of Health, Physical Education, Recreation 40, 46–51.

– (1971): A course on death education and suicide prevention: Implications for health education. Journal of the American College Health Association 19, 217–220.

– (1977): Death education. In: H. Feifel (Ed.): New Meanings of Death, New York: McGraw-Hill, 253–272.

Leviton, D., & B. Fretz (1978–1979): Effects of death education on fear of death and attitudes towards death and life. Omega: Journal of Death and Dying 9, 267–277.

Liberman, Marla B., P. J. Handal, J. G. Napoli & H. R. Austrin (1983–1984): Development of a behavior rating scale for doctor-patient interactions and its implications for the study of death anxiety. Omega: Journal of Death and Dying 14, 231–239.

Liston, E. H. (1975): Education on death and dying: A neglected area in the medical curriculum. Omega: Journal of Death and Dying 6, 193–198.

Littlefield, Christine, & S. Fleming (1984–1985): Measuring fear of death: A multidimensional approach. Omega: Journal of Death and Dying 15, 131–138.

Livingston, P., & C. Zimet (1965): Death anxiety, authoritarianism and choice of specialty in medical students. Journal of Nervous and Mental Diseases 140, 220–230.

Lonetto, R. (1980): Children's Conceptions of Death. New York: Springer.

Lonetto, R., & D. I. Templer (1986): Death Anxiety. New York: Hemisphere Publishing Corp.

Lonetto, R., S. Fleming & G. W. Mercer (1979): The structure of death anxiety: A factor analytic study. Journal of Personality Assessment 43, 388–392.

Lonetto, R., G. W. Mercer, S. Fleming, B. Bunting & M. Clare (1980): Death anxiety among university students in Northern Ireland and Canada. Journal of Psychology 104, 75–82.

Looft, W. R., & W. H. Bartz (1969): Animism revived. Psychological Bulletin 71, 1–19.

Marcuse, H. (1965): The Ideology of Death. In: H. Feifel (Ed.): The Meaning of Death. New York: McGraw-Hill, 64–76.

Marx, M. H. (1963): The general nature of theory construction. In: M. H. Marx (Ed.): Theories in Contemporary Psychology, New York: Macmillan, 4–46.

Maslow, A. H. (1973): Psychologie des Seins. München: Kindler.

McClam, T. (1980): Death anxiety before and after death education: Negative results. Psychological Reports 46, 513–514.

McDonald, Ria T., & W. A. Hilgendorf (1986): Death imagery and death anxiety. Journal of Clinical Psychology 42, 87–91.

McGuigan, F. J. (1978): Experimental Psychology. New York: Prentice-Hall.

McIntire, M. S., C. R. Angle & L. J. Struempler (1972): The concept of death in Midwestern children and youth. American Journal of Diseases of Children 123, 527–532.

McMordie, W. R. (1981): Religiosity and fear of death: Strenght of belief system. Psychological Reports 49, 921–922.

Miles, Margaret S. (1980): The effects of a course on death and grief on nurses' attitudes toward dying patients and death. Death Education 4, 245–260.

Minton, Barbara, & B. Spilka (1976): Perspectives on death in relation to powerlessness and form of personal religion. Omega: Journal of Death and Dying 7, 261–268.

Morrissey, J. R. (1963): A note on interviews with children facing imminent death. Social Casework 44, 343–345.

Mullins, L. C., & S. Merriam (1983): The effects of a short-term death training program on nursing home nursing staff. Death Education 7, 353–368.

Munnichs, J. M. A. (1966): Old Age and Finitude. Basel: Karger.

Murray, Patricia (1974): Death education and its effect on the death anxiety level of nurses. Psychological Reports 35, 1250.

Muslin, H. L., Susan P. Levine & H. Levine (1974): Partners in dying. American Journal of Psychiatry 131, 308–310.

Nagy, Maria (1948): The child's theories concerning death. Journal of Genetic Psychology 73, 3–27.

– (1959): The child's view of death. In: H. Feifel (Ed.): The Meaning of Death, New York: McGraw-Hill, 79–98.

Natterson, J. M., & A. G. Knudson (1960): Observations concerning fear of death in fatally ill children and their mothers. Psychosomatic Medicine 22, 456–465.

Neel, Anne F. (1974): Handbuch der psychologischen Theorien. München: Kindler.

Neimeyer, G. J., Marylou Behnke & J. Reiss (1983): Constructs and coping: Physicians' responses to patient death. Death Education 7, 245–264.

Neimeyer, R. A. (1978): Death anxiety and the Threat Index: An addendum. Death Education 1, 464–467.

Neimeyer, R. A., K. J. Bagley & M. K. Moore (1986): Cognitive structure and death anxiety. Death Studies 10, 273–288.

Neimeyer, R. A., F. R. Epting & S. R. Krieger (1983 a): Personal constructs in thanatology: An introduction and research bibliography. Death Education 7, 87–94.

Neimeyer, R. A., D. J. Fontana & K. Gold (1983 b): A manual for content analysis of death constructs. Death Education 7, 299–320.

Nelson, L. D., & C. C. Nelson (1975): A factor analytic inquiry into the multidimensionality of death anxiety. Omega: Journal of Death and Dying 6, 171–178.

Neumärker, K.-J. (1980): Sterben und Tod im Kindesalter. Zeitschrift für ärztliche Fortbildung 74, 1–6.

Ochsmann, R. (1984): Belief in afterlife as a moderator of fear of death? European Journal of Social Psychology 14, 53–67.

– (1985): Thanato-Psychologie. Tod und Sterben als Erklärungsbereich psychologischer Theorien? In: D. Albert (Hrsg.): Bericht über den 34. Kongreß der Deutschen Gesellschaft für Psychologie in Wien 1984, Göttingen: Hogrefe, 706–709.

Orbach, I., & H. Glaubman (1979): Children's perception of death as a defensive process. Journal of Abnormal Psychology 88, 671–674.

Orbach, I., Y. Gross, H. Glaubman & D. Berman (1985): Children's perception of death in humans and animals as a function of age, anxiety and cognitive ability. Journal of Child Psychology and Psychiatry 26, 453–463.

– (1986): Children's perception of various determinants of the death concept as a function of intelligence, age, and anxiety. Journal of Clinical Child Psychology 15, 120–126.

Pattison, E. M. (1977): The Experience of Dying. Englewood Cliffs, N. J.: Prentice-Hall.

– (1978): The living-dying process. In: Ch. A. Garfield (Ed.): Psychosocial Care of the Dying Patient, New York: McGraw-Hill, 133–168.

Paulus, P. (1985): Todesbezogene Gedanken beim Pflegepersonal: Beeinflussen sie die Beziehung zum Patienten? Psycho 11, 212–225.

Pearlman, J., B. A. Stotsky & J. R. Dominick (1969): Attitudes toward death among nursing home personnel. Journal of Genetic Psychology 114, 63–75.

Pearson, L. (Ed.) (1969): Death and Dying. Current Issues in the Treatment of the Dying Person. Cleveland: The Press of the Case Western Reserve University.

Pervin, L. A. (1981): Persönlichkeitstheorien. München: Reinhardt.

Pettigrew, C. G., & J. C. Dawson (1979): Death anxiety: "State" or "Trait"? Journal of Clinical Psychology 35, 154–158.

Pfeiffer, W. M. (1984): Schwierigkeiten des medizinischen Personals in der Betreuung Sterbender. In: J. Howe & R. Ochsmann (Hrsg.): Tod – Sterben – Trauer. Bericht über die erste Tagung zur Thanato-Psychologie vom 4.–6. November 1982 in Vechta, Frankfurt a. M.: Fachbuchhandlung für Psychologie, 107–112.

Piaget, J. (1947): Psychologie der Intelligenz. Zürich: Rascher.

– (1969): Nachahmung, Spiel und Traum. Stuttgart: Klett.

– (1972): La représentation du monde chez l'enfant. Paris: Presses Universitaires des France (quatrième Edition).

– (1974): Abriß der genetischen Epistemologie. Olten: Walter.

– (1983): Meine Theorie der Entwicklung. Frankfurt a. M.: Fischer.

Pollak, J. M. (1979–1980): Correlates of death anxiety: A review of empirical studies. Omega: Journal of Death and Dying 10, 97–121.

Pongratz, L. J. (1984): Problemgeschichte der Psychologie. München: Francke.

Popoff, D., & G. R. Funkhouser (1975): What are your feelings about death and dying? Nursing 5, 15–24 (Part I, August), 55–62 (Part II, September), 39–50 (Part III, October).

Quint, Jeanne C. (1967): The Nurse and the Dying Patient. New York: Macmillan.

Quint Benoliel, Jeanne (1972): Nursing care for the terminal patient: A psychosocial approach. In: B. Schoenberg, A. C. Carr, D. Peretz &

A. H. Kutscher (Eds.): Psychosocial Aspects of Terminal Care, New York: Columbia University Press, 145–161.
- (1978): Care, communication, and human dignity. In: Ch. A. Garfield (Ed.): Psychosocial Care of the Dying Patient, New York: McGraw-Hill, 34–45.
Quitmann, H. (1985): Humanistische Psychologie. Göttingen: Hogrefe.
Ray, J. J., & J. Najman (1974): Death anxiety and death acceptance: A preliminary approach. Omega: Journal of Death and Dying 5, 311–315.
Reese, H. W., & W. H. Overton (1970): Models of development and theories of development. In: L. R. Goulet & P. B. Baltes (Eds.): Life-Span Developmental Psychology. Research and Theory, New York: Academic Press, 115–145.
Reilly, T. P., J. E. Hasazi & L. A. Bond (1983): Children's conceptions of death and personal mortality. Journal of Pediatric Psychology 8, 21–31.
Rest, H. O. F. (1978): Internationales Symposium für Thanatologie und Thanatogogik. Dortmund: Selbstverlag.
- (1979): Praktische Orthothanasie (Sterbebeistand) im Arbeitsfeld sozialer Praxis. Opladen: Westdeutscher Verlag.
Ricœur, P. (1974): Die Interpretation. Ein Versuch über Freud. Frankfurt: Suhrkamp.
Rogers, C. R. (1979): Entwicklung der Persönlichkeit. Stuttgart: Klett-Cotta.
Rohracher, H. (1971): Einführung in die Psychologie. Wien: Urban & Schwarzenberg (10. Aufl.).
Rosenheim, E., & B. Muchnik (1984–1985): Death concerns in differential levels of consciousness as functions of defense strategy and religious belief. Omega: Journal of Death and Dying 15, 15–24.
Safier, G. (1964): A study in relationships between the life and death concepts in children. Journal of Genetic Psychology 105, 283–294.
Sarnoff, I., & S. M. Corwin (1959): Castration anxiety and the fear of death. Journal of Personality 27, 374–385.
Saunders, Cicely (1978): Terminal care. In: Ch. A. Garfield (Ed.): Psychosocial Care of the Dying Patient, New York: McGraw-Hill, 22–33.
Schilder, P., & D. Wechsler (1934): The attitudes of children toward death. Journal of Genetic Psychology 45, 406–451.
Schmale, A. H., & W. B. Patterson (1978): Comfort care only – Treatment guidelines for the terminal patient. In: Ch. A. Garfield (Ed.): Psychosocial Care of the Dying Patient, New York: McGraw-Hill, 13–21.
Schmeling, Ch., u. U. Koch (1984): Betreuung von Schwer- und Todkranken – Möglichkeiten und Grenzen der Ausbildung von Krankenhauspersonal. In: J. Howe & R. Ochsmann (Hrsg.): Tod – Sterben – Trauer. Bericht über die 1. Tagung zur Thanato-Psychologie vom 4.–6. November 1982 in Vechta, Frankfurt a. M.: Fachbuchhandlung für Psychologie, 101–106.
Schmitz-Scherzer, R., et al. (1980): Das Erlebnis des Sterbens anderer. Aktuelle Gerontologie 10, 165–168.
Schmoll, H.-J. (1979): Sterben als sozialer Prozeß. Über das soziale Umfeld

des Sterbenden. In: E. Engelke, H.-J. Schmoll & G. Wolff (Hrsg.): Sterbebeistand bei Kindern und Erwachsenen, Stuttgart: Enke, 40–48.

Schneider, H.-D. (1984): Bedingungen der Auseinandersetzung älterer Menschen mit dem Tod. In: J. Howe & R. Ochsmann (Hrsg.): Tod – Sterben – Trauer. Bericht über die 1. Tagung zur Thanato-Psychologie vom 4.–6. November 1982 in Vechta, Frankfurt a. M.: Fachbuchhandlung für Psychologie, 323–329.

Schöfer, G. (Hrsg.) (1980 a): Gottschalk-Gleser Sprachinhaltsanalyse. Weinheim: Beltz.

Schöfer, G. (1980 b): Die deutschen Formen der Gottschalk-Gleser-Skalen. In: G. Schöfer (Hrsg.): Gottschalk-Gleser Sprachinhaltsanalyse, Weinheim: Beltz, 43–66.

Schöfer, G., U. Koch & F. Balck (1979): Test criteria of the Gottschalk-Gleser Content Analysis of speech: Objectivity, reliability, validity in German studies. In: L. A. Gottschalk (Ed.): The Content Analysis of Verbal Behavior. Further Studies, New York: Spectrum Publications, 121–139.

Schoenberg, B., & A. C. Carr (1972): Educating the health professional in the psychosocial care of the terminally ill. In: B. Schoenberg, A. C. Carr, D. Peretz & A. H. Kutscher (Eds.): Psychosocial Aspects of Terminal Care, New York: Columbia University Press, 3–15.

Schoenberg, B., A. C. Carr, D. Peretz & A. H. Kutscher (Eds.) (1972): Psychosocial Aspects of Terminal Care. New York: Columbia University Press.

Schuler, H. (1980): Ethische Probleme psychologischer Forschung. Göttingen: Hogrefe.

– (1984): Zehn Thesen zu forschungsethischen Problemen in der Thanato-Psychologie. In: J. Howe & R. Ochsmann (Hrsg.): Tod – Sterben – Trauer. Bericht über die 1. Tagung zur Thanato-Psychologie vom 4.–6. November 1982 in Vechta, Frankfurt a. M.: Fachbuchhandlung für Psychologie, 36–42.

Schulz, R. (1978): The Psychology of Death, Dying, and Bereavement. Reading, MA.: Addison-Wesley.

Schulz, R., & D. Aderman (1974): Clinical research and the stages of dying. Omega: The Journal of Death and Dying 5, 137–143.

– (1976): How the medical staff copes with dying patients: A critical review. Omega: Journal of Death and Dying 7, 11–21.

Schwarz, Elisabeth (1970): Experimentelle und quasi-experimentelle Anordnungen in der Unterrichtsforschung. In: K. Ingenkamp & E. Parey (Hrsg.): Handbuch der Unterrichtsforschung, Teil I: Theoretische und methodologische Grundlegung, Weinheim: Beltz, 446–631.

Scott, C. A. (1896): Old age and death. American Journal of Psychology 8, 67–122.

Shneidman, E. S. (1966): Orientations toward death. In: R. W. White (Ed.): The Study of Lives, New York: Atherton, 200–227.

– (1971): You and death. Psychology Today 5, 43–45 und 74–80.

- (1978): Some aspects of psychotherapy with dying persons. In: Ch. A. Garfield (Ed.): Psychosocial Care of the Dying Patient. New York: McGraw-Hill, 201–218.
Shusterman, Lisa R., & L. Sechrest (1973): Attitudes of registered nurses toward death in a general hospital. Psychiatry in Medicine 4, 411–426.
Simpson, M. A. (1979): Dying, Death, and Grief. A Critically Annotated Bibliography and Source Book of Thanatology and Terminal Care. New York: Plenum Press.
Smith, D. K., A. M. Nehemkis & R. A. Charter (1983–1984): Fear of death, death attitudes, and religious conviction in the terminally ill. International Journal of Psychiatry in Medicine 13, 221–232.
Speece, M. W., & S. B. Brent (1984): Children's understanding of death. A review of three components of a death concept. Child Development 55, 1671–1686.
Spiegel-Rösing, Ina (1984): Zur Ethik der thanatologischen Forschung. In: J. Howe & R. Ochsmann (Hrsg.): Tod – Sterben – Trauer. Bericht über die 1. Tagung zur Thanato-Psychologie vom 4.–6. November in Vechta, Frankfurt a. M.: Fachbuchhandlung für Psychologie, 43–50.
Spielberger, Ch. D. (1966): Theory and research on anxiety. In: Ch. D. Spielberger (Ed.): Anxiety and Behavior, New York: Academic Press, 3–20.
- (1975): Anxiety: State – trait – process. In: Ch. D. Spielberger & I. G. Sarason (Eds.): Stress and Anxiety, Vol. 1, New York: Wiley & Sons, 115–143.
Spielberger, Ch. D., R. L. Gorsuch & R. E. Lushene (1970): STAI Manual for the State-Trait Anxiety Inventory. Palo Alto: Consulting Psychologists Press.
Spilka, B., L. Stout, Barbara Minton & D. Sizemore (1977): Death and personal faith: A psychometric investigation. Journal for the Scientific Study of Religion 16, 169–178.
Spinetta, J. J. (1974): The dying child's awareness of death: A review. Psychological Bulletin 81, 256–260.
Spinetta, J. J., D. Rigler & M. Karon (1973): Anxiety and the dying child. Pediatrics 52, 841–844.
- (1974): Personal space as a measure of a dying child's sense of isolation. Journal of Consulting and Clinical Psychology 42, 751–756.
Sporken, P. (1977): Die Sorge um den kranken Menschen. Düsseldorf: Patmos.
Stambrook, M., & K. C. Parker (1987): The development of the concept of death in childhood: A review of the literature. Merrill-Palmer Quarterly 33, 133–157.
Steigerwald, F. (1980): Die empirische Erfassung der Todesangst mit Fragebogen. Medizinische Psychologie 6, 54–65.
Stewart, D. W. (1975): Religious correlates of the fear of death. Journal of Thanatology 3, 161–164.

Swain, H. L. (1979): Childhood views of death. Death Education 2, 341–358.

Swenson, W. M. (1961): Attitudes toward death in an aged population. Journal of Gerontology 16, 49–52.

Tausch, R., & Anne-Marie Tausch (1979): Gesprächspsychotherapie. Göttingen: Hogrefe.

Templer, D. I. (1970): The construction and validation of a death anxiety scale. Journal of General Psychology 82, 165–177.

– (1972 a): Death anxiety: Extraversion, neuroticism, and cigarette smoking. Omega: Journal of Death and Dying 3, 53–56.

– (1972 b): Death anxiety in religiously very involved persons. Psychological Reports 31, 361–362.

Templer, D. I., & Elsie Dotson (1970): Religious correlates of death anxiety. Psychological Reports 26, 895–897.

Templer, D. I., & Carol F. Ruff (1975): The relationship between death anxiety and religion in psychiatric patients. Journal of Thanatology 3, 165–168.

Testa, J. A. (1981): Group systematic desensitization and implosive therapy for death anxiety. Psychological Reports 48, 376–378.

Thomae, H. (1984): Lebenszufriedenheit. In: W. D. Oswald, W. M. Hermann, S. Kanowski, Ursula M. Lehr & H. Thomae (Hrsg.): Gerontologie, Stuttgart: Kohlhammer, 271–275.

– (1988): Psychologiegeschichte. In: R. Asanger & G. Wenninger (Hrsg.): Handwörterbuch der Psychologie, München: Psychologie Verlagsunion, 596–603.

Thouless, R. H. (1971): An Introduction to the Psychology of Religion. Cambridge, Mass.: Cambridge University Press.

Ullmann, L. P., & L. Krasner (1969): A Psychological Approach to Abnormal Behavior. New York: Prentice-Hall.

Vergote, A. (1970): Religionspsychologie. Olten: Walter.

Viney, Linda L. (1983): Concerns about death among severely ill people. Death Education 7, 229–243.

– (1984–1985): Loss of life and loss of bodily integrity: Two different sources of threat for people who are ill. Omega: Journal of Death and Dying 15, 207–222.

Viney, Linda L., & Mary Westbrook (1986–1987): Is there a pattern of psychological reactions to chronic illness which is associated with death? Omega: Journal of Death and Dying 17, 169–181.

Waechter, E. H. (1971): Children's awareness of fatal illness. American Journal of Nursing 71, 1168–1172.

Waldman, D. A., & C. Davidshofer (1983–1984): Death anxiety reduction as the result of exposure to a death and dying symposium. Omega: Journal of Death and Dying 14, 323–328.

Walkey, F. (1982): The Multidimensional Fear of Death Scale: An independent analysis. Journal of Consulting and Clinical Psychology 50, 466–467.

Wass, Hannelore, R. Dinklage, S. L. Gordon, G. Russo, C. W. Sparks & J. Tatum (1983 a): Use of play for assessing children's death conceptions: A reexamination. Psychological Reports 53, 799–803.
- (1983 b): Young children's death concepts revisited. Death Education 7, 385–394.
Wass, Hannelore, Z. C. Guenther & B. J. Towry (1979): United States and Brazilian children's concepts of death. Death Education 3, 41–55.
Wass, Hannelore, & Jane E. Myers (1982): Psychosocial aspects of death among the elderly: A review of the literature. Personnel and Guidance Journal 61, 131–137.
Wass, Hannelore, & B. J. Towry (1980): Children's death concepts and ethnicity. Death Education 4, 83–87.
Watts, P. R. (1977): Evaluation of death attitude change resulting from a death education instructional unit. Death Education 1, 187–193.
Wehner, E. G. (1980): Einführung in die empirische Psychologie. Stuttgart: Kohlhammer.
Weininger, O. (1979): Young children's concepts of dying and dead. Psychological Reports 44, 395–407.
Weisman, A. D. (1972 a): On Dying and Denying – A Psychiatric Study of Terminality. New York: Behavioral Publications.
- (1972 b): Psychosocial considerations in terminal care. In: B. Schoenberg, A. C. Carr, D. Peretz & A. H. Kutscher (Eds.): Psychosocial Aspects of Terminal Care. New York: Columbia University Press, 162–172.
Wenestam, C.-G. (1984): Qualitative age-related differences in the meaning of the word "death" to children. Death Education 8, 333–347.
Wenestam, C.-G., & Hannelore Wass (1987): Swedish and U.S. children's thinking about death: A qualitative study and cross-cultural comparison. Death Studies 11, 99–121.
Westman, Alida S., Francis M. Canter & Theresa M. Boitos (1984): Denial of fear of dying or of death in young and elderly populations. Psychological Reports 55, 413–414.
White, E., B. Elsom & R. Prawat (1978): Children's concepts of death. Child Development 49, 307–310.
White, Pamela D., F. H. Gilner, P. J. Handal & J. G. Napoli (1983–1984): A behavioral intervention for death anxiety in nurses. Omega: Journal of Death and Dying 14, 33–42.
Wiendieck, G. (1970): Entwicklung einer Skala zur Messung der Lebenszufriedenheit im höheren Lebensalter. Zeitschrift für Gerontologie 3, 215–224.
Wilkinson, H. J., & J. W. Wilkinson (1986–1987): Evaluation of an hospice volunteer training program. Omega: Journal of Death and Dying 17, 263–275.
Wittkowski, J. (1978): Tod und Sterben – Ergebnisse der Thanatopsychologie. Heidelberg: Quelle & Meyer.

Wittkowski, J. (1981): Zur Psychologie des Todes – Gegenwärtiger Stand und zukünftige Perspektiven. In: W. Michaelis (Hrsg.): Bericht über den 32. Kongreß der Deutschen Gesellschaft für Psychologie in Zürich 1980, Göttingen: Hogrefe, 729–735.
- (1984): Korrelate des Erlebens und Verhaltens gegenüber Tod und Sterben im mittleren Erwachsenenalter. Habilitationsschrift. Würzburg (unveröffentl.).
- (1987): Zur Erfassung emotional-motivationaler Merkmale anhand von Interviewmaterial: Darstellung und vorläufige Evaluation einer inhaltsanalytischen Methode. Zeitschrift für Differentielle und Diagnostische Psychologie 8, 57–67.
- (1988): Relationships between religiosity and attitudes towards death and dying in a middle-aged sample. Personality and Individual Differences 9, 307–312.

Wittkowski, J., u. I. Baumgartner (1977): Religiosität und Einstellung zu Tod und Sterben bei alten Menschen. Zeitschrift für Gerontologie 10, 61–68.

Wittkowski, J., u. Heike Schnell (1981): Strukturen der Todesvorstellung bei 8–14jährigen. Zeitschrift für Entwicklungspsychologie und Pädagogische Psychologie 13, 304–311.

Wohlwill, J. (1970): The age variable in psychological research. Psychological Review 77, 49–64.

Wolff, G. (1979): Was wissen denn schon die Kinder? In: E. Engelke, H.-J. Schmoll u. G. Wolff (Hrsg.): Sterbebeistand bei Kindern und Erwachsenen, Stuttgart: Enke, 49–56.

Wolman, B. B. (1968): The Unconscious Mind. New York: Prentice-Hall.

Yeaworth, Rosalee C., F. T. Kapp & Carolyn Winget (1974): Attitudes of nursing students toward the dying patient. Nursing Research 23, 20–24.

Young, M., & S. Daniels (1981): Religious correlates of death anxiety among high school students in the rural south. Death Education 5, 223–233.

SACHREGISTER

Abwehrmechanismen 28. 29. 32. 101. 105
Abwehrstrategien 75. 101 ff. 104. 166
Abwehr versus Sensibilisierung 7. 90. 103
Ärgerreaktion 75. 129
AIDS 2. 119
Akzeptieren von Tod und Sterben 106 ff. 115. 127. 128. 129. 130. 151. 157. 177
~ und Angst vor Tod und Sterben 107 f. 110. 111
~, annäherungsorientiertes 12
anwendungspraktische Konsequenzen 111
~ und chronologisches Alter 116
Mehrdimensionalität 111 f.
~, neutrales 112
~ und Persönlichkeitsmerkmale 112 ff.
~, vermeidungsorientiertes 112
Angst-Disposition 28 ff.
Angst vor Schmerzen 121
Angst vor dem Tod 76 ff. 131
Angst vor Tod und Sterben 76 ff.
~ und Alter 134 ff.
A-priori-Struktur 81
~ und biologische Merkmale 90
Dimensionen 78 f. 81
Faktorenstruktur 81
~ und kindliches Todeskonzept 71
Komponenten 78. 80. 89
Korrelate 78. 90 ff.
Mehrdimensionalität 30. 77 ff. 81. 94. 95. 111

Methoden zu ihrer Erfassung 84 ff.
~ und Persönlichkeitsmerkmale 90. 91
und sozio-demographische Merkmale 90
Angst-Zustand 28 ff.
Animismus 63 f.
Ausbildungsprogramme für den Umgang mit Sterbenden 159. 164
Lernziele 166 f.
Ausbildungsveranstaltungen über Tod und Sterben 156 f.
Effizienz-Indikatoren 176 f.
Wirkungen 170 ff. 176

Bagatellisierung von Tod und Sterben 32
Beschäftigung mit dem Tod, gedankliche 26. 77. 150
Bestattungspraktiken 11
Bestrafung 79. 97. 138
Betreuungskonzepte 3
Bewußtseins-Kontext 154 ff.
Bewußtseinspsychologie 9

Death Anxiety Questionnaire 86
Death Anxiety Scale 81. 85. 92. 95. 171
Death Attitude Profile 112. 115
Death Attitude Repertory Test 25. 27
Death Concept Questionnaire 53
Demütigung 79
Depression 39. 75. 90. 124. 128. 129. 130. 131. 146. 153. 157. 169
Dysfunktionalität des Todes 48. 68

Einsamkeit 46. 79. 96. 125. 134. 140
Emotionale Labilität 90. 115. 132. 151
Endgültigkeit des Todes 57. 68
Endlichkeit des Daseins 1. 6. 57. 76. 78. 114. 115. 166
erfahrungswissenschaftliche Theorien
  allgemeine Kennzeichen 15 ff.
  Beurteilungskriterien 26. 29. 32. 33
  Standardkriterien 16 f. 21
  Zusatzkriterien 17
Erleben und Verhalten gegenüber Tod und Sterben 6. 7. 111. 167
~ als Forschungsgegenstand 2
  nüchtern-sachliche Forschungshaltung 3
Erlebnisverarbeitung 6. 10
Eros 20
ethische Standards psychologischer Forschung 40
Experiment 35. 36. 39. 40. 170
Ex-post-facto-Untersuchung 35. 36. 37. 39. 40. 41

Fear of Death Scale 85. 86. 92. 93. 171
Fragebogenverfahren 40. 50. 71. 73. 77. 78. 81. 84 ff. 87. 89. 90. 96. 102. 103. 115. 143. 171

Geschlechtsunterschiede 84. 96. 97. 116. 138
Gesprächspsychotherapie 168
Gestaltungsverfahren 38. 90. 139
Gottschalk-Gleser-Sprachinhaltsanalyse 88

Helfer 32. 105. 128. 141. 164. 165. 171
~, Aggressionen der 144. 151
  Ausbildung im Umgang mit Sterbenden 3

~, berufliche Identität der 152
~, emotionale Betroffenheit der 154
~, Hilflosigkeit der 131. 144. 146. 151. 153
~, Konflikte der 144. 151. 154
~, Merkmale der 143
~, Persönlichkeitsmerkmale der 147 ff. 156
~, psychische Situation der 1. 141. 152 ff. 156 ff.
~, psycho-soziale Bedürfnisse der 157
~, Selbstverständnis der 152
~, situationsabhängige Verhaltensweisen der 144 ff.
~, Unsicherheit der 144. 153. 154
HIV-Virus 2. 117
Hoffnung 125
Hospitalisierung 134. 140
Hospizbewegung 2

Immobilität der Toten 48. 67
Inhaltsanalyse 87 ff. 95. 96. 115. 122
Insensitivität der Toten 48
Interview 37. 38. 40. 41. 50. 67. 71. 87. 89. 95. 96. 112. 115. 126. 130. 131. 134. 143. 155
Irreversibilität des Todes 48. 49. 53. 57. 58. 68. 69. 70

Jenseitsglaube 92

Kausalität des Todes 48. 49. 53. 58. 60. 68. 69. 70
kognitive Dissonanz 31 f.
„kognitive Wende" in der Sozialpsychologie 10
Korrelationsstudien 35
Krankheitskonzept 58. 59
Krebskranke 1. 127. 129

Längsschnittstudie 61. 75
Lebenszufriedenheit 90. 115. 132
Leichnam 79

Leukämie 134. 135. 137. 139

magisches Denken 46
Mitleid 146
Multidimensional Fear of Death Scale 86

Negation 102. 103. 104. 127. 129. 130. 153. 157
neue Psychologien 1
Neurotizismus 8. 37. 90. 132. 151
Nonfunktionalität des Todes 49. 53. 58
Notwendigkeit des Todes 49

Organismus-Variablen 30. 37. 133
Orthothanasie 12. 159

Personifizierung des Todes 47. 48. 58
Pflege 163
Pflegepersonal-Patient-Beziehung 150 f.
Pflegepersonal
  psychische Situation des Pflegepersonals 141 ff. 154.
Phasen-Lehren des Sterbens 122 ff.
  Kritik 127 ff.
Projektion 102
projektive Verfahren 37. 38. 40. 103
Psychoanalyse 10. 101
Psychodrama 168

quasi-experimentelle Untersuchungen 37. 40. 170
Querschnittstudien 47. 61. 147

Rationalisierung 102
Religiosität 37. 91 ff. 128
~ und Akzeptieren von Tod und Sterben 113 f.
  angstreduzierende Funktion 94
~ und Angst vor Tod und Sterben 92 f. 97 ff.
~, bekennende 91
  Dimensionen 91 f.
~, extrinsische 91. 96
  Intensität und Angst vor Tod und Sterben 94. 97
~, intrinsische 91. 93. 96
~, konsensuelle 91
Role Construct Repertory Test 24

Satzergänzungen 90
Schmerzen 78. 81. 96. 121. 124. 125. 140. 160. 161
Schuldgefühle 46. 91. 115. 124. 131. 139. 143. 154
Selbstkonzept
  Veränderungen beim sterbenskranken Kind 135 ff.
Selbsttötung 11. 107. 118
Selbstwertgefühl 29. 39. 90. 115. 121. 161
Seminare über Tod und Sterben 157. 164. 170
  differentielle Wirkungen 176
  Motive zur Teilnahme 169
soziales Sterben 162
Spiel als Untersuchungsmethode 50 f.
Sterbebegleitung 153. 159. 163
Sterbebeistand 2. 12. 159. 160. 162. 163. 164
Sterbehilfe 2. 12. 153. 159. 160. 164
  Zielvorgaben 160 ff.
Sterben 7
~, „erfolgreiches" 132 f.
~ im Krankenhaus 141 f.
  Rollenhaftigkeit des Sterbens 119
Sterbender 6. 7. 34. 40. 41. 42. 97. 119. 123. 129. 141. 143. 144. 146. 147. 160. 161. 162. 163. 164. 165. 169. 175
  Abhängigkeitsverhältnis des Sterbenden 120. 125. 161. 162
  Artikulation von Emotionen 162

Bedürfnis nach Schmerzfreiheit 121
Bedürfnis nach Situations-
kontrolle 121
Beeinträchtigung des Selbst-
wertgefühls 121
Betreuung des Sterbenden 3. 12.
84. 100. 128. 141. 147. 151. 153.
156. 157. 158 ff. 162
Beziehung zum Helfer 162
Definition 117 ff.
Einbeziehung des personalen
Umfeldes 162
psychische Verfassung des
Sterbenden 3. 117 ff. 120 ff.
psycho-physische Belastbarkeit
des Sterbenden 41
psycho-soziale Bedürfnisse des
Sterbenden 41. 119 ff. 122. 142.
157. 160
Situation im Krankenhaus 120 ff.
Unsicherheit 131
Vermeidung des Sterbenden 152
sterbenskranke Kinder 44. 133 ff. 137
~ und Angst vor Tod und Sterben
133. 139
Betreuung 133
Erwerb von Kenntnissen über
die Krankheit 135
Veränderung des Selbst-
konzepts 135 ff.
Sterbeprozeß 2. 7. 78. 79. 81. 107.
116. 117. 121. 122 ff. 125. 126.
128. 129. 132. 157. 163
Beginn 117
Identifizierbarkeit der Phasen
129
Streßbearbeitung 105
subjektive Realität von Tod und
Sterben 6
Suizid 75. 167. 168

Thanatopsychologie
Begriffsklärung 6 f.

Berührungen mit anderen Teil-
gebieten der Psychologie 7 f.
Definition 6
~, empirisches Vorgehen in der 2 f.
~, Entstehungsgeschichte der 9 ff.
Entwicklungsstand 34
~, ethische Fragen in der 34 ff. 38 ff.
Forschungsstand 34
~, Forschungsstrategien in der 35 ff.
~, Gegenstandsbestimmung der 7
~, Grundlagenforschung in der 3.
84. 100. 111. 156. 157. 177
~, Infrastruktur der 13
~, methodologische Fragen in der
34 ff.
spezifische Entwicklungslinien
10 f.
~, Theoriebildung in der 15 ff.
~, Theoriedefizit in der 33
~, theoriegeleitetes Forschen in der
15. 33
~, Theorie-Import in der 18. 33
~, Untersuchungsverfahren in der
37 f. 39
thanatopsychologische Forschung
gesellschaftlicher Nutzen 39
persönlicher Nutzen 39
psychische Beeinträchtigungen
39
Schadens-Gewinn-Analyse 39
Thanatos 20
thematische Apperzeptionsverfahren 37. 103
thematische Geschichtenproduktionen 90
Theorie der kognitiven Dissonanz
31 ff.
Theorie der kognitiven Entwicklung von Piaget 59
Theoriekonstruktion 16. 27. 28
Theorie der persönlichen Konstrukte 22 ff. 33. 88. 144
Einschätzung ihrer Brauchbarkeit 26 ff.

Threat Index 25. 26. 27
Tod 7
~, biologischer 7. 125
~, klinischer 7
~, physiologischer 125
~, psychischer 125
~, sozialer 125. 162
Todesangst 76. 77. 88
Todesbedrohung 2. 25. 26. 91. 117. 118. 131
Todeskonzept
   anwendungspraktische Konsequenzen 43 f.
   Belebtheit von Beurteilungsobjekten 63. 64 f.
   Beweglichkeit von Beurteilungsobjekten 63. 66
   Definition 44. 47
   Dimensionen 48 ff. 68
   ~ und Einfluß des Angstniveaus 73
   emotionaler Aspekt 44. 50. 70 ff. 74 f. 134
   Entwicklung beim gesunden Kind 6. 43 ff. 51 ff. 62 ff. 134
   Entwicklung beim sterbenden Kind 139. 140
   Entwicklung von Subkonzepten 67 ff.
   ~, erwachsenengemäßes 49. 56. 57. 59. 60. 62. 63. 133
   kognitive Komponente 44. 50. 70 f.
   Komponenten 47 ff. 53. 58. 60. 68. 69
   mehrdimensionale Konzeption 47 ff.
   Mehrdimensionalität 67
   Reifegrad 45. 58. 60. 63. 73 f.
   Schwierigkeitsgrad einzelner Dimensionen 63. 68. 69
   Subkonzepte 47. 57. 58. 67 ff. 133
   Untersuchungsverfahren 50 f.
   Variabilität der Entwicklung 62
   Verständnis des ~ und Einfluß des Alters 45. 51 ff. 57 ff.
   Verständnis des ~ und Einfluß des Beurteilungsobjekts 62 ff. 66
   Verständnis des ~ und Einfluß des kognitiven Entwicklungsstandes 51 ff. 59 ff.
Todestrieb 10. 17. 18 ff. 33
~, Kritik am 21 f.
Trauer 84. 146. 166. 167. 168
~, kindliche 75
Trennung 46. 48. 67. 134
Trennungsangst 138

unheilbare Krankheiten, Merkmale 119 f.
Universalität des Todes 47. 48. 49. 53. 58. 68. 69
Unterdrückung 105
Unterrichtsveranstaltungen für den Umgang mit Sterbenden 164 ff. 168
   Effizienz-Indikatoren 176 f.
   Eigenschaften der Instruktoren 168 f.
   empirischer Kenntnisstand 176
   Inhalte 167 f.
   Wirkungen 170 ff. 176
   Zielsetzungen 166 ff.
Unvermeidbarkeit des Todes 68. 69

Verdrängung 102. 104. 105
Verhaltensbeobachtung 38. 40. 41. 51. 115. 143
Verleugnen 123. 129
Verneinung 139
Veterans Administration 11

Wahrheitsfrage 161. 167
Wortassoziationsaufgabe 72. 90. 103
Würde, persönliche 79. 121. 122. 160. 161

Wut 123. 129. 130. 139

Zeitkonzept 60
Zorn 123. 129. 130. 131. 139. 152. 157

Zukunftsperspektive 90. 112. 115. 124
Zustands-Dispositions-Theorie der Angst 28 ff. 33